Giuseppe Verdi

Aida

Texte, Materialien, Kommentare

Herausgegeben von Attila Csampai
und Dietmar Holland

sachbuch rororo
RICORDI

Rowohlt

Originalausgabe
Zusammengestellt und
erläutert von
Attila Csampai und
Dietmar Holland
Redaktion
Beate Laura Menzel
Layout
Gabriele Boekholt
Fachmusikalische und
redaktionelle Mitarbeit:
G. RICORDI & CO.,
Bühnen- und Musikverlag
GmbH, München
Umschlagentwurf
Ingeborg Bernerth
(Henry de Montaut:
Die Toilette der
Amneris, 1879–81,
Entwurf für die
Aufführung in Kairo/
Bibliothèque de l'Opéra,
Paris)
Veröffentlicht im
Rowohlt Taschenbuch
Verlag GmbH,
Reinbek bei Hamburg,
Dezember 1985

Satz Times (Lasercomp)
LibroSatz, Kriftel
Gesamtherstellung
Clausen & Bosse, Leck
Printed in Germany
1980-ISBN 3 499 17974 1

«Wenn mir jemand vor zwei Jahren gesagt hätte, *Sie werden für Kairo eine Oper schreiben*, hätte ich ihn für verrückt gehalten, aber nun sehe ich, daß ich der Verrückte bin . . .»

Verdi an Giuseppe Piroli, am 16. Juli 1870

«Nach 25 Jahren Pause an der Scala bin ich in ‹*Macht des Schicksals*› nach dem ersten Akt ausgepfiffen worden. Nach der ‹*Aida*› endloses Geschwätz, daß ich nicht mehr der Verdi des ‹*Maskenballs*› sei (jenes ‹*Maskenballs*›, der das erste Mal in der Scala ausgepfiffen wurde); eine Entschädigung sei nur der 4. Akt (so d'Arcais); daß ich nicht für die Sänger zu schreiben verstünde; daß nur im 2. und 4. Akt einiges Erträgliche sei (im dritten nichts), und daß ich noch dazu ein Nachahmer Wagners wäre!!! Ein schönes Ergebnis, wenn man nach 35 Jahren als Nachahmer enden muß!!!»

Verdi an Giulio Ricordi, am 4. April 1875

Inhalt

Wolfgang Schreiber

‹Aida› – lyrisches Konfliktbild einer Gesellschaft

> «Celeste Aida, forma divina . . .»

> «Die beiden Grundgebrechen, welche den Total-Effekt der Aida schädigen, liegen schon vollständig im Textbuche: nach Innen die fast ununterbrochene Elegik der Handlung, nach Außen das egyptische Costüm im weitesten Sinne des Wortes.»
>
> Eduard Hanslick

> «Was er aber letztlich empfand, verstand und genoß, während er mit gefalteten Händen auf die schwarze kleine Jalousie blickte, zwischen deren Leisten dies alles hervorblühte, das war die siegende Idealität der Musik, der Kunst, des menschlichen Gemüts, die hohe und unwiderlegliche Beschönigung, die sie der gemeinen Gräßlichkeit der wirklichen Dinge angedeihen ließ.»
>
> Thomas Mann

Der Triumphmarsch bleibt dem Patienten Gott sei Dank erspart. Denn die vier oder fünf alten *‹Aida›*-Schellackplatten, die der empfindsam tuberkulöse Hans Castorp auf dem «Polyhymnia»-Grammophon des Internationalen Sanatoriums «Berghof» sich vorspielen darf, sie enthalten – so will es Thomas Mann – nur die beiden Schlußszenen der Oper. Hans kann auf die triumphale Pose der Sieger leicht verzichten; er genießt um so reiner das schöne Sterben des jungen Feldherrn und seiner Geliebten. Das robuste Aida-Trompetengeschmetter hätte in der dünnen *‹Zauberberg›*-Luft sowieso nichts zu suchen gehabt.

Triumphmarsch-Probleme

Anders ergeht es der Oper in der gesunden Welt der Ebene. Da heißt das Problem- und Zauberwort für *‹Aida›* noch immer: Triumphmarsch. Aber der ominösen Finalszene des zweiten Aktes gebürt entweder Bewunderung oder Mißtrauen, nicht jedoch Verachtung. Denn Verdi hat sie schließlich genauso sorgfältig geplant und komponiert wie das ganze Werk, worüber allein die vielen Briefe, die zwischen ihm und seinem Librettisten Ghislanzoni hin- und hergingen, erstaunliche Auskunft geben. Es ist auszuschließen, was bis heute sogar mancher Verdi-Kenner als peinlichen Verdacht hegt: daß die Triumphszene dem Komponisten, der gewiß in der Regel ein hochentwickeltes Kunst- und Theaterbewußtsein gezeigt habe, sozusagen «unterlaufen», daß sie unglücklicherweise «passiert» sei, daß sie eine Art Panne oder bestenfalls ein Zugeständnis an den auf große Repräsentation bedachten Auftraggeber in Kairo gewesen sei. Hingegen habe Verdi hauptsächlich die anrührende Liebes- und Eifersuchtstragödie im Dreieck Aida–Radames–Amneris am Herzen gelegen und deren musikalische Ausdeutung sei dementsprechend von den schönsten lyrischen Empfindungen beseelt worden. Das Gigantomane, das Ägyptische der *‹Aida›* sei bloß der unvermeidliche äußere Dekor. Und mit dem Widerspruch hätte ja bekanntlich jeder Regisseur des Werkes sein Problem: hier der kolossale Kitsch des Triumphbildes und der Tempelszenen mit ihrem wimmelnden Massenaufgebot, ihrem Delirium der Pauken, Becken und speziell gefertigten Aida-Trompeten, die ganze unpersönliche Aufmarschgesinnung der «Großen Oper», dort die Intimität einer zarten, tragisch endenden reinen Liebe zweier Menschen aus Fleisch und Blut.

Das «*‹Aida›*-Problem» um den vermeintlich nur störenden Dualismus von Intimität und Monumentalität gehört wohl in einen größeren Zusammenhang: nämlich in die Nähe jener Phänomene, die den Reiz und die Effekte der Pariser Grand Opéra ausmachten, auf deren Ästhetik und Dimensionen sich Verdi übrigens in den sechziger Jahren, vor allem mit dem für Paris geschriebenen *‹Don Carlos›*, immer stärker eingestellt hatte. Einen anderen Aspekt der Geringschätzung faßte, schon nach der *‹Carlos›*-Premiere, Georges Bizet in einem berühmten Namen zusammen: «Verdi ist kein Italiener mehr. Er macht Wagner. Er hat nicht mehr seine bekannten Fehler, aber auch nicht einmal mehr eine einzige seiner guten Eigenschaften.» Der Wagnerismus-Vorwurf gehörte zum gängigen Repertoire der Opern-Diskussion in der zweiten Hälfte des vorigen Jahrhunderts. Er implizierte, auch im Fall Verdi, mehrere Beobachtungen, beispielsweise: die Abkehr von den üblichen Formen, vor allem von der aus ‹Cantabile› und ‹Cabaletta› zusammengesetzten Arie; die bewußtere Behandlung des Wortes; die stärkere Zusammenfassung vereinzelter Nummern und Episoden zu übergreifenden Szenen; die Aufwertung des Orchesters im Sinn dramatischer Aussagefähigkeit; die allmähliche Einführung von erkennungsmelodischen oder gar leitmotivischen Verklammerungen.

Der Wiener Kritiker Eduard Hanslick sah es richtiger als Bizet, würdigte er doch, daß die «Wagner-Elemente» zur Opernentwicklung insgesamt gehörten: «Gewiß hat Verdi, wie jeder moderne Opernkomponist von Verstand, Wagner bedeutende Anregungen zu verdanken, aber in der Aida steht nicht ein Takt, für welchen der Italiener dem Deutschen direkt verschuldet wäre.»

Das hinderte Hanslick, der in der *‹Aida›* einen «musikalischen Schönheitssinn» ebenso walten sah wie die «dramatische Gewissenhaftigkeit» oder die «Noblesse und Einheit des Stils», nicht daran, sich vom nationalen Kolorit des Werkes eher abgestoßen zu fühlen, wobei er freilich die präzise dramaturgische Funktion der ägyptischen Kult- und Massenszenen im dargestellten Grundkonflikt des Werkes zwischen Individuum und politisch-gesellschaftlicher Macht nicht erkannte: «Die alten Ägypter mit allen Wunderlichkeiten ihrer Tracht und Gesittung, ihrer Politik und Religion stehen uns allzu fremd gegenüber; wir fühlen uns unter lauter braun und schwarz geschminkten Menschen nicht recht unter Unseresgleichen. Mag man das eine Äußerlichkeit nennen, immerhin, aber sie erkältet die Sympathien des Zuschauers für die Ideale des Stückes.» Daß das Prunkfinale jeden Regisseur tatsächlich vor fast unlösbare Aufgaben stellt, daß der Zuschauer also fast immer unzulängliche Kompromisse oder platte Peinlichkeiten – und nicht die Szene in ihrer Differenziertheit – zu Gesicht bekommt, das mag bei den Vorurteilen um das Triumphbild ebenfalls eine Rolle spielen.

Die Ideale der ‹Aida› oder Der herausgeforderte Verdi

Warum hat Giuseppe Verdi, der mit Gelegenheitskompositionen nichts zu tun haben wollte und auch die *‹Aida›*-Anfrage aus Kairo zunächst klar zurückwies, dann doch zugegriffen, nachdem er 1870 das Szenario des Ägyptologen Auguste Mariette kennengelernt hatte? Die Frage muß vor allem demjenigen Kopfzerbrechen bereiten, dem die großen *‹Aida›*-Szenen im Innern unwahrhaftig, mißlungen vorkommen. Es kann den Komponisten kaum das stolze Honorar allein dazu bewogen haben (150 000 Francs). Auch nicht der Ehrgeiz, der Welt zu zeigen, daß er noch nicht am Ende, daß er noch einer künstlerischen Entwicklung fähig war. Verdis ziemlich plötzlicher Entschluß zur *‹Aida›* muß mit dem zu tun haben, was Hanslick «die Ideale des Stückes» nannte. Und damit kann nicht die eine oder andere ideale, schöne, zur Musik drängende Episode, Chornummer oder Arie gemeint gewesen sein, sondern die Dramaturgie, der Mechanismus des Ganzen: sowohl die Eigenschaften der handelnden und leidenden Charaktere als auch deren Einbettung in den größeren dramatischen und musikalischen Ablauf. Schließlich jedoch: die in der *‹Aida›* verborgene, über die Handlung im engeren Sinn hinausweisende «Botschaft», der Sinngehalt dieser nur scheinbar exotischen, fernliegenden Tragödie, in der Verdi sofort die Möglichkeit der Metaphorik erkannt haben mochte: Metapher für den aktuellen krisenhaften Zustand des Individuums inmitten von Machtverhältnissen, des einzelnen im Beziehungsnetz der hektisch sich entwickelnden, vom Expansions- und Fortschrittsfieber ergriffenen europäischen Menschheit. Und einem solchen stolzen Fortschritt in der Dienstbarmachung der Natur – dem Suezkanal – war die neue Oper schließlich unmittelbar verpflichtet: konkretisiert in der Wahl des ganzen Sujets, des Nationalkolorits bis in die Details des Textes und der Partitur. Aber gerade mit Hilfe der topographischen und historischen Fremdheit des *‹Aida›*-Stoffes, dessen entrückte Typisierung hier fast wie ein Mythos der Vergangenheit wirken konnte, ließ sich, das muß Verdi sofort gespürt haben, etwas Wichtiges verschlüsselt der Gegenwart mitteilen. So wie Richard Wagner in seinem *‹Ring des Nibelungen›* die fernen germanischen Götter, Helden und Menschen auch dazu «benutzte», die Befindlichkeit der Menschen im industriellen Zeitalter verschlüsselt aufzuzeigen. Was spräche gegen die These, daß Verdis *‹Aida›* gewissermaßen als Gegenstück oder, im übertragenen Sinn, sogar als Antwort auf Wagners *‹Ring›* gelesen und gehört werden könnte?

Man muß sich Giuseppe Verdis Situation am Anfang der siebziger Jahre vor Augen halten, die Tatsache, daß eine neue Oper nach dem *‹Don Carlos›*, daß die *‹Aida›* für ihn eine äußerste Herausforderung und Anstrengung bedeutete. Es konnte nicht genügen, irgendein gut komponiertes großes Sujet auf die Bühne zu bringen, eine neue Oper mußte inhaltlich und ästhetisch einem völlig neuen Anspruch und zugleich den obersten Erwartungen genügen: Verdi war als Künstler weltberühmt, als politischer Mensch und Republikaner ein nationaler Heros. Sein Ehrgeiz, mit einer neuen Oper etwas in jeder Hinsicht Wahrhaftiges, Fundamentales zu «sagen», kann nicht hoch genug eingeschätzt werden. Auch als Musiker, nun an der Schwelle zum Alter, zum Spätwerk stehend, fühlte er sich einem wachsenden «Erfolgsdruck» ausgesetzt, wozu auch die Erwartungen des einfachen, kantilenen- und cabalettensüchtigen italienischen Opernpublikums gehörten. Es verwundert nicht, daß die Werke seit der *‹Traviata›* in immer größeren zeitlichen Abständen herauskamen; gesundheitliche

Krisen, aber auch größeres selbstkritisches Bewußtsein hatten das Arbeitstempo verlangsamt. Und statt neuer Opern erschienen nun Neufassungen der älteren.

Verdi begann auf sich selbst zurückzublicken, sich selbst – nach einem Goethe-Wort – historisch zu werden. Was mußte geschehen, ihn aus seiner stärker gewordenen Kunstmüdigkeit (in der die Aktivitäten des Gutsbesitzers von Sant'Agata um so prächtiger gediehen), aus seiner Skepsis, ob er überhaupt noch einmal eine Oper schreiben werde, herauszulocken? Es war tatsächlich der *‹Aida›*-Stoff, das ihm aus Paris zugespielte Szenario, das ihn seine Meinung ändern ließ, ihn hinriß und augenblicklich in schöpferische Hochspannung versetzte.

Der Konflikt im Aufriß des Vorspiels

Im Vorspiel zur *‹Aida›* wird die Polarität der gegensätzlichen Kräfte mit rein musikalischen Mitteln entworfen. Schon zu Beginn soll dem Hörer unmißverständlich deutlich werden, was der Kern dieses Dramas ist: der Zusammenprall von Liebe und Gesetz, von individuellem Gefühl und gesellschaftlich definierter Macht. Das Vorspiel stellt zunächst, in gewisser Ähnlichkeit mit dem *‹Tristan›*-Vorspiel, ein im zarten Pianissimo chromatisch nach oben tendierendes Sehnsuchtsmotiv vor, das sich im Lauf der Oper als leitmotiv-ähnliches Thema bewährt: Aidas reine Liebe in der entrückten Beschwörung durch die geteilten Streicher. Ab Takt 18 wird ein zweites, fest nach unten schreitendes Thema im strengen Fugato eingeführt – es entspricht melodisch Radames' späterer Verurteilung durch die Priester des Vulkantempels. Dieses zweite Thema steigert sich innerhalb von nur neun Takten vom dreifachen Piano zum Fortissimo, trifft auf seinem Höhepunkt mit dem Aida-Motiv zusammen, das nun von den hohen Violinen geradezu verzweifelt laut, fortissimo ebenfalls, vorgetragen wird. Am Ende des Vorspiels gewinnt das Liebesmotiv erneut die Oberhand, es wird jetzt in die Aura der Verklärung erhoben. Die polaren Triebkräfte des Werkes sind damit musikalisch-symbolisch vorgestellt: Eine leise, doch – in der Sequenzierung des Themas ausgedrückte – selbstgewiß in sich ruhende Liebe, die idealisch nach oben strebt, sodann die unmißverständlich niederdrückende, unflexible, doktrinäre (schulmäßiges Fugato!) Haltung und Äußerung einer starren Macht. Den realen Sieg dieser Macht wird die Musik am Ende der Oper in der mystischen Apotheose eines idealisierenden Liebestodes aufheben.

Der Feldherr als Träumer: Radames

Wie in *‹Aida›* der Tragödienmechanismus erzeugt wird – im Zusammenspiel von Subjekt und realen Verhältnissen –, das exponiert Verdi in den ersten Szenen der Oper ungemein verdichtet, zeigt es eigentlich schon im ersten Bild – mit der berühmten Romanze des Radames: «Celeste Aida». Der Konflikt geht von ihm, dem ägyptischen Kriegsmann aus; und er geht wie ein Riß durch ihn selbst hindurch. Seine Gespaltenheit haben Psychologen mit dem Begriff *double-bind* gekennzeichnet: In Radames liegen, ohne daß er sich dessen bewußt wird, zwei Selbstanforderungen, die beiden Ziele des vermeintlichen Glücks, im Streit miteinander – sozialer Aufstieg und öffentlicher Ruhm durch militärische Leistung auf der einen Seite; Liebe auf der anderen Seite, die als private Erfüllung, isoliertes Glück ohne den Bezug zum vorhandenen gesellschaftlichen Rahmen, als radikal autonome Selbstverwirklichung angestrebt wird. Es ist von Klaus Theweleit in seinen «Männerphantasien» (Frankfurt 1978) beschrieben worden, auf welche Weise dieses Liebesethos, die «Liebesbeziehung des einzigen zur einzigen», mit jener wachsenden «Selbstdistanzierung» des Individuums in Verbindung steht, die in der rationalistischen Philosophie des 17. Jahrhunderts ausgedrückt ist (Descartes' «Ich denke, also bin ich») und die eine «Möglichkeit der Verwirrung über den eigenen Zustand, das beginnende Gegeneinander von ‹Innerem› und ‹Äußerem› der Person» miteinschließt. Mit der Figur des Radames hat Verdi ein weiteresmal die Gelegenheit ergriffen, die Selbstentzweiung des Mannes, dessen Affektivität vom realen Leben abgespalten, das heißt «absolut» geworden ist, darzustellen. Diese Problematik tragen die meisten Verdischen Liebhaber als emotionale Schubkraft wie als Todesursache mit sich, sie müssen die vorenthaltene personale Integration in einer grenzenlos gefühls- und besitzergreifenden, damit zerstörerischen Liebe zu einer einzigen Frau zu ersetzen suchen. Jedoch: «Es wäre viel zu wenig zu sagen, die Frau wäre hier bloß ein Besitzstück. Sie ist wie ein nach außen gesetzter Teil des männlichen Selbst, den es sich wieder einzuverleiben trachtet, Medium der Wünsche des männlichen Selbst und Name für das Gewünschte zugleich» (Theweleit). Daß überaus viele Opern des 19. Jahrhunderts den Namen einer unglücklich liebenden Frau als Titel haben, hat mit dieser männlichen Entfremdung und Sehnsucht zutiefst zu tun.

Den grundsätzlichen Konflikt artikuliert die Romanze des Radames gleich zu Beginn. Wichtig ist zunächst, was ihr unmittelbar vorausgeht: Sobald das Vorspiel verklungen ist, stehen sich Radames und

Ramphis allein gegenüber, beide als die polaren Verkörperungen einer jeweils absoluten Idee. Denn es ist Ramphis, der Oberpriester, nicht der (namenlose) König des Landes, der – als graue Eminenz – die alles beherrschende Macht vertritt. Freilich herrscht sie nicht durch direkte Gewaltausübung, das besorgen die Politiker, das Militär, sondern durch Götterglaube, Ideologie und die Beeinflussung der Gewissen; es ist die Nähe der Priester zu den Göttern, die ihnen die Macht gibt: Staatsfrömmigkeit. Verdi möchte das musikalisch ausdrücken: Wenn Ramphis dem jungen Hauptmann zu Beginn mitteilt, die feindlichen Äthiopier seien vermutlich gegen Ägypten im Anmarsch und nun gelte es, auf den Botenbericht zu warten, dann sind seine Worte in eine psalmodierende Vortragsart und eine von geteilten Violoncelli salbungsvoll gefärbte musikalische Redeart eingetaucht. Und Radames bestärkt den Oberpriester in seiner unangreifbaren, weil göttlich definierten Autorität, wenn er zunächst einmal wissen will, ob Ramphis schon die heilige Isis befragt habe; denn er will der Feldherr des Krieges, «der Glückliche» sein, um – so hofft er in dem kurzen, von Trompetenfanfaren schmetternd begleiteten Rezitativ – Sieg und Ruhm von Memphis zu ernten. So natürlich dieser Wunsch eines autoritär erzogenen jungen Mannes, den Helden zu spielen, auch sein mag, so symptomatisch ist es, daß Radames diese Wunschphantasie ausdrücklich als «Traum» etikettiert. Das ist ein rasch hingesungener Begriff, der sich jedoch als richtig geahnte Selbsteinschätzung erweisen soll, denn nun beginnt mit der *‹Aida›*-Handlung tatsächlich das, was man den Traum des Radames nennen könnte.

Mit dem Traum meint Radames allerdings etwas anderes. Es muß überraschen bei einem ehrgeizigen jungen Soldaten und künftigen Feldherrn, daß er zwar vom Sieg träumen kann, im selben Moment aber seine militärische Aufgabe völlig aus den Augen verliert, weil seine Gedanken plötzlich ganz woanders gelandet sind (oder ist gerade dies realistisch, weil mit der Jugend des Helden zu erklären?). Denn nach wenigen Takten des Rezitativs ändern sich mit dem orchestralen Klanggrund und der Tonart auch die Zielwünsche des Radames gründlich. Noch in diesem Rezitativ, vor Beginn der lyrischen Romanze, wird ihm der Sieg nur noch Vorwand, mit dem errungenen Lorbeerkranz zu Aida zurückzukehren, der heimlich geliebten Tochter des besiegten Feindkönigs, ihr «eine Krone aufs Haar» zu setzen und ihr «einen Thron nahe der Sonne» zu errichten. Sozusagen der Goetheschen Mephisto-Beobachtung eingedenk: «Solch ein verliebter Tor verpufft / Euch Sonne, Mond und alle Sterne / Zum Zeitvertreib dem Liebchen in die Luft.» Das naive, völlig illusionäre Ziel dieses Mannes, der geliebten, im Sklavenzustand gehaltenen Frau ihren heimatlichen «schönen Himmel wiederzugeben» – er denkt nicht an sein Vaterland, sondern nur an ihres –, wäre höchstens möglich in einer Welt, die Friede und Versöhnung kennt oder wenigstens anstrebt. Die reale Welt hier ist durch andere Begriffe in ihrem Bestand garantiert: Götterglaube, Angst, Staatsräson, Patriotismus, Panzerung der Gefühle, Unterdrückung, Krieg.

Zwei Aspekte weiblicher Liebe: Amneris und Aida

Der Ausbruch des Konflikts läßt nicht lange auf sich warten. Kaum ist Radames aus der Träumerei der Romanze erwacht, da tritt schon die andere, die Königstochter, auf den Plan. So wie die Staatsräson der Macht Ramphis heißt, so heißt die Staatsräson der Begierde – Amneris. Und Amneris geht sogleich auf ihr Ziel, Radames' Liebe, zu: «Welch ungewohnte Flamme in deinem Blick.» Sie bemüht sich wohl schon länger erfolglos um ihn, und sie beneidet jetzt die Frau, der solcher Blick gilt. Es beginnt das Trugspiel und die Angstpartie. Radames beginnt zu fürchten, Amneris könne von seiner doppelt «verbotenen» Liebe (zur Feindin, zur Rivalin) erfahren, sie scheint schon zu ahnen, daß sein Gefühl einer anderen gehört. Und sie weiß, daß sie Macht hat: «Wehe, wenn mein Blick das fatale Geheimnis durchdringt.» Sie glaubt wohl noch in dem Moment, mit der gefangenen Prinzessin leichtes Spiel zu haben – bis sie deren Liebe erkennen muß. Im Terzett der ersten Szene, Allegro agitato e presto – wird den drei Handelnden der Tragödie zunächst intuitiv bewußt, in welchen Positionen sie sich befinden. Amneris ist vor allem vom Gefühl des Verdachts, des aufkommenden Zorns gegenüber der Rivalin beherrscht. Mit Radames teilt sie sich – bezeichnenderweise – in den vom Eifersuchtsmotiv diktierten vokalen Gestus, der hauptsächlich aus abgerissenen Worten und Tönen besteht. Für ihn wird die Angst vor der Königstochter bestimmend, in der er wohl weniger die Frau erkennt (die sie ihm gegenüber einzig sein zu wollen glaubt, eine verhängnisvolle Illusion) als das Mitglied der staatstragenden Kaste, die Teil der politischen Macht ist, auch über ihn herrscht. «Zur Liebe kann ich dich nicht zwingen», diese aufgeklärte Einsicht (Sarastros) ist der explodierenden Gefühlswelt der Verdischen Oper fremd und bleibt der Amneris (noch) verschlossen. Aber sie bedroht Aida mit ihrer Rache, nicht Radames. Zielstrebig steuert sie in der großen Auseinandersetzung mit ihr, in der ersten Szene im zweiten Akt, darauf hin, die volle Wahrheit über die Gefühle der Rivalin zu erfahren.

Rache aus enttäuschter Liebe ist von nun an ihr Gesetz, Haß ihr Impuls. Dem steht die Todesangst der gefangenen, sozial deklassierten Frau gegenüber, die schutzlos liebt.

Nur scheinbar ein Paradox: Obwohl Aida die eigentlich Zerrissene ist, da sie beide Gefühle (für den Vater, für Radames) mit ungeteilter, unbedingter Hingabe ausleben muß – nichts «spielen», nicht taktieren kann –, gibt Verdi ihr im Terzett eine große, die beiden nervös punktierten Angst- und Zornstimmen überwölbende Kantilene. Das heißt: sie ist zwar die Unglückliche, aber in ihrer tiefsten Seele ist sie eins mit sich selbst, da ihre Liebe echt ist (das will die in halben und ganzen Noten ausschwingende Kantilene beteuern). Aida beklagt in dem Gesang, den Verdi vom dreifachen Piano zum machtvollen Fortissimo steigert, nicht bloß das verlorene Vaterland, sondern das, was ihr jetzt zur Gewißheit geworden ist: die unglückliche Liebe, die sie in einen unentrinnbaren Konflikt gelockt hat. Am Ende der ersten Szene wird Aidas tragische Situation in der großen Romanze sowohl programmatisch zusammengefaßt als auch lyrisch-musikalisch vertieft: «Als Sieger kehre heim . . .» Diese Soloszene, die Verdi nicht in Rezitativ und Arie aufgespalten, sondern deren rezitativische und ariose Teile er kühn zu einem neuen Ganzen verzahnt hat, zeigt Aidas innere Haltung auf vier Stufen: Gewissenskonflikt, Liebe zu Vater und Vaterland, Liebe zu Radames, Todeswunsch und Gebet. Sie muß – und kann zugleich nicht – beide Männer lieben, die sich als Feinde gegenüberstehen, sich töten (wollen) müssen: «Es gibt keine Hoffnung für meinen Schmerz . . . Götter erbarmt Euch!» Im Sinne des finalen Erlösungscharakters dieses gewünschten Todes rückt Verdi das ausdrucksvoll kantable Gebet der Aida am Ende jäh in die Dur-Tonart – ein verblüffend einfaches Kontrastmittel, hier von transzendierender Wirkung.

Daß jedoch auch Amneris in ihrem Innersten als Frau geliebt werden wollte, was ihr «Panzer» aus Stolz und sozialer Stellung verhindern mußte, ist ihr eigentliches Unglück und zeigt sich erst am Ende des langen Weges. Der vierte Akt macht deutlich, daß sie als einzige so etwas wie eine Entwicklung durchmacht, daß sie sich ihrer Irrtümer, ihres Fehlverhaltens bewußt wird. Das macht die Figur der Amneris zur interessantesten des ganzen Werkes. Und sie verflucht in ihrer Verzweiflung eben nicht nur die Priester, die Radames zum Tode verurteilen, weil er das Vaterland verraten hat, sondern sie verflucht ihre eigene Eifersucht und beteuert die Unschuld von Radames. Und einmal auf dem Wege der Erkenntnis, geht Amneris noch einen entscheidenden Schritt weiter, sie findet den Widerspruch im Selbstverständnis dieses mächtigen Klerus: «Oh, die Ungeheuer, sie sind nie satt von Blut – und nennen sich Diener des Himmels.» Und sie verflucht diese Priester, ruft «die Rache des Himmels» auf sie herab. So machtlos wie der König, so machtlos ist auch die Königstochter gegenüber den Priestern. Diese plötzliche Erkenntnis läßt sie zusammenbrechen. Verdi hat in einem kurzen Nachspiel nach dem «Anatema»-Fluch jenen Zusammenbruch der Unglücklichen mit rein musikalischen Mitteln ausgedrückt und zugleich etwas, das darüber hinausweist: eine geballte Katastrophe in fünfzehn düsteren, berstenden Takten, wie sie an Schauerlichkeit und Gewalt des orchestralen Ausdrucks auch bei ihm selten zu finden ist.

Gegenüber der kompliziert entworfenen Figur der Amneris ist Aida eher einfach konstruiert: die – um der Liebe willen – liebende Frau, das verkörperte Prinzip der unbedingten Hingabebereitschaft und einer inneren Intaktheit, die keine Fremdbestimmung kennt. Wohl aber Gefahren, Anfechtungen, Auseinandersetzungen wie diejenigen im dritten Akt. Und Aida ist vollkommen in ihrer Identität aufgehoben, die von ihrer Herkunft und Geschichte ebenso geprägt wurde wie von der Selbstgewißheit ihres starken Gefühls. Wichtig scheint ein Wort von ihr, das ihre soziale und ethnische Bindung als primäre ausweist. Als sie im ersten Akt vom Krieg erfährt, fürchtet sie zuerst für ihr «unglückliches Vaterland», dann erst für Menschen. Aber sogar sie wird, allerdings gegen ihren Willen und wiederum nur in der «doppelten» Liebe zu Vater/Vaterland, in politisches Handeln hineingezogen, dessen Konsequenzen unmittelbar das Verhängnis auslösen. Die große Duett-Szene Aida–Amonasro im dritten Akt, dem lyrischen Höhepunkt der Oper, enthält die dramatisch zugespitzte Auseinandersetzung zwischen Vater und Tochter. Um die folgenschwere Entscheidung Aidas gegen ihre Liebe zu Radames, jedoch für Vater und Vaterland, glaubhaft zu machen, hat Verdi dem Duett die zweite Romanze der Aida vorangestellt: hier wird ihre empfindsame Bindung an ihr Land deutlich, das sie nie wieder sehen wird. Um sie zu dem (für die Äthiopier lebenswichtigen) Verrat an Radames zu zwingen, muß der Vater zum äußersten Mittel greifen: er verflucht die Tochter, zerschneidet die Blutsbande. Aida bricht zusammen, entlockt Radames wenig später das Kriegsgeheimnis und bewirkt damit den Umschlag in die Tragödie. Die Flucht mit dem Geliebten, die ultima ratio, kommt beiden zu spät in den Sinn. Aida, Opfer der Liebe: wie eine Heilige begibt sie sich freiwillig in den Tod, in die Utopie der himmlischen Verklärung als Antwort auf irdisches Scheitern. Dahinter steht letztlich eine religiöse Erlösungsidee, die Verdi auch dadurch unterstreicht, daß er der gewandelten Amneris das alles aussöhnende Schlußwort erteilt: die Bitte an Isis, die Bitte um Frieden.

Staat und Kirche: das Machtkartell

Giuseppe Verdi, dessen antiklerikale Gefühle sich nicht erst in der *‹Aida›* dokumentieren, stand der Religion als solcher, den ehrlichen religiösen Überzeugungen anderer, nicht ohne Achtung gegenüber. Das zeigt deutlich der Beginn des dritten Aktes: Tempelgesänge steigern die Frömmigkeit eines reinen Naturbildes – Nacht am Ufer des Nils. Gebete von Priestern und Priesterinnen dringen in eine zauberische Atmosphäre, die Verdi durch genau kalkulierte Instrumentation herstellt: Celloflageoletts, Oktav-Pizzicati der Bratschen, Tremoli der 2. Violinen, Oktav-Arpeggien der 1. Violinen – alle con sordino und im dreifachen Piano. Die Adressatin der Gebete ist die Mutter des Osiris: «Hilf uns, barmherzige Mutter unermeßlicher Liebe!» In dieser Stunde erscheint Ramphis nur in priesterlicher Funktion, er geleitet Amneris in den Tempel, wo sie Radames' Liebe von der Göttin erflehen will. Mit der Szene hat Verdi nicht nur eine ganze Landschaft klangsymbolisch in Musik erstehen lassen, sondern er wollte wohl auch den religiösen Kult der Ägypter würdigen. Von der Verderben bringenden Macht des Oberpriesters und seiner «Kirche» ist nicht die Rede – sie wird erst dann für die Menschen unheilvoll manifest, wenn sie im Bündnis mit dem Staat, dem Militär, dem ganzen Machtapparat sich in eine ideologische und somit politische Größe verwandelt. Das will Verdi mit dieser ebenso kurz wie erhaben skizzierten Gebetsszene vor dem nächtlichen Tempel sagen, die nur die Introduktion bildet zu Aidas sehnsuchtsvoller Nil-Romanze und die somit auch hilft, Aidas Bindung an ihre äthiopische Heimat, an ihre Landschaft und Götter als religiös fundiert darzustellen.

Ramphis und die Priesterschaft spielen in der politischen Struktur des Landes eine eindeutige Rolle und somit auch bei jenem großen nationalen «Ereignis», welches ein ganzes Volk betrifft und das die Handlung und die Existenz aller Figuren der *‹Aida›* bestimmt: dem Krieg. Das beginnt gleich in der ersten Szene mit dem Botenbericht und dem darauffolgenden Kriegsschwur der anwesenden Priester, Politiker und Militärs. Ramphis vergißt dabei nicht die strenge Mahnung: «Ehre sei den Göttern! . . . sie lenken die Geschehnisse, und das Glück des Kriegers liegt nur in ihrer Hand.» Die geradezu euphorischen «Krieg»-Rufe der Offiziellen sind von roher chorischer Gewalt, ja Brutalität – ein «Allegro maestoso»-Marsch versetzt alle in ungehemmten Kriegsrausch. Es folgt der Kriegsbeschluß und die Bestimmung des Feldherrn. Die zweite Szene des ersten Aktes, im Tempel des Vulkans, stellt die Kriegsgebete der Götterdiener in den Mittelpunkt:

ein gewaltiges religiöses Ritual dient dazu, Radames am Alter «die heiligen Waffen» zu übergeben, Rache und Tod den Feinden zu schwören, unter Anrufungen, Gesängen und Tänzen (das Ballett ist hier für Verdi endlich keine lästige «Einlage» mehr, sondern vollständig in die Handlung integriert). Bei der Siegesfeier im Triumphbild sind es wiederum die Priester, die Tod fordern, den Tod der gefangenen Äthiopier; das Volk kann die Vernichtung verhindern. Und die Priester sind es, die im unterirdischen Gewölbe über Radames zu Gericht sitzen und das Todesurteil aussprechen. Fazit: Die ägyptischen Priester, die Verdi in düsteren, schwerfälligen Gesängen und starren Fugato-Sätzen als dumpfe Schicksalsmacht wie hinter einem undurchdringlichen Panzer agieren läßt, spielen in allen vier Akten der Oper eine zentrale kollektive Rolle! Sie liefern die ideologischen Motivationen der Handlung, sie sind das Gewissen, zugleich die Zeremonienmeister und Blutrichter der Nation. Fast stärker noch als die Triumphszene bedeutet vor allem das erste Finale eine machtvolle Demonstration solchen Staatskirchentums, also der engen Zusammengehörigkeit von König und Oberpriester, von politischen Interessen und Ideologie – wahrlich eine unheilige Allianz von Nationalismus, Kriegslust und Feindeshaß auf der einen, vermeintlichem Götterwillen, Kirchenpomp und Frömmigkeit auf der anderen Seite. Wie soll das, im Italien des 19. Jahrhunderts mit seinem von Staatskirche und Kirchenstaat geprägten öffentlichen Leben, von Verdi nicht verzweifelt kritisch, parabelhaft verschlüsselt gemeint gewesen sein! Und wie souverän ist dieses Abbild realer Zustände in die vermeintlich nur exotisch-historische Kulisse, in einen musikalischen Gesamtverlauf aus gemeißelter Rhetorik und größter formaler Ökonomie und Durchschlagskraft – und Schönheit der melodischen Gestalten – eingebunden!

Der differenzierte Triumph: Ägyptens Sieg und seine Opfer

Dieser Mechanismus der Oper, die exakt gebaute Handlung wie die genau beobachteten und gestalteten seelischen Konstellationen ihrer Protagonisten, lassen keinen Zweifel mehr aufkommen, daß das Finale des zweiten Aktes, das Triumphbild, nur im Zusammenhang betrachtet seinen Sinngehalt und seine Bedeutung enthüllen kann. Und: Diese Szene und das daran unmittelbar anschließende Nil-Bild scheinen wie antithetisch zusammenzugehören. In beiden geht es um Themen wie Heimat, Vaterland, Patriotismus, und sie verhalten sich dabei wie reale Rede und gedachte Gegenrede: Hier als extrovertiert kolossales Massengepränge, dort als leise, in die Phantasie verlegte, musikalisch höchst eindringliche Beschwörung. Sie verhalten sich auch wie Welt und Gegenwelt, Realität und Utopie.

Die Triumphszene der *‹Aida›* ist das größte Gesamttableau, das Verdi jemals komponiert hat: zwei Orchester, vier Chöre (Volk, Priester, Sklavinnen, Gefangene) bestreiten musikalisch mit den Solisten und dem Ballett die Szene. Mit einem Heer von Statisten wird der Eindruck des Gigantischen noch zu steigern versucht. Das Bild stellt auf seiner Schauseite die Siegesfeier der Ägypter dar, sozusagen ein riesiges Volksfest im Freien vor den Toren Thebens, mit eindeutig militaristisch-chauvinistischem Akzent. Aber hinter der Schauseite ist durchaus etwas anderes gestaltet, hinter diesem bis an die Grenze der Lächerlichkeit getriebenen Aufmarsch-Gigantismus und «Gloria»-Jubel des Volkes gibt es ein Problem, das sowohl von den Volksführern und den Priestern wie vom Volke ernsthaft und mit Engagement «diskutiert» wird: das Schicksal der gefangenen Äthiopier, die unter allgemeinem Jubel vorgeführt werden. Radames, nach einem Wunsch befragt, und mit ihm das Volk bitten um Gnade und Freiheit für die Gefangenen; Ramphis und die Priester plädieren jedoch für deren Vernichtung und berufen sich dabei auf den Willen der Götter. Als Radames auf seinem Wunsche besteht, bietet Ramphis mit einem politisch «zeitlosen» Argument einen Kompromiß an: Aus Gründen «der Sicherheit und des Friedens» müßten wenigstens Aida und ihr Vater in ägyptischer Hand bleiben. Nachdem dies vom König so entschieden wurde, soll Radames nun endlich als Preis die Hand von Amneris erhalten. Dieser äußert sich noch nicht, Amneris triumphiert sogleich über die Rivalin, und nun bricht noch einmal und endgültig die kollektive Begeisterung aus. In einem gewaltigen Ensemble sind simultan dargestellt: der Jubel der Ägypter und der Dank der äthiopischen Gefangenen für die Freilassung; sodann, in die vielstimmige musikalische Totale eingebettet, die Hoffnungslosigkeit und Verzweiflung Aidas, Radames' nur tollkühn zu nennende Standhaftigkeit gegenüber Ruhm, Macht und der Hand der ägyptischen Königstochter («Der Thron Ägyptens ist Aidas Herz nicht wert») sowie der Rausch der Amneris. Was hingegen Amonasro, der noch unerkannte äthiopische König, inmitten des Triumphfinales seiner Tochter zuflüstert, das weist direkt auf den Vater-Tochter-Konflikt des dritten Aktes: «Fasse Mut! . . . Der Morgen unserer Rache ist schon da.» Bezeichnenderweise wird dieser dramaturgisch wichtige Satz musikalisch besonders betont; er leitet den im Tempo gesteigerten, die Funktion einer

Stretta einnehmenden Schlußteil der ganzen Szene ein. Verdi fordert in der Partitur: «Molto più mosso, quasi tempo doppio.»

Die Triumphszene erschöpft sich, mögen Ohren und Augen mit der höchst verdichteten Struktur zunächst auch Schwierigkeiten haben, keineswegs im al fresco eines plakativ entworfenen Kolossalgemäldes, sondern sie deutet sehr wohl die Fortsetzung eines oder gleich mehrerer Konflikte an, das heißt die präzise Verarbeitung von individuellen und kollektiven Interessen- und Gefühlszusammenstößen – ein musikalisch differenziert und dabei äußerst energisch, dicht komponiertes Prachtbild, das nur größte Bewunderung verdient und an das Verdi selbst übrigens geglaubt hat: er schreibt an seinen Librettisten: «Seit Ihrer Abreise habe ich . . . nur noch den Marsch gemacht, der sehr lang ist und starke Gliederung aufweist . . .» Verdi zählt dann Details auf und fügt hinzu: «. . . und alles das wird ein einziges Stück – eben der Marsch.» Mit dem ‹Marsch› meinte er die ganze Szene, nicht nur jenes berühmte Fanfaren-Thema der langgestreckten «*‹Aida›*-Trompeten», das für die gesamte Oper und deren behaupteten Monumentalismus sprichwörtlich wurde.

Gegen-Utopie Äthiopien oder Das Paradies im Kopf

Dem lauten, spektakulären, wenn man will: vulgären Patriotismus im Triumphbild des zweiten Aktes antwortet unmittelbar der dritte Akt mit dem Entwurf einer lyrisch gefärbten, aus der Seele herausprojizierten, dabei nicht weniger leidenschaftlichen «Vaterlandsliebe». Zunächst in Aidas zarter, melodisch weitgeschwungener Arie. Dabei spielt das poesievolle Ambiente einer musikalisch-farblich aufs eindringlichste «gemalten» Landschaft «am Ufer des Nils» ebenso eine Rolle wie die schon erwähnte sanfte Tempelintroduktion mit Amneris und den Priesterinnen. Äthiopien ist die gedachte, die nur erinnerte und darum reine Gegenwelt, ein Paradies des Glücks: azurne Himmel und sanfte Winde über grünen Hügeln, frischen Tälern und duftenden Ufern. Aidas Traum-Projektion: «O seliger Zufluchtsort!» Im folgenden Duett setzt Amonasro genau an dieser schmerzlich-schönen Erinnerung Aidas an, um sein politisches Ziel, ihren Verrat an Radames, zu erreichen. Er beschwört seinerseits die Wälder und Täler der Heimat, die «Tempel aus Gold», verspricht ihr Vaterland, Thron und Liebe. Die Taktik gelingt.

Aber Aidas Traumsehnsucht nimmt zu, als brauche das Leben und das Überleben unter dem großen seelischen Druck eine starke Gegenkraft. Ist Äthiopien in der Nil-Arie und dem Vater-Tochter-Duett noch das ziemlich konkrete Erinnerungsbild, so verschwimmt im folgenden Duett Aida–Radames jede genauere Vorstellung über den Fluchtort, kommt ihnen Realitätssinn, schon lange vor dem mystischen Erlösungsfinale, abhanden. Aida hatte zuvor einen letzten verzweifelten Versuch gemacht, die Tragödie aufzuhalten, ihr Unglück allein zu tragen, den Träumer Radames von seinen Illusionen zu befreien, ganz realistische Argumente ihm entgegenschleudernd: «Wie glaubst du, dich den Zärtlichkeiten der Amneris, dem Willen des Königs, den Wünschen deines Volkes, dem Zorn der Priester zu entziehen?» Die Antwort ist erneuter Liebesschwur, Übergang in die Ekstase einer «Vivo assai»-Stretta, die in wilder Steigerung die Fluchtidee beider in eine atemlose Bewegung hineinreißt.

Die Topographie der Oper ist bedeutungsvoll, die Schauplätze umschreiben insgesamt den Gang einer Bewegung von außen nach innen, zugleich einer fortschreitenden Entmaterialisierung. Das führt aus der massenhaften, niederdrückenden ägyptischen Stadtarchitektur von Memphis mit ihren steinernen Palästen, Tempeln und Toren hinaus zum Triumphfeld Thebens, sodann zum freien Nil-Ufer, von dort in Aidas Kopf zur glänzenden Ferne eines als Fata Morgana schimmernden Traumlandes Äthiopien. Der nächste Ort ist der entleerte Fluchtpunkt der Liebenden, dem keine reale Lokalität mehr entspricht: Radames singt von «unendlichen Wüsten», beide phantasieren von den «Sternen über uns». Das Schlußbild des vierten Aktes ist rein halluzinatorisch, horizontal geteilt: oben der Tempel des Vulkans «voll Gold und Licht», unten ein unterirdisches Gewölbe, das den Liebenden zum Grab wird und über dem sich ihnen schließlich der Himmel, als letzter ewiger Zufluchtsort des auf Erden (von sehr realen Mächten) verwehrten Glücks, öffnet. Das Schlußduett ist nur noch Liebestod-Mysterium, das Paar und seine seligen Zuhörer verklärende Opernfrömmigkeit der überirdisch schönen Kantabilität, eines Abschiedsgesanges von raffiniertester Intervall-Baukunst und Instrumentation: vielfach geteilte Streicher im Flageolett, zarte pp-Holzbläser, Harfen-Arpeggien. Und erst durch den Kontrast zur vorhergehenden, dramatisch kompakten Gerichtsszene mit der Priesterverfluchung durch Amneris, kann sich der irreale, ätherische Charakter des Schlußbildes voll entfalten.

Der sich den Liebenden öffnende «Aida-Himmel», das ist ein als rein musikalische Idee gefaßter Traum, dem keine wie immer geartete außermusikalische Vorstellung mehr gerecht würde. Radames hatte ihn tatsächlich in seiner Romanze («Celeste Aida») vorhergeahnt. Dies

Ende meint nur noch die (er)lösende, transzendierende Kraft der Musik. Deshalb wäre es falsch, dem Realisten Verdi wegen des so gestalteten Finales (oder gleich der ganzen *‹Aida›*) Flucht aus einer unwirtlichen Lebensrealität (Ägyptens, oder auch: des 19. Jahrhunderts) vorzuwerfen, so wie es sich als falsch erwies, den Komponisten des Triumphbildes der plakativ-platten Realitätsausschlachtung oder der Kapitulation vor den sehr realen Wünschen der Kairoer Auftraggeber anzuklagen. Die wahre Alternative zu Ägypten, die Utopie der *‹Aida›*, ist nicht der Himmel der Liebenden im Finale, sondern ist Äthiopien. Verdi scheint, hört man in die Poesie und den Sehnsuchtston des dritten Aktes nur tief hinein, die unbeschädigte Natur wie eine Metapher der unzerstörten Natur des Menschen verstehen oder auch wie ein Bild gegen die Wirklichkeit einer wachsenden, schon vor hundert Jahren absehbaren Naturzerstörung setzen zu wollen.

Verdis ‹Aida› als Metapher einer Gegenwart

Kein Zweifel – Verdis Herz schlägt in der *‹Aida›* für die Opfer, Aida und Radames; und Opfer ist am Ende auch die ägyptische Königstochter. Die Sympathie des Komponisten gilt der Schutzlosigkeit aller, ihrer real hoffnungslosen Position innerhalb eines gesellschaftlichen und ideologischen Zwangssystems, und sie gilt ebenso ihrer Idealität und inneren Intaktheit. Sie zeugen schließlich selbst dafür: so beteuert Radames im vierten Akt Amneris gegenüber die Reinheit seiner Gedanken und seiner Ehre, gibt den politischen Verrat ruhig zu; so kann Aida in der großen Auseinandersetzung mit Amneris freimütig bekennen, diese Götter seien ihr immer feindlich gewesen; so erlebt Amneris, als auch sie ins Räderwerk der Macht gerät, eine entscheidende Bewußtwerdung und schwört mit der Priesterverfluchung diesem System ab.

Auf der anderen Seite die Götter, die Priester, die Tempel, das ganze ägyptische Lokalkolorit – um all dies hat Verdi sich in historischen, archäologischen und religionsgeschichtlichen Studien eingehend gekümmert, und er wußte durchaus, daß beispielsweise die ägyptische Priesterschaft real den Beamten des Reiches zugerechnet wurde und deshalb kaum etwas mit den klerikalen Verhältnissen des 19. Jahrhunderts in Italien gemein haben konnte; daß der König im alten Ägypten ein Gott war, dessen Name man nicht auszusprechen wagte – auch dies eine ganz andere Situation als in Verdis monarchischer Gegenwart. Dennoch «funktionieren» – das nahm Verdi nicht nur hin, sondern er rechnete fest damit – die historischen Orte, die dargestellten Menschen und ihre Handlungen in der Oper nicht als antike Fundstücke der archäologischen Forschung, sondern als lebendige Allegorien: sie stehen für etwas, das sich in jeder Gegenwart, hier und heute, realisiert. Durch die Musik und in der ästhetischen Zeichen-Sprache immer gegenwärtigen Theaters werden auch sie gegenwärtig, und wir lesen ihre Zeichen als Träger vergegenwärtigenden Sinnes.

Verdis *‹Aida›*-Zeichen lebendig und aktuell zu interpretieren hat auf der heutigen Musiktheater-Bühne niemand so entschieden und abseits jeder Opernkonvention unternommen wie der Regisseur Hans Neuenfels mit seiner Frankfurter Inszenierung von 1981. Er sah den Verdi der *‹Aida›* konsequent als einen Realisten, ja Materialisten, der dank seiner bäuerlichen Herkunft, seiner Nähe zum realen Leben geübt gewesen sei «im Durchschauen eines verlogenen Idealismus». Politisch hatte Verdi zur Zeit der *‹Aida›*, als der Nationalismus häßliche Züge annahm und die Preußen in Frankreich einmarschierten, tatsächlich tief resigniert. Er wolle unbedingt, so teilte er seinem Librettisten mit, in den *‹Aida›*-Text eine Stelle unterbringen, die auf die skandalöse Berufung Wilhelms I. auf Gott und die Vorsehung beim Frankreich-Sieg anspielte. Neuenfels' richtige Schlußfolgerung: «So gesehen ist Ägypten für Verdi die Metapher einer Resignation, gewiß kein Dekor; aber eine Metapher, die von der Gesellschaft fehlinterpretiert wurde. Für diese Gesellschaft war Ägypten eher eine Metapher für die Pariser Weltausstellung ... Der Traum von einem dreitausendjährigen Reich ist schon faszinierend gerade in einer Zeit der Reichsgründungen – deutsches Kaiserreich, französische Republik, Italien.»

‹Aida› als Metapher auf der Opernbühne – das bedeutete in Frankfurt die Diskussion und theatrale Abbildung auch der Phänomene hinter der dicken ägyptischen Schminke und der scheinbaren Affirmation des Massenaufgebots politischer und klerikaler Macht, als da sind: eine gefährliche militaristische Gesinnung; das Unterdrückungspotential einer Staatsmaschine, zumal in den Köpfen der ihr Angepaßten; die herrschende Ideologie aus mißbrauchtem Götterglauben; die trostlose Situation von Minderheiten bei aggressiven Mehrheiten; Rassismus; die schwindenden Chancen und folglich der Traumzwang für unverbogene, begabte junge Menschen; die Utopie-Kraft einer intakten Subjektivität. Es bedeutete sogar die bildhafte Thematisierung der Archäologie, also einer präzisen, in Bildern denkenden und Bilder ausgrabenden historischen Sehnsuchtswissenschaft als der symptomatischen inneren Triebfeder dieser Oper.

Die im Kräftefeld der Eifersucht, des Neides, der Machtinteressen, des Krieges erstickende, die «unmögliche» Liebe, die dennoch verzweifelt gesucht wird – in der Tat gibt es, wie vermutet, Parallelen zu Wagners *‹Ring›*-Parabel wie zu mancher anderen (Theater)Kunst im vorigen Jahrhundert. Hier wie dort der fürchterliche Zusammenstoß und der Kampf der Individuen mit (sich und) den herrschenden Gewalten, letztlich das Scheitern und die traumhafte Überhöhung des real zerstörten Subjekts durch die orpheische Kraft der Musik. Wagner setzt die dargestellten Götter, Helden und Menschen freilich als Träger von Ideen ein, und Wagner war von dem Abstraktionswunsch beseelt, die Strukturgesetze dieser Welt kosmologisch bis zu ihren Wurzeln zurückzuverfolgen und darzustellen. Für Verdi ist der handelnde, leidende, jubelnde, singende Mensch die einzige und letzte Instanz. Seinem realistischen Blick, seiner Humanität blieben jedoch die Kräfte eines zunehmend brutaler werdenden kollektiven Wesens hinter den Einzelphänomenen nicht verborgen. Das brachte ihn dazu, die *‹Aida›*-Geschichte – und zwar Triumphmarsch und Liebestod als zwei notwendige Aspekte einer einzigen Tragödie – gleichzeitig als Fanal der Anklage gegen die Mächtigen wie der Verteidigung der Idee vom Menschen mit sicherer Hand zu ergreifen.

Wolfgang Schreiber

Inhalt der Oper

Ort und Zeit der Handlung: Memphis und Theben
zur Zeit der Herrschaft der Pharaonen

Erster Akt, erste Szene (erstes Bild). Saal im Königspalast in Memphis. Ägypten wird von den Äthiopiern bedroht, ein Krieg ist zu erwarten.

Radames, ein junger Hauptmann der Wache, hofft Heerführer dieses Krieges zu werden. Er liebt heimlich die äthiopische Prinzessin Aida, die als Sklavin am ägyptischen Hof lebt. Ihr will er seinen Sieg widmen. Amneris, die ägyptische Pharaonentochter, ist entschlossen, die Liebe des Radames zu gewinnen, sie vermutet in Aida ihre Rivalin. Ein Bote bestätigt Äthiopiens Überfall. Der König verkündet, umgeben von Ministern und Hauptleuten, im Beisein des Oberpriesters Ramphis und der Priester den Krieg gegen die Äthiopier und ernennt Radames zum obersten Feldherrn. Nach der beschlossenen Rache und der aufgeflammten Kriegsbegeisterung bleibt Aida allein zurück: sie wird sich ihres furchtbaren Konfliktes bewußt – zwei Männer zu lieben, die nun Todfeinde sind: Radames und ihren Vater, den äthiopischen König. In ihrer Verzweiflung bittet sie die Götter um den Tod.

Erster Akt, zweite Szene (zweites Bild). Tempel des Vulkans in Memphis.

In einer religiösen Zeremonie rufen Ramphis sowie Priesterinnen und Priester den Gott Phtà an und preisen ihn. Ramphis bittet den Gott um das Kriegsglück für Radames und die Ägypter und überreicht dem Feldherrn die heiligen Waffen.

Zweiter Akt, erste Szene (drittes Bild). Saal in Amneris' Gemächern. Amneris ist von Sklavinnen umgeben, die sie in Luxus kleiden. Die ägyptische Königstochter gewinnt durch Heuchelei das Vertrauen der Sklavin Aida und entlockt ihr das Geheimnis ihrer Liebe zu Radames. Amneris gibt sich Aida gegenüber als Rivalin zu erkennen und entfesselt in dieser sowohl Stolz wie Todesangst. Amneris, deren Haß auf Aida offen ausbricht, glaubt, Radames' Liebe leicht erringen zu können.

Zweiter Akt, zweite Szene (viertes Bild). Vor den Toren der Stadt Theben.

Das ganze politische Ägypten, die Priester und das Volk, ist versammelt, um den Sieg über Äthiopien zu feiern. Im Triumphwagen kehrt Radames zurück, der überschwenglich bejubelt wird. Der Dank der Priester gilt vor allem den Göttern. Auch die äthiopischen Gefangenen werden zur Siegesfeier mitgeschleppt, Radames bittet den König um deren Begnadigung. Unter den Gefangenen befindet sich auch der feindliche König, Aidas Vater, dessen Rang noch nicht erkannt wird. Ramphis und die Priester votieren für den Tod der Gefangenen, schließlich gibt es einen Kompromiß: Aida und ihr Vater bleiben als Geiseln, alle anderen werden freigelassen. Die eigentliche Belohnung für Radames ist jedoch die Hand von Amneris, die der König jetzt dem Feldherrn anbietet. Diese jubelt auf; Aida stürzt in noch tiefere Hoffnungslosigkeit. Radames ist insgeheim bereit, zugunsten von Aida auf alle ägyptischen Belohnungen zu verzichten.

Dritter Akt (fünftes Bild). Am Ufer des Nils.

Amneris wird von Ramphis unter priesterlichen Gesängen in den Tempel geleitet, wo sie die Göttin um die Liebe des Radames bitten will. Aida erwartet in unmittelbarer Nähe Radames. Sie erinnert sich an die Schönheiten ihres Vaterlandes, das sie fürchtet nicht mehr wiederzusehen. Zunächst begegnet sie jedoch ihrem Vater, der von ihr verlangt, Radames zum Verrat des ägyptischen Kriegsplanes anzustiften. Als Aida zunächst zögert, zwingt Amonasro sie mit der Beschwörung ihrer Vaterlandsliebe, sogar mit der Aufkündigung der Blutsbande. Aida begegnet Radames; sie versucht zunächst, ihn an seine patriotischen Pflichten zu erinnern und ihn von seiner Liebe zu ihr abzubringen. Er versichert ihr jedoch, nach der nächsten Schlacht den König um ihre, Aidas, Hand bitten zu wollen. Aida stellt ihm die ganze Illusion dieses Plans vor Augen und schlägt nun die gemeinsame

Flucht vor. Radames stimmt zu, da fragt ihn Aida noch nach dem Kriegsgeheimnis, den Ort des Überfalls. Amonasro hört es aus seinem Versteck und gibt sich zu erkennen. Amonasro und Aida können entfliehen, obwohl sofort Priester und Wachen heraneilen; Radames stellt sich freiwillig.

Vierter Akt, erste Szene (sechstes Bild). Saal im Königspalast.

Amneris denkt über ihre verzweifelte Liebe zu Radames nach und über den Verrat, den er beging. Radames wird von den Wachen zu ihr gebracht. Sie versucht ihn zur Liebe zu überreden, er soll sich vor Gericht entschuldigen. Radames lehnt alle begütigenden Kompromißversuche ab, er steht zu seiner Liebe zu Aida, auch wenn das den Tod bedeutet. Er wird zum Prozeß in ein unterirdisches Gewölbe geführt. Von dort dringen die Anklagen der Priester gegen ihn bis zu Amneris, auch der dreifache Schuldspruch und das Todesurteil. Amneris erkennt die Blutschuld der Priester und verflucht sie.

Vierter Akt, zweite Szene (siebtes Bild). Die Bühne besteht aus zwei Stockwerken: oben der Vulkantempel, unten ein unterirdisches Gewölbe.

Radames ist lebendig eingemauert worden und erwartet nur noch den Tod. Im Wahn glaubt er Aida zu erblicken, doch sie hat sich wirklich in das Grab heimlich einschließen lassen, um mit Radames zu sterben. In der Agonie öffnet sich ihnen in einer Vision der Himmel.

Fotografie des ‹Aida›-Librettisten Antonio Ghislanzoni (1824–93), der ein brillanter Journalist und ein überaus fruchtbarer Librettist war.

Antonio Ghislanzoni

Aida

Oper in vier Akten
und sieben Bildern

nach einem Handlungsentwurf
von Auguste Mariette Bey
und einem Szenarium
von Camille Du Locle

Musik von Giuseppe Verdi

Uraufführung am 24. Dezember 1871
in Kairo, Dar Elopera Al Misria

Zweisprachiges Textbuch

Neue wortgetreue deutsche Übersetzung
von Maria Luisa Heinz

PERSONAGGI

IL RE — circa 45 anni: portamento maestoso, imponente.

AMNERIS, sua figlia — 20 anni: molta vivacità, carattere impetuoso impressionabile.

AIDA, schiava etiope: pelle olivastra rossiccio-oscuro — 20 anni: amore, sommissione, dolcezza sono le qualità principali di questo personaggio.

RADAMÈS, capitano delle guardie — 24 anni: carattere entusiasta.

RAMFIS, capo dei sacerdoti — 50 anni: animo fermo, autocrata, crudele: portamento maestoso.

AMONASRO, re d'Etiopia e padre d'Aida: pelle olivastra rossiccio-oscuro — 40 anni: guerriero indomabile, pieno d'amor patrio: carattere impetuoso, violento.

Le indicazioni s'intendono fatte a destra e sinistra dal palcoscenico verso la platea.

☞ Persuadere i Cori, specialmente uomini, che non devono raffigurare una massa insignificante di persone, ma che bensì ciascuno rappresenta un personaggio e come tale deve agire, muoversi per conto proprio, secondo i propri sentimenti, mantenendo soltanto cogli altri una certa unità d'azione, atta a meglio assicurare l'esecuzione musicale.

Kommentiertes Personenverzeichnis der «disposizione scenica» zu ‹Aida›, die Giulio Ricordi 1873 auf Anweisung Verdis herstellte. An dieser Stelle hat sich Verdi einmal definitiv über Alter und Charakterzüge seiner Hauptfiguren geäußert. Wir erfahren da, daß Aida und Amneris mit 20 Jahren etwa gleich alt sind, daß der «enthusiastische» Radames 24, der König circa 45, der «autokratische, grausame» Oberpriester schon 50 Jahre alt ist. Den dunkelhäutigen unbeugsamen, aber sein Vaterland über alles liebenden Krieger Amonasro habe man sich als Vierzigjährigen vorzustellen.

Personen

Der König	*Baß*
Amneris, seine Tochter	*Mezzo-Sopran*
Aida, äthiopische Sklavin	*Sopran*
Radames, Hauptmann der Wache	*Tenor*
Ramphis, Oberhaupt der Priester	*Baß*
Amonasro, König von Äthiopien, Vater Aidas	*Bariton*
Ein Bote	*Tenor*

Priester, Priesterinnen, Minister, Hauptleute, Soldaten, Funktionäre, Sklaven und Gefangene aus Äthiopien, ägyptisches Volk, usw., usw.

Die Handlung spielt in Memphis und Theben zur Zeit der Herrschaft der Pharaonen.

Orchesterbesetzung
3 Flöten (3. auch Piccolo), 2 Oboen, Englischhorn, 2 Klarinetten, Baßklarinette, 2 Fagotte;
4 Hörner, 2 Trompeten in C, 3 Posaunen, Baßposaune;
Pauken, Triangel, Becken, Tamtam, große Trommel, 2 Harfen;
Violinen I und II, Bratschen, Violoncelli, Kontrabässe.
Auf der Bühne:
Harfe, 3 ägyptische Trompeten in As, 3 ägyptische Trompeten in H, 4 Trompeten in Es und in C, 4 Posaunen, große Trommel, Banda.

Atto primo

Scena prima

Sala nel palazzo del Re a Menfi.
A destra e a sinistra, una colonnata con statue e arbusti in fiore.
Grande porta nel fondo, da cui si scorgono i tempii, i palazzi di Menfi, e le Piramidi.
Radamès e Ramfis.

RAMFIS Sì: corre voce che l'Etiope ardisca
Sfidarci ancora, e del Nilo la valle
E Tebe minacciar. Fra breve un messo
Recherà il ver.

RADAMÈS La sacra
Iside consultasti?

RAMFIS Ella ha nomato
Delle Egizie falangi
Il condottier supremo.

RADAMÈS Oh, lui felice!

RAMFIS *(con intenzione, fissando Radamès)*
Giovane e prode è desso. Ora del Nume
Reco i decreti al Re.
(Esce.)

[Recitativo e Romanza]

RADAMÈS *(solo)*
Se quel guerriero
Io fossi! se il mio sogno
Si avverasse! . . . Un esercito di prodi
Da me guidato . . . e la vittoria e il plauso
Di Menfi tutta! E a te, mia dolce Aida,
Tornar di lauri cinto . . .
Dirti: per te ho pugnato e per te ho vinto!
Celeste Aida, forma divina,
Mistico serto di luce e fior,
Del mio pensiero tu sei regina,
Tu di mia vita sei lo splendor.
Il tuo bel cielo vorrei ridarti,
Le dolci brezze del patrio suol,
Un regal serto sul crin posarti,
Ergerti un trono vicino al sol.
(Sulle ultime battute entra in scena Amneris.)

Erster Akt

Erste Szene

Saal im Königspalast in Memphis.
Rechts und links eine Säulenreihe mit Statuen und blühenden Sträuchern. Durch ein großes Tor im Hintergrund sieht man die Tempel, die Paläste von Memphis und die Pyramiden.
Radames und Ramphis.

RAMPHIS Ja, es geht das Gerücht um, der Äthioper wage,
uns noch mal herauszufordern und das Tal des Nils
und Theben zu bedrohen. Ein Bote wird bald
die genauen Nachrichten bringen.
RADAMES Hast du die heilige
Isis schon befragt?
RAMPHIS Sie hat
den obersten Führer
des ägyptischen Heeres benannt.
RADAMES Der Glückliche!
RAMPHIS *(mit Bedeutung Radames anblickend)*
Jung und tapfer ist er. Jetzt bringe ich dem König die Ratschlüsse der Göttin.
(geht ab)

[Rezitativ und Romanze]

RADAMES *(allein)*
Wäre ich dieser Krieger!
Erfüllte sich mein Traum!
Ein Heer tapferer Männer von mir geführt . . . und der Sieg und der Beifall
von ganz Memphis! Zu dir, meiner geliebten Aida,
mit Lorbeerkranz zurückzukehren
und dir zu sagen: für dich kämpfte ich,
für dich siegte ich!
Himmlische Aida, göttliche Schöpfung,
mystischer Kranz aus Licht und Blumen,
du bist die Königin meiner Gedanken,
du bist der Glanz meines Lebens.
Ich möchte dir deinen schönen Himmel wiedergeben,
die sanfte Brise deines Vaterlandes,
ich möchte dir eine Krone aufs Haar setzen
und dir einen Thron nahe der Sonne errichten.
(Bei den letzten Takten betritt Amneris die Szene.)

AMNERIS Quale insolita fiamma
Nel tuo sguardo! Di quale
Nobil fierezza ti balena il volto!
Degna di invidia, oh! quanto
Saria la donna il cui bramato aspetto
Tanta luce di gaudio in te destasse!

RADAMÈS D'un sogno avventuroso
Si beava il mio core. Oggi, La Diva
Profferse il nome del guerrier che al campo
Le schiere egizie condurrà . . . S'io fossi
A tal onor prescelto . . .

AMNERIS Né un altro sogno mai
Più gentil . . . più soave . . .
Al core ti parlò! . . . Non hai tu in Menfi
Desideri . . . speranze? . . .

RADAMÈS Io! . . . (quale inchiesta!)
(Forse . . . l'arcano amore
Scoprì che m'arde in core . . .
Della sua schiava il nome
Mi lesse nel pensier!)

AMNERIS (Oh! guai se un altro amore
Ardesse a lui nel core! . . .
Guai se il mio sguardo penetra
Questo fatal mister!)
(Entra Aida.)

RADAMÈS *(vedendo Aida)*
Dessa!

AMNERIS *(da sè, osservando)*
(Ei si turba . . . e quale
Sguardo rivolse a lei!
Aida! . . . a me rivale . . .
Forse saria costei?)
(dopo un breve silenzio, volgendosi ad Aida)
Vieni, o diletta, appressati . . .
Schiava non sei né ancella
Qui dove in dolce fascino
Io ti chiamai sorella . . .
Piangi? . . . delle tue lacrime
Svela il segreto a me.

AIDA Ohimè! di guerra fremere
L'atroce grido io sento . . .
Per l'infelice patria,
Per me . . . per voi pavento.

AMNERIS Favelli il ver? né s'agita
Più grave cura in te?

AMNERIS Welch ungewohnte Flamme
in deinem Blick! Welch
edler Stolz leuchtet in deinem Gesicht!
Wie beneidenswert die Frau,
deren begehrte Schönheit
so viel Freude und Licht in dir erweckte!

RADAMES An einem abenteuerlichen Traum
berauschte sich mein Herz. Heute sprach die Göttin
den Namen des Kriegers aus, der die
ägyptischen Heerscharen ins Feld führen wird.
Wäre ich zu solcher Ehre erwählt!

AMNERIS Kein anderer Traum sprach je
schöner . . . und heiterer . . .
zu deinem Herzen? Hast du in Memphis keine
Wünsche . . . keine Hoffnungen? . . .

RADAMES Ich? . . .
(für sich)
Welche Frage!
Vielleicht entdeckte sie die geheime Liebe,
die in meinem Herzen brennt . . .
Den Namen ihrer Sklavin las sie in meinen Gedanken!

AMNERIS *(für sich)*
Weh, wenn die Liebe zu einer anderen ihm das Herz
entflammte! . . .Weh, wenn mein Blick das
verhängnisvolle Geheimnis durchdränge!
(Aida tritt auf.)

RADAMES *(sieht Aida)*
Sie!

AMNERIS *(für sich, beobachtend)*
Er erregt sich . . . und welchen
Blick warf er ihr zu!
Aida! . . . sie ist meine Rivalin?
(nach kurzem Schweigen, sich zu Aida wendend)
Komm, meine Liebste, nähere dich . . .
Weder Sklavin noch Magd bist du hier,
wo ich dich in seliger Verzauberung
Schwester nannte . . .
Weinst du? . . . Enthülle mir
das Geheimnis deiner Tränen.

AIDA Ach, ich höre das grausame
Kriegsgeschrei toben . . .
Ich fürchte für das unglückselige Vaterland,
für mich . . . für euch.

AMNERIS Sprichst du die Wahrheit? Bewegt dich
kein schwererer Kummer?

(Aida abbassa gli occhi e cerca dissimulare il proprio turbamento.)
(guardando Aida)
(Trema, o rea schiava, ah! trema
Ch'io nel tuo cor discenda! . . .
Trema che il ver mi apprenda
Quel pianto e quel rossor!)

AIDA (No, sull'afflitta patria
Non geme il cor soltanto;
Quello ch'io verso è pianto
Di sventurato amor.)

RADAMÈS *(guardando Amneris)*
(Nel volto a lei balena
Lo sdegno ed il sospetto . . .
Guai se l'arcano affetto
A noi leggesse in cor!)
(Il Re, preceduto dalle sue guardie e seguito da Ramfis, dai Ministri, Sacerdoti, capitani, ecc. Un Uffiziale di Palazzo, indi un Messaggero.)

IL RE Alta cagion v'aduna,
O fidi Egizi, al vostro Re d'intorno.
Dai confini d'Etiopia un Messaggero
Dianzi giungea; gravi novelle ei reca . . .
Vi piaccia udirlo . . .
(ad un Uffiziale)
Il Messagger s'avanzi!

MESSAGGERO Il sacro suolo dell'Egitto è invaso
Dai barbari Etiòpi; i nostri campi
Fur devastati . . . arse le messi . . . e baldi
Della facil vittoria i predatori
Già marchiano su Tebe . . .

TUTTI Ed osan tanto!

MESSAGGERO Un guerriero indomabile, feroce,
Li conduce Amonasro.

TUTTI Il Re!

AIDA *(a parte)*
(Mio padre!)

MESSAGGERO Già Tebe è in armi e dalle cento porte
Sul barbaro invasore
Proromperà, guerra recando e morte.

IL RE Sì: guerra e morte il nostro grido sia!

TUTTI Guerra! Guerra!

IL RE *(accostandosi a Radamès)*
Tremenda, inesorata . . .
Iside venerata

(Aida schlägt die Augen nieder und versucht, die innere Unruhe zu verbergen.)
(Amneris für sich, Aida anschauend)
Zittre, schuldige Sklavin, ach! zittre,
so sehe ich in dein Herz! . . .
Zittre, so sagen mir dieses
Weinen und diese Schamröte die Wahrheit!

AIDA *(für sich)*
Nein, mein Herz trauert nicht um das
niedergeschlagene Vaterland;
was ich vergieße, sind Tränen
unglücklicher Liebe.

RADAMES *(Amneris anschauend)*
In ihrem Gesicht flammen
Groll und Verdacht . . .
Weh, wenn sie die geheime Liebe
in unseren Herzen läse!
(Der König tritt ein: vor ihm die Leibwache. Es folgen Ramphis, Minister, Priester, Hauptleute usw. Ein Offizier der Palastwache, später ein Bote.)

DER KÖNIG Ein wichtiger Anlaß versammelt euch, treue
Ägypter, um euren König. Von Äthiopiens
Grenzen kam gerade ein Bote; er bringt
ernste Nachrichten.
Hört ihn an . . .
(zu einem Offizier)
Laßt den Boten herein!

BOTE Der heilige Boden Ägyptens ist von den
barbarischen Äthiopiern besetzt. Unsere Felder
wurden verwüstet . . . die Ernte verbrannt . . .
und durch den leichten Sieg ermutigt,
rücken die Zerstörer schon gegen Theben vor.

ALLE Soviel wagen sie!

BOTE Ein unbesiegbarer, wilder Krieger
führt sie an: Amonasro.

ALLE Der König!

AIDA *(beiseite)*
Mein Vater!

BOTE Schon ist Theben in Waffen und wird sich
aus den hundert Toren auf die eindringenden
Barbaren stürzen, Krieg und Tod bereitend.

DER KÖNIG Ja, Krieg und Tod sei unser Ruf!

ALLE Krieg! Krieg!

DER KÖNIG *(wendet sich an Radames)*
Furchtbar, unerbittlich! Die angebetete Isis hat
schon den höchsten Feldherrn unserer

Di nostre schiere invitte
Già designava il condottier supremo:
Radamès.

TUTTI Radamès!

RADAMÈS Sien grazie ai Numi!
Son paghi i voti miei!

AMNERIS (Ei duce!)

AIDA (Io tremo!)

IL RE Or di Vulcano al tempio
Muovi, o guerrier. Le sacre
Armi ti cingi a alla vittoria vola.
Su! del Nilo al sacro lido
Accorrete, Egizi eroi;
Da ogni cor prorompa il grido:
Guerra e morte allo stranier!

RAMFIS Gloria ai Numi! ognun rammenti
Ch'essi reggono gli eventi,
Che in poter dei Numi solo
Stan le sorti del guerrier.

MINISTRI E CAPITANI
Su! del Nilo al sacro lido
Sien barriera i nostri petti;
Non echeggi che un sol grido:
Guerra e morte allo stranier!

RADAMÈS Sacro fremito di gloria
Tutta l'anima m'investe.
Su! corriamo alla vittoria!
Guerra e morte allo stranier!

AMNERIS *(recando una bandiera e consegnandola a Radamès)*
Di mia man ricevi, o duce,
Il vessillo gloriöso;
Ti sia guida, ti sia luce
Della gloria sul sentier.

AIDA (Per chi piango? per chi prego? . . .
Qual poter m'avvince a lui!
Deggio amarlo . . . ed è costui
Un nemico . . . uno stranier!)

TUTTI Guerra! guerra! sterminio all'invasor
Va, Radamès, ritorna vincitor!
(Escono tutti, meno Aida.)

unbesiegten Scharen bestimmt:
Radames.

ALLE Radames!
RADAMES Dank sei den Göttern!
Meine Wünsche sind erfüllt!
AMNERIS *(für sich)*
Er, der Führer!
AIDA *(für sich)*
Ich zittere!
DER KÖNIG Nun brich, Krieger, zum Tempel
Vulkans auf. Lege die heiligen
Waffen an und fliege zum Sieg!
Auf, ihr Helden Ägyptens, eilt
zum heiligen Ufer des Nils!
Aus jedem Herzen erschalle der Ruf:
Krieg und Tod dem Feind!
RAMPHIS Ehre sei den Göttern! Denke jeder daran:
sie lenken die Geschehnisse,
und das Glück des Krieges liegt
allein in ihrer Hand.
MINISTER UND HAUPTLEUTE
Auf! Zum heiligen Ufer des Nils!
Wie eine Mauer seien unsere Körper,
nur ein Ruf erschalle:
Krieg und Tod dem Feind!
RADAMES Ein heiliger Rausch nach Ruhm
überschüttet meine ganze Seele.
Auf, eilen wir zum Sieg!
Krieg und Tod dem Feind!
AMNERIS *(überreicht Radames eine Fahne)*
Aus meiner Hand nimm, Führer,
die glorreiche Fahne;
sie soll dich leiten, sie soll dir Licht
auf dem Pfad des Ruhmes sein.
AIDA *(für sich)*
Für wen weine ich? Für wen bete ich?
Welche Macht fesselt mich an ihn?
Ich muß ihn lieben ... und er ist ein
Feind ... ein Fremder!
ALLE Krieg! Krieg! Vernichtung den Invasoren!
Geh hin, Radames, als Sieger kehre zurück!
(Alle gehen ab, außer Aida.)

[Scena e Romanza]

AIDA Ritorna vincitor! . . . E dal mio labbro
Uscì l'empia parola! Vincitore
Del padre mio . . . di lui che impugna l'armi
Per me . . . per ridonarmi
Una patria, una reggia! e il nome illustre
Che qui celar m'è forza. Vincitore
De' miei fratelli . . . ond'io lo vegga tinto
Del sangue amato, trionfar nel plauso
Dell'Egizie coorti! . . . E dietro il carro,
Un Re . . . mio padre . . . di catene avvinto! . . .
L'insana parola,
O Numi, sperdete!
Al seno d'un padre
La figlia rendete;
Struggete le squadre
Dei nostri oppressor!
Sventurata! che dissi? . . . e l'amor mio? . . .
Dunque scordar poss'io
Questo fervido amor che oppressa e schiava
Come raggio di sol qui mi beava?
Imprecherò la morte
A Radamès . . . a lui ch'amo pur tanto!
Ah! non fu in terra mai
Da più crudeli angosce un core affranto!
I sacri nomi di padre . . . d'amante
Né profferir poss'io, né ricordar . . .
Per l'un . . . per l'altro . . . confusa . . . tremante . . .
Io piangere vorrei, vorrei pregar.
Ma la mia prece in bestemmia si muta . . .
Delitto è il pianto a me . . . colpa il sospir . . .
In notte cupa la mente è perduta . . .
E nell'ansia crudel vorrei morir.
Numi, pietà – del mio soffrir!
Speme non v'ha – pel mio dolor . . .
Amor fatal – tremendo amor,
Spezzami il cor, fammi morir!
(Esce.)

[Szene und Romanze]

AIDA Kehre als Sieger zurück! . . . Aus meinem
Mund kam das ruchlose Wort! Besieger
meines Vaters . . . des Mannes, der für
mich die Waffen ergreift . . . um mir eine
Heimat, ein Königshaus und den berühmten
Namen zurückzugeben, den ich hier verbergen muß.
Besieger meiner Brüder . . .
daß ich ihn mit dem geliebten Blut befleckt
sehe, wenn er unter dem Beifall der
ägyptischen Kohorten den Triumph feiert! . . .
Und hinter dem Wagen
ein König . . . mein Vater . . . in Ketten gefesselt! . . .
Macht das törichte Wort
zunichte, Götter! Gebt die
Tochter wieder in
die Arme des Vaters,
vernichtet die Scharen
unserer Unterdrücker!
Unglückselige! Was sagte ich? . . .
und meine Liebe? . . .
Kann ich je diese leidenschaftliche
Liebe vergessen, die mich, Unterdrückte und Sklavin,
wie ein Sonnenstrahl hier beglückte?
Werde ich Radames
den Tod wünschen? . . . ihm, den ich so sehr liebe?
Ach, niemals wurde auf Erden
ein Herz von grausameren Qualen zerrissen!
Ich kann die heiligen Namen: Vater . . .
Geliebter . . . nicht nennen, ich kann nicht ihrer
gedenken!
Für den einen . . . für den anderen . . .
möchte ich verwirrt und zitternd
weinen, möchte ich beten.
Doch mein Gebet wird zum Fluch,
mein Weinen zum Verbrechen,
mein Seufzen zur Schuld . . .
In dunkler Nacht ist mein Verstand gefangen . . .
In der grausamen, angstvollen Unruhe
möchte ich sterben.
Götter, erbarmt euch meines Leidens!
Es gibt keine Hoffnung für meinen Schmerz . . .
Verhängnisvolle Liebe, furchtbare Liebe,
brich mir das Herz, laß mich sterben!
(geht ab)

Scena seconda

Interno del Tempio di Vulcano a Menfi.
Una luce misteriosa scende dall'alto. Una lunga fila di colonne, l'una all'altra addossate, si perde fra le tenebre. Statue di varie Divinità. Nel mezzo della scena, sovra un palco coperto di tappeti, sorge l'altare sormontato da emblemi sacri. Dai tripodi d'oro s'innalza il fumo degli incensi.
Sacerdoti e Sacerdotesse, Ramfis ai piedi dell'altare. A suo tempo Radamès. Si sente nell'interno il canto delle Sacerdotesse accompagnato dalle arpe.

SACERDOTESSE *(nell'interno)*
Immenso Fthà, del mondo
Spirito animator,
Noi t'invochiamo!
Immenso Fthà, del mondo
Spirito fecondator,
Noi t'invochiamo!
Fuoco increato, eterno,
Onde ebbe luce il sol,
Noi t'invochiamo!

RAMFIS E SACERDOTI
Tu che dal nulla hai tratto
L'onde, la terra, il ciel,
Noi t'invochiamo!
Nume, che del tuo spirito
Sei figlio e genitor,
Noi t'invochiamo!
Vita dell'universo,
Mito d'eterno amor,
Noi t'invochiamo!
(Radamès viene introdotto senz'armi. Mentre va all'altare, le Sacerdotesse eseguiscono la danza sacra. Sul capo di Radamès viene steso un velo d'argento.)

RAMFIS *(a Radamès)*
Mortal, diletto ai Numi, a te fidate
Son d'Egitto le sorti. Il sacro brando
Dal Dio temprato, per tua man diventi
Ai nemici terror, folgore, morte.
(volgendosi al Nume)
Nume, custode e vindice
Di questa sacra terra,
La mano tua distendi
Sovra l'egizio suol.

Zweite Szene

Im Innern des Vulkantempels zu Memphis.
Geheimnisvolles Licht von oben. Eine lange, dichte Säulenreihe verliert sich im Dunkel. Statuen verschiedener Gottheiten. In der Mitte der Szene, auf einem mit Teppichen bedeckten Gerüst, erhebt sich der Altar, geschmückt mit heiligen Emblemen. Aus goldenen Dreifüßen steigt Weihrauch auf.
Priester und Priesterinnen. Ramphis zu Füßen des Altars. Später Radames. Aus dem Inneren hört man den Gesang der Priesterinnen, von Harfenklängen begleitet.

PRIESTERINNEN *(von innen)*
Allmächtiger Phta, der Welt
belebende Kraft,
wir rufen dich an!
Allmächtiger Phta, der Welt
fruchtbarer Geist,
wir rufen dich an!
Urfeuer, ewiges,
das der Sonne Licht gab,
wir rufen dich an!

RAMPHIS UND PRIESTER
Du, der du aus dem Nichts
das Meer, die Erde, den Himmel erschaffen hast:
Wir rufen dich an!
Gott, aus dessen Geist
Sohn und Vater sind,
wir rufen dich an!
Odem des Universums,
Mythos ewiger Liebe,
wir rufen dich an!
(Radames wird ohne Waffen hereingeführt. Er tritt zum Altar, begleitet vom heiligen Tanz der Priesterinnen. Auf sein Haupt wird ein silberner Schleier gelegt.)

RAMPHIS *(zu Radames)*
O Liebling der Götter unter den Sterblichen, bei dir
liegt das Schicksal Ägyptens. Das heilige, vom Gott
geschmiedete Schwert werde in deiner Hand zum
Schrecken, zum Blitzschlag und zum Tod
für die Feinde.
(sich zur Gottheit wendend)
Gott, Hüter und Rächer
dieses heiligen Landes,
breite deine Hand
über den Boden Ägyptens.

RADAMÈS Nume, che duce ed arbitro
Sei d'ogni umana terra,
Proteggi tu, difendi
D'Egitto il sacro suol.
(Mentre Radamès viene investito delle armi sacre, le Sacerdotesse ed i Sacerdoti riprendono l'Inno religioso e la mistica danza.)

RADAMES O Gott, Führer und Richter
der gesamten Menschheit,
beschütze und verteidige
den heiligen Boden Ägyptens.
(Während Radames die heiligen Waffen erhält, wiederholen die Priesterinnen und die Priester den Gesang und den mystischen Tanz.)

Atto secondo

Scena prima

Una sala nell'appartamento di Amneris.
Amneris circondata dalle schiave che l'abbigliano per la festa trionfale. Dai tripodi si eleva il profumo degli aromi. Giovani schiavi mori danzando agitano i ventagli di piume.

[Introduzione]

SCHIAVE Chi mai fra gl'inni e i plausi
Erge alla gloria il vol,
Al par d'un Dio terribile,
Fulgente al par del sol?
Vieni: sul crin ti piovano
Contesti ai lauri i fior;
Suonin di gloria i cantici
Coi cantici d'amor.
AMNERIS (Vieni, amor mio, m'inebria . . .
Fammi beato il cor!)

[Danza di piccoli schiavi mori]

SCHIAVE Or dove son le barbare
Orde dello stranier?
Siccome nebbia sparvero
Al soffio del guerrier.
Vieni: di gloria il premio
Raccogli, o vincitor;
T'arrise la vittoria,
T'arriderà l'amor.
AMNERIS (Vieni, amor mio, ravvivami
D'un caro accento ancor!)
Silenzio! Aida verso noi s'avanza . . .
Figlia de' vinti, il suo dolor m'è sacro.
(Ad un cenno di Amneris, le schiave si allontanano. Entra Aida portando la corona.)
Nel rivederla, il dubbio
Atroce in me si desta . . .
Il mistero fatal si squarci alfine!

Zweiter Akt

Erste Szene

Saal in Amneris' Wohntrakt.
Amneris ist von Sklavinnen umgeben, die sie zur Triumphfeier ankleiden. Aromatische Düfte entsteigen den Dreifüßen. Junge Mohrensklaven tanzen und schwenken Federfächer.

[Introduktion]

SKLAVINNEN Wer erhebt denn seinen glorreichen Flug
unter Hymnen und Jubel
gleich einem schrecklichen Gott,
glänzend wie die Sonne?
Komm, Blumen sollen mit Lorbeer
auf dein Haar fallen;
Ruhmesgesänge sollen
mit Liebesliedern ertönen.

AMNERIS *(für sich)*
Komm, meine Liebe, berausche mich . . .
Mach mein Herz glücklich!

[Tanz der kleinen Mohrensklaven]

SKLAVINNEN Wo bleiben die barbarischen
Horden des Feindes?
Wie Nebel sind sie beim Hauch
des Kriegers verschwunden.
Komm, empfange, o Sieger,
den Preis des Triumphes;
der Sieg lächelte dir zu,
die Liebe wird dir zulächeln.

AMNERIS *(für sich)*
Komm, meine Liebe, belebe mich
mit einem zärtlichen Wort!
Still, Aida kommt
. . . Tochter der Besiegten, ihr Schmerz ist mir heilig.
(Auf ein Zeichen von Amneris entfernen sich die Sklavinnen. Aida tritt ein; sie bringt die Krone.)
Wenn ich sie wiedersehe, erwacht
der furchtbare Zweifel in mir . . .
Das verhängnisvolle Geheimnis sei endlich enthüllt!

[Scena e Duetto]

(ad Aida, con simulata amorevolezza)
Fu la sorte dell'armi a' tuoi funesta,
Povera Aida! Il lutto
Che ti pesa sul cor teco divido.
Io son l'amica tua . . .
Tutto da me tu avrai, vivrai felice!

AIDA Felice esser poss'io
Lungi dal suol natio . . qui dove ignota
M'è la sorte del padre e dei fratelli? . . .

AMNERIS Ben ti compiango! pure hanno un confine
I mali di quaggiù . . . sanerà il tempo
Le angosce del tuo core . . .
E più che il tempo, un Dio possente . . . amore.

AIDA *(vivamente commossa)*
(Amore, amore! – gaudio . . . tormento . . .
Soave ebbrezza – ansia crudel! . . .
Ne' tuoi dolori – la vita io sento . . .
Un tuo sorriso – mi schiude il ciel.)

AMNERIS *(guardando Aida fissamente)*
(Ah, quel pallore . . . quel turbamento
Svelan l'arcana – febbre d'amor . . .
D'interrogarla – quasi ho sgomento . . .
Divido l'ansie – del suo terror . . .)
(ad Aida, fissandola attentamente)
Ebben: qual nuovo fremito
Ti assal, gentile Aida?
I tuoi segreti svelami,
All'amor mio ti affida . . .
Tra i forti che pugnarono
Della tua patria a danno . . .
Qualcuno . . . un dolce affano . . .
Forse . . . a te in cor destò? . . .

AIDA Che parli?

AMNERIS A tutti barbara
Non si mostrò la sorte . . .
Se in campo il duce impavido
Cadde trafitto a morte . . .

AIDA Chi mai dicesti! ahi, misera! . . .

AMNERIS Si . . . Radamès da' tuoi
Fu spento . . . E pianger puoi?

AIDA Per sempre io piangerò!

AMNERIS Gli Dei t'han vendicata . . .

AIDA Avversi sempre
Mi furo i Numi . . .

[Szene und Duett]

(zu Aida mit geheuchelter Liebenswürdigkeit)
Das Los der Waffen war unheilvoll für die Deinen,
arme Aida! Ich teile mit dir die
Trauer, die dein Herz bedrückt.
Ich bin deine Freundin . . .
du wirst alles von mir haben, glücklich wirst du leben!

AIDA Kann ich fern vom heimatlichen Boden
glücklich sein . . . hier, wo mir das Schicksal
meines Vaters und meiner Brüder unbekannt ist? . . .

AMNERIS Sehr wohl fühle ich Mitleid mit dir. Und trotzdem
haben die Schmerzen dieser Erde ein Ende . . . die Zeit
wird die Qualen deines Herzens heilen . . .
und mehr als die Zeit, ein mächtiger Gott: die Liebe.

AIDA *(sehr bewegt, für sich)*
Liebe, Liebe! . . . Freude . . . Leiden . . .
süßer Taumel . . . grausamer Angstzustand!
In deinen Qualen fühle ich das Leben . . .
Lächelst du mir zu, öffnet sich der Himmel für mich.

AMNERIS *(für sich, Aida anstarrend)*
Ach, diese Blässe, diese Unruhe
verraten den geheimen Liebesrausch . . .
Ich wage kaum, sie zu befragen . . .
Ich fühle ihre schrecklichen Ängste.
(zu Aida, sie aufmerksam beobachtend)
Nun, welch neues Beben
überfällt dich, liebenswürdige Aida?
Offenbare mir deine Geheimnisse;
verlasse dich auf meine Liebe . . .
Unter den Tapferen, die gegen
dein Vaterland kämpften,
hat vielleicht einer die süße Qual
in deinem Herzen erweckt?

AIDA Was sagst du?

AMNERIS Das Los zeigte
sich nicht allen grausam . . .
wenn der unerschrockene Führer auf dem
Feld tödlich durchbohrt fiel . . .

AIDA Was sagtest du? Ach, ich Unglückselige! . . .

AMNERIS Ja . . . Radames wurde von den Deinen
getötet . . . Und du kannst weinen?

AIDA Für immer werde ich weinen!

AMNERIS Die Götter haben dich gerächt . . .

AIDA Die Götter waren
mir immer feindlich . . .

AMNERIS *(prorompendo con ira)*
Ah, trema! in cor ti lessi! . . .
Tu l'ami!
AIDA Io . . .
AMNERIS Non mentire! . . .
Un detto ancora e il vero
Saprò . . . Fissami in volto . . .
Io t'ingannai . . . Radamès vive . . .
AIDA *(con esaltazione, inginocchiandosi)*
Ei vive!
Ah, grazie, o Numi!
AMNERIS *(nel massimo furore)*
E ancor mentir tu speri?
Si . . . tu l'ami . . . Ma l'amo
Anch'io . . . comprendi tu . . . son tua rivale . . .
Figlia de' Faraoni.

AIDA *(con orgoglio, alzandosi)*
Mia rivale! . . .
Ebben, sia pure . . . Anch'io . . .
Son tal . . .
(reprimendosi)
Che dissi mai? . . . pietà! perdono!
Pietà ti prenda del mio dolor . . .
È vero . . . io l'amo d'immenso amor . . .
Tu sei felice . . . tu sei possente . . .
Io vivo solo per questo amor.
AMNERIS Trema, vil schiava! spezza il tuo core . . .
Segnar tua morte può questo amore . . .
Del tuo destino arbitra io sono,
D'odio e vendetta le furie ho in cor.
(suoni interni)
Alla pompa che s'appresta,
Meco, o schiava, assisterai;
Tu prostrata nella polvere,
Io sul trono accanto al Re.
Vien . . . mi segui . . . e apprenderai
Se lottar tu puoi con me.
AIDA Ah! pietà . . . che più mi resta?
Un deserto è la mia vita;
Vivi e regna, il tuo furore
Io tra breve placherò.
Quest'amore che t'irrita
Nella tomba spegnerò.

AMNERIS *(in Zorn ausbrechend)*
Ach, zittre! Ich habe in deinem Herzen gelesen . . .
Du liebst ihn! . . .
AIDA Ich . . .
AMNERIS Lüge nicht!
Noch ein Wort, und ich werde die Wahrheit
erfahren . . . Schau mich genau an . . .
Ich habe dich getäuscht . . . Radames lebt!
AIDA *(erregt, in die Knie sinkend)*
Er lebt!
Ich danke euch, Götter!
AMNERIS *(in höchster Wut)*
Und du glaubst noch, mich zu täuschen?
Ja . . . du liebst ihn . . . Aber ich liebe
ihn auch . . . Verstehst du? . . .
Ich bin deine Rivalin . . .
Tochter der Pharaonen.
AIDA *(sich mit Stolz erhebend)*
Meine Rivalin! . . .
Nun, es sei! . . . Ich bin es auch . . .
(beherrscht sich)
Was sagte ich bloß? . . . Erbarmen! Vergebung!
Habe Mitleid mit meinem Leid . . .
Es ist wahr . . . ich liebe ihn mit unendlicher Liebe . . .
Du bist glücklich . . . Du bist mächtig . . .
Ich lebe nur für diese Liebe.

AMNERIS Zittre, elende Sklavin! Brich dein Herz . . .
Diese Liebe kann deinen Tod beschließen . . .
Ich bin Herrin über dein Schicksal:
die Furien des Hasses und der Rache füllen mein Herz.
(Klänge hinter der Szene)
Mit mir wirst du, o Sklavin, dem feierlichen
Aufzug, den man gerade vorbereitet, beiwohnen:
du im Staub erniedrigt,
ich auf dem Thron neben dem König.
Komm . . . folge mir . . . und du wirst erfahren,
ob du mit mir kämpfen kannst.
AIDA Ach, Erbarmen! Was bleibt mir noch?
Eine Wüste ist mein Leben.
Lebe und herrsche: ich werde
bald deine Wut stillen.
Diese Liebe, die dich erregt,
werde ich im Grab auslöschen.

Scena seconda

Uno degli ingressi della città di Tebe.
Sul davanti, un gruppo di palme. A destra, il tempio di Ammone. A sinistra, un trono sormontato da un baldacchino di porpora. Nel fondo, una porta trionfale. La scena è ingombra di popolo.
Entra il Re, seguito dai Ministri, Sacerdoti, Capitani, Flabelliferi, Porta insegne, ecc. ecc. Quindi Amneris con Aida e schiave. Il Re va a sedere sul trono. Amneris prende posto alla sinistra del Re.

[Gran Finale secondo]

POPOLO Gloria all'Egitto, ad Iside
Che il sacro suol protegge;
Al Re che il Delta regge
Inni festosi alziam!

DONNE S'intrecci il loto al lauro
Sul crin dei vincitori;
Nembo gentil di fiori
Stenda sull'armi un vel.
Danziam, fanciulle egizie,
Le mistiche carole,
Come d'intorno al sole
Danzano gli astri in ciel!

SACERDOTI Della vittoria agli arbitri
Supremi il guardo ergete;
Grazie agli Dei rendete
Nel fortunato dì.
(Le truppe Egizie, precedute dalle fanfare, sfilano dinanzi al Re. Seguono i carri di guerra, le insegne, i vasi sacri, le statue degli Dei. Un drappello di danzatrici che recano i tesori dei vinti. Da ultimo Radamès, sotto un baldacchino portato da dodici uffiziali.)

[Ballabile]

POPOLO Vieni, o guerriero vindice,
Vieni a gioir con noi;
Sul passo degli eroi
I lauri, i fior versiam!

IL RE *(che scende dal trono per abbracciare Radamès)*
Salvator della patria, io ti saluto.
Vieni, e mia figlia di sua man ti porga
Il serto trionfale.

Zweite Szene

Vor einem Tor der Stadt Theben.
Im Vordergrund ein Palmenhain. Rechts der Tempel Ammons. Links ein Thron unter einem purpurroten Baldachin. Im Hintergrund ein Triumphbogen. Die Bühne ist mit Menschen überfüllt.
Der König tritt ein, gefolgt von Ministern, Priestern, Hauptleuten, Wedel- und Wappenträgern usw., usw. Dann Amneris mit Aida und Sklavinnen. Der König setzt sich auf den Thron, Amneris nimmt zu seiner Linken Platz.

[Großes Finale zweiter Akt]

VOLK Gepriesen sei Ägypten, gepriesen sei Isis,
die unseren heiligen Boden beschützt.
Stimmt Jubelhymnen an für den König,
der über das Delta herrscht!
FRAUEN Laßt uns Lotosblumen und Lorbeer
in die Haare der Sieger flechten.
Laßt uns eine zarte Blumenwolke
wie einen Schleier über die Waffen breiten.
Laßt uns, ägyptische Mädchen,
mystische Reigen tanzen,
wie sich die Sterne am Himmel
um die Sonne drehen.
PRIESTER Erhebt den Blick zu den
höchsten Siegesrichtern;
dankt den Göttern
an diesem glücklichen Tag.
(Die ägyptischen Soldaten marschieren unter Fanfarenklängen am König vorbei. Es folgen die Kriegswagen, die Wappen, die heiligen Gefäße und die Statuen der Götter. Tänzerinnen tragen die Schätze der Besiegten. Zuletzt Radames unter einem von zwölf Offizieren getragenen Baldachin.)

[Ballett]

VOLK Komm, rächender Krieger;
komm, teile die Freude mit uns.
Laßt uns Lorbeer und Blumen
auf den Weg des Helden streuen!
KÖNIG *(steigt vom Thron, um Radames zu umarmen)*
Ich begrüße dich, Retter des Vaterlandes!
Komm, meine Tochter soll dir den Triumphkranz
mit eigenen Händen reichen.

(Radamès s'inchina davanti ad Amneris che gli porge la corona.)
(a Radamès)
Ora, a me chiedi
Quanto più brami. Nulla a te negato
Sarà in tal dì; lo giuro
Per la corona mia, pei sacri Numi.

RADAMÈS Concedi in pria che innanzi a te sien tratti
I prigionier . . .
(Entrano, fra le guardie, i prigionieri Etiopici, ultimo Amonasro, vestito da ufficiale.)

AIDA *(lanciandosi verso Amonasro)*
Che veggo! . . . Egli? . . . mio padre!

TUTTI Suo padre!

AMNERIS In poter nostro! . . .

AIDA *(abbracciando il padre)*
Tu! Prigionier!

AMONASRO *(piano ad Aida)*
Non mi tradir!

IL RE *(ad Amonasro)*
T'appressa . . .
Dunque . . . Tu sei? . . .

AMONASRO Suo padre . . . Anch'io pugnai . . .
Vinti noi fummo, morte invan cercai.
(accenna alla divisa che lo veste)
Quest'assisa ch'io vesto vi dica
Che il mio Re, la mia patria ho difeso:
Fu la sorte a nostr'armi nemica . . .
Tornò vano de' forti l'ardir.
Al mio pie' nella polve disteso
Giacque il Re da più colpi trafitto;
Se l'amor della patria è delitto
Siam rei tutti, siam pronti a morir!
(volgendosi al Re, con accento supplichevole)
Ma tu, Re, tu signore possente,
A costoro ti volgi clemente . . .
Oggi noi siam percossi dal fato,
Doman voi potria il fato colpir.

AIDA, PRIGIONIERI, SCHIAVE
Sì: dai Numi percossi noi siamo;
Tua pietà, tua clemenza imploriamo;
Ah! giammai di soffrir vi sia dato
Ciò che in oggi n'è dato soffrir!

RAMFIS E SACERDOTI
Struggi, o Re, queste ciurme feroci,
Chiudi il core alle perfide voci.

(Radames neigt sich vor Amneris, die ihm die Krone reicht.)
(zu Radames)
Nun verlange von mir,
was du sehnlichst wünschst. Nichts wird dir an
solchem Tag verweigert: ich schwöre es bei
meiner Krone, bei den heiligen Göttern.

RADAMES Erlaube zunächst, daß dir die Gefangenen vorgeführt werden . . .
(Von den Wachen begleitet, treten die äthiopischen Gefangenen ein; zuletzt Amonasro, als Offizier gekleidet.)

AIDA *(sich auf Amonasro stürzend)*
Was sehe ich! . . . Er? . . . Mein Vater!

ALLE Ihr Vater!

AMNERIS . . . in unserer Hand!

AIDA *(den Vater umarmend)*
Du, ein Gefangener!

AMONASRO *(leise zu Aida)*
Verrate mich nicht!

KÖNIG *(zu Amonasro)*
Komm näher . . .
Also . . . du bist? . . .

AMONASRO Ihr Vater . . . Ich kämpfte auch . . .
Wir wurden besiegt, ich suchte den Tod vergebens.
(auf das Kriegsgewand zeigend)
Dies Gewand, das ich trage, soll euch beweisen,
daß ich meinen König, mein Vaterland, verteidigte.
Das Los war unseren Waffen ungünstig,
der Mut unserer Helden vergeblich.
Vor mir lag der König im Staub,
von mehreren Hieben durchbohrt.
Wenn die Vaterlandsliebe ein Verbrechen ist,
sind wir alle schuldig, alle zum Tode bereit!
(sich mit beschwörendem Ton zum König wendend)
Doch du, König, du mächtiger Herr,
wende dich mit Milde diesen Leuten zu . . .
Heute sind wir vom Schicksal heimgesucht,
morgen könnte es euch treffen.

AIDA, GEFANGENE, SKLAVINNEN
Ja, wir sind von den Göttern geschlagen;
wir flehen dich an um Erbarmen, um Gnade.
Ach! niemals sollt ihr leiden müssen,
was wir heute ertragen!

RAMPHIS UND PRIESTER
Vernichte, König, diese wilden Horden.
Verschließe dein Herz vor den treulosen Stimmen.

Fur dai Numi votati alla morte,
Or de' Numi si compia il voler!

POPOLO Sacerdoti, gli sdegni placate,
L'umil prece dei vinti ascoltate;
E tu, o Re, tu possente, tu forte,
A clemanza dischiudi il pensier.

RADAMÈS *(fissando Aida)*
(Il dolor che in quel volto favella
Al mio sguardo la renda più bella;
Ogni stilla del pianto adorato
Nel mio petto ravviva l'amor.)

AMNERIS (Quali sguardi sovr'essa ha rivolti!
Di qual fiamma balenano i volti!
Ed io sola, avvilita, reietta?
La vendetta mi rugge nel cor.)

IL RE Or che fausti ne arridon gli eventi
A costoro mostriamci clementi;
La pietà sale ai Numi gradita
E rafferma de' prenci il poter.

RADAMÈS *(al Re)*
O Re: pei sacri Numi,
Per lo splendore della tua corona,
Compier giurasti il voto mio . . .

IL RE Giurai.

RADAMÈS Ebbene: a te pei prigionieri Etiopi
Vita domando e libertà.

AMNERIS (Per tutti!)

SACERDOTI Morte ai nemici della patria.

POPOLO Grazia
Per gli infelici!

RAMFIS Ascolta, o Re.
(a Radamès)
Tu pure,
Giovin eroe, saggio consiglio ascolta:
(indicando i prigionieri)
Son nemici e prodi sono . . .
La vendetta hanno nel cor;
Fatti audaci dal perdono
Correranno all'armi ancor!

RADAMÈS Spento Amonasro, il re guerrier, non resta
Speranza ai vinti.

RAMFIS Almeno
Arra di pace e securtà, fra noi
Resti col padre Aida . . .

Sie wurden von den Göttern dem Tode geweiht,
nun sei der Wille der Götter erfüllt!

VOLK Priester, besänftigt euren Groll,
hört die demütige Bitte der Besiegten!
Und du, König, du Mächtiger, du Starker,
sei der Gnade zugeneigt.

RADAMES *(für sich, Aida anstarrend)*
Der Schmerz, der aus ihrem Gesicht spricht,
läßt sie meinen Blicken noch schöner erscheinen.
Jede ihrer kostbaren Tränen
stärkt die Liebe in meinem Herzen.

AMNERIS *(für sich)*
Welche Blicke hat er auf sie gerichtet!
Von welcher Flamme leuchten ihre Gesichter!
Und ich allein, erniedrigt, verstoßen?
Die Rache tobt in meinem Herzen.

KÖNIG Jetzt, da wir in einer günstigen Lage sind,
zeigen wir uns diesen Leuten gnädig.
Das Mitleid ist den Göttern willkommen
und stärkt die Macht der Herrscher.

RADAMES *(zum König)*
O König, bei den heiligen Göttern,
bei dem Glanz deiner Krone hast du geschworen,
meinen Wunsch zu erfüllen . . .

KÖNIG Ich schwor es.

RADAMES Nun bitte ich um Leben und Freiheit
für die äthiopischen Gefangenen.

AMNERIS *(für sich)*
Für alle!

PRIESTER Tod den Feinden des Vaterlandes!

VOLK Gnade
für die Unglücklichen!

RAMPHIS König, hört mich an.
(zu Radames)
Und auch du, junger Held, hör den weisen Rat:
(zeigt auf die Gefangenen)
Es sind Feinde und dazu tapfere . . .
sie hegen Rache im Herzen;
kühn durch die Gnade geworden,
werden sie erneut zu den Waffen eilen!

RADAMES Nachdem Amonasro, der kriegerische König, tot ist,
bleibt für die Besiegten keine Hoffnung mehr.

RAMPHIS Als Pfand
des Friedens bleibe wenigstens
Aida mit ihrem Vater bei uns . . .

IL RE Al tuo consiglio io cedo.
Si securtà, di pace un miglior pegno
Or io vo' darvi. Radamès, la patria
Tutto a te deve. D'Amneris la mano
Premio ti sia. Sovra l'Egitto un giorno
Con essa regnerai . . .

AMNERIS (Venga or la schiava,
Venga a rapirmi l'amor mio . . . se l'osa!)

IL RE E IL POPOLO
Gloria all'Egitto, ad Iside
Che il sacro suol difende;
S'intrecci il loto al lauro
Sul crin del vincitor!

PRIGIONIERI Gloria al clemente Egizio
Che i nostri ceppi ha sciolto.
Che ci ridona ai liberi
Solchi del patrio suol!

SACERDOTI Inni leviamo ad Iside
Che il sacro suol difende;
Preghiam che i fati arridano
Fausti alla patria ognor.

AIDA (Qual speme ormai più restami?
A lui la gloria e il trono . . .
A me l'oblio . . . le lacrime
Di disperato amor.)

RADAMÈS (D'avverso Nume il folgore
Sul capo mio discende . . .
Ah no! d'Egitto il soglio
Non val d'Aida il cor.)

AMNERIS (Dall'inatteso giubilo
Inebriata io sono;
Tutti in un dì si compiono
I sogni del mio cor.)

AMONASRO *(ad Aida, sottovoce)*
Fa cor: della tua patria
I lievi eventi aspetta:
Per noi della vendetta
Già prossimo è l'albor.

POPOLO Gloria all'Egitto, ad Iside
Che il sacro suol difende;
S'intrecci il loto al lauro
Sul crin del vincitor!

KÖNIG Ich folge deinem Rat.
Nun will ich euch ein besseres Pfand der Sicherheit,
des Friedens geben. Radames, das Vaterland
schuldet dir alles. Amneris' Hand belohne dich.
Über Ägypten wirst du eines Tages
mit ihr herrschen.

AMNERIS *(für sich)*
Nun mag die Sklavin kommen und meine Liebe
rauben . . . wenn sie es wagt!

KÖNIG UND VOLK
Ehre sei Ägypten, Ehre sei Isis,
die unseren heiligen Boden verteidigt.
Laßt uns Lotosblumen und Lorbeer
in die Haare der Sieger flechten.

GEFANGENE Ehre sei dem barmherzigen Ägypter,
der unsere Ketten löst:
er gibt uns den freien Furchen
des heimatlichen Bodens wieder zurück!

PRIESTER Unsere Gesänge mögen zu Isis emporsteigen,
die unseren heiligen Boden verteidigt.
Beten wir, daß das Schicksal
unserer Heimat immer günstig sei.

AIDA *(für sich)*
Welche Hoffnung bleibt mir nunmehr?
Für ihn Ruhm und Thron . . .
für mich Vergessen . . . die Tränen
verzweifelter Liebe.

RADAMES *(für sich)*
Der Blitz eines widrigen Gottes
schlägt über mir ein . . .
Nein! Der Thron Ägyptens
ist Aidas Herz nicht wert.

AMNERIS *(für sich)*
Ich bin berauscht von
unerwarteter Freude.
Alle Träume meines Herzens
erfüllen sich an einem Tag.

AMONASRO *(leise zu Aida)*
Fasse Mut: warte ab, bis sich
die Lage deines Vaterlandes zum Guten wendet.
Der Morgen unserer Rache
ist schon nahe.

VOLK Ehre sei Ägypten, Ehre sei Isis,
die unseren heiligen Boden verteidigt.
Laßt uns Lotosblumen und Lorbeer
in die Haare des Siegers flechten!

Atto terzo

Le rive del Nilo.
Rocce di granito fra cui crescono palmizi. Sul vertice delle rocce il tempio d'Iside per metà nascosto tra le fronde. È notte stellata. Splendore di luna.

[Introduzione, Preghiera – Coro]

CORO *(nel tempio)*
O tu che sei d'Osiride
Madre immortale e sposa,
Diva che i casti palpiti
Desti agli umani in cor,
Soccorri a noi pietosa,
Madre d'immenso amor.
(Da una barca che approda alla riva, discendono Amneris, Ramfis, alcune donne coperte da fitto velo e Guardie.)

RAMFIS *(ad Amneris)*
Vieni d'Iside al tempio: alla vigilia
Delle tue nozze, invoca
Della Diva il favore. Iside legge
Dei mortali nel core; ogni mistero
Degli umani è a lei noto.

AMNERIS Sì: io pregherò che Radamès mi doni
Tutto il suo cor, come il mio cor a lui
Sacro è per sempre . . .

RAMFIS Andiamo.
Pregherai fino all'alba; io sarò teco.
(Tutti entrano nel tempio. Il Coro ripete il canto sacro.)

[Romanza]

AIDA *(Entra cautamente coperta da un velo.)*
Qui Radamès verrà . . . Che vorrà dirmi?
Io tremo . . . Ah! se tu vieni
A recarmi, o crudel, l'ultimo addio,
Del Nilo i cupi vortici
Mi daran tomba . . . e pace forse . . . e oblio.
O cieli azzurri . . . o dolci aure native
Dove sereno il mio mattin brillò . . .

Dritter Akt

Am Ufer des Nils.
Granitfelsen; dazwischen Palmenbäume. Oben auf den Felsen der Tempel der Isis, zum Teil von Laub verborgen. Sternenhelle Nacht. Mondschein.

[Introduktion, Preghiera – Chor]

CHOR *(im Tempel)*
O du, Osiris,
unsterbliche Mutter und Frau,
Göttin, die die reinen Regungen
in den Herzen der Menschen erweckt,
hilf uns, barmherzige
Mutter unendlicher Liebe.
(Ein Boot legt am Ufer an: es steigen Amneris, Ramphis, einige dichtverschleierte Frauen und Wachen aus.)

RAMPHIS *(zu Amneris)*
Komm in den Tempel der Isis: am Vortag
deiner Hochzeit flehe
um die Gunst der Göttin. Isis liest
in den Herzen der Sterblichen; jedes Geheimnis
der Menschen ist ihr bekannt.

AMNERIS Ja, ich werde beten, daß Radames mir sein
ganzes Herz schenke, so wie das meine
ihm für immer geweiht ist ...

RAMPHIS Laßt uns hineingehen.
Du wirst bis zum Morgengrauen beten; ich werde bei dir sein.
(Alle treten in den Tempel. Der Chor wiederholt den heiligen Gesang.)

[Romanze]

AIDA *(betritt vorsichtig die Szene, mit einem Schleier bedeckt)*
Hierher wird Radames kommen ... Was wird er mir sagen?
Ich zittere ... Ach, wenn du, Grausamer, kommst,
um mir das letzte Lebewohl zu sagen,
werden die dunklen Strudel des Nils
mein Grab sein ... sie werden mir vielleicht Frieden und Vergessen geben.
O blaue Himmel, o sanfte heimatliche Winde,
wo mein Lebensmorgen heiter strahlte,

O verdi colli, o profumato rive . . .
O patria mia, mai più ti rivedrò!
O fresche valli . . . o queto asil beato
Che un dì promesso dall'amor mi fu . . .
Or che d'amor il sogno è dileguato . . .
O patria mia, non ti vedrò mai più!
(Volgendosi, vede il padre.)
Cielo! mio padre!

AMONASRO A te grave cagione
M'adduce, Aida. Nulla sfugge al mio
Sguardo. D'amor ti struggi
Per Radamès . . . ei t'ama . . . e qui lo attendi.
Dei Faraon la figlia è tua rivale . . .
Razza infame, aborrita e a noi fatale!

AIDA E in suo potere io sto! . . . Io, d'Amonasro
Figlia!

AMONASRO In poter di lei! . . . No! . . . se lo brami
La possente rival tu vincerai.
E patria, e trono, e amor, tutto tu avrai.
Rivedrai le foreste imbalsamate,
Le fresche valli . . . i nostri templi d'ôr! . . .

AIDA *(con trasporto)*
Rivedrò le foreste imbalsamate,
Le fresche valli . . . i nostri templi d'ôr! . . .

AMONASRO Sposa felice a lui che amasti tanto,
Tripudii immensi ivi potrai gioir . . .

AIDA *(con espansione)*
Un giorno solo di sì dolce incanto . . .
Un'ora di tal gaudio . . . e poi morir!

AMANASRO Pur rammenti che a noi l'Egizio immite,
Le case, i templi e l'are profanò . . .
Trasse in ceppi le vergini rapite . . .
Madri . . . vecchi . . . fanciulli ei trucidò.

AIDA Ah! ben rammento quegl'infausti giorni!
Rammento i lutti che il mio cor soffrì . . .
Deh, fate, o Numi, che per noi ritorni
L'alba invocata de' sereni dì.

o grüne Hügel, o duftende Ufer . . . o mein Vaterland,
ich werde dich nie mehr wiedersehen!
O frische Täler . . . o stiller, glückseliger Zufluchtsort,
der mir einst von der Liebe versprochen wurde . . .
jetzt, da der Liebestraum dahinschwand . . .
o mein Vaterland, ich werde dich nie mehr
wiedersehen!
(wendet sich und sieht den Vater)
Himmel! Mein Vater!

AMONASRO Ein ernster Grund
führt mich zu dir, Aida. Nichts entgeht meinem
Blick. Du vergehst vor Liebe
zu Radames . . . er liebt dich . . . und du erwartest ihn
hier.
Die Tochter der Pharaonen ist deine Rivalin . . .
eine infame, verhaßte und für uns verhängnisvolle
Rasse!

AIDA Und ich bin in ihrer Macht! . . . Ich, die Tochter
Amonasros!

AMONASRO In ihrer Macht! . . . Nein! . . . Wenn du es
willst, wirst du Herrin der mächtigen Rivalin sein.
Und Vaterland und Thron und Liebe, alles wirst du
haben.
Du wirst die Wälder, die nach Balsam duften, wieder-
sehen . . .
die frischen Täler . . . unsere Tempel aus Gold! . . .

AIDA *(leidenschaftlich)*
Ich werde die Wälder, die nach Balsam duften, wieder-
sehen . . .
die frischen Täler . . . unsere Tempel aus Gold!

AMONASRO Als glückliche Frau dessen, den du so sehr liebtest,
wirst du dich dort über unendlichen Jubel freuen . . .

AIDA *(hingerissen)*
Ein einziger Tag solch schönen Zaubers . . .
eine Stunde solcher Freude . . . und dann sterben!

AMONASRO Doch, du erinnerst dich, daß der grausame Ägypter
uns die Häuser, die Tempel und die Altäre
schändete . . .
die entführten Jungfrauen in Ketten schleppte . . .
Mütter, Alte, Kinder hinschlachtete.

AIDA Ach! Ich erinnere mich wohl an jene unglückseligen
Tage!
Ich erinnere mich an die Schmerzen, die mein Herz
ertrug!
Götter, laßt den ersehnten Morgen der heiteren
Tage für uns wiederkommen.

AMONASRO Non fia che tardi. In armi ora si desta
Il popol nostro; tutto pronto è già . . .
Vittoria avrem . . . Solo a saper mi resta
Qual sentier il nemico seguirà . . .
AIDA Chi scoprirlo potria? chi mai?
AMONASRO Tu stessa!
AIDA Io! . . .
AMONASRO Radamès so che qui attendi . . . Ei t'ama . . .
(con intenzione)
Ei condure gli Egizi . . . Intendi? . . .

AIDA Orrore!
Che mi consigli tu? No! no! giammai.
AMONASRO *(con impeto selvaggio)*
Su, dunque! sorgete,
Egizie coorti;
Col fuoco struggete
Le nostre città . . .
Spargete il terrore,
Le stragi, le morti . . .
Al vostro furore
Più freno non v'ha.
AIDA Ah padre! . . .
AMONASRO *(respingendola)*
Mia figlia
Ti chiami! . . .
AIDA *(atterrita e supplichevole)*
Pietà!
AMONASRO Flutti di sangue scorrono
Sulle città dei vinti . . .
Vedi? dai negri vortici
Si levano gli estinti . . .
Ti additan essi e gridano:
Per te la patria muor!
AIDA Pietà! . . .
AMONASRO Una larva orribile
Fra l'ombre e noi s'affaccia . . .
Trema! le scarne bracchia
Sul capo tuo levò . . .
Tua madre ell'è . . . ravvisala . . .
Ti maledice . . .
AIDA *(nel massimo terrore)*
Ah! no! . . .
Ah! pietà, padre!
AMONASRO *(respingendola)*
Non sei mia figlia!

AMONASRO Er wird bald kommen. Unser Volk erhebt
sich jetzt in Waffen; alles ist schon bereit . . .
Wir werden siegen. Ich muß nur noch wissen,
welchen Pfad der Feind verfolgen wird.

AIDA Wer kann es entdecken? Wer denn?

AMONASRO Du selber!

AIDA Ich! . . .

AMONASRO Ich weiß, daß du hier Radames erwartest . . . Er liebt dich . . .
(mit Nachdruck)
Er führt die Ägypter an . . . Verstehst du? . . .

AIDA Entsetzlich!
Was rätst du mir? Nein, nein! Niemals!

AMONASRO *(in wildem Ausbruch)*
Nun auf, erhebt euch
ägyptische Kohorten!
Zerstört mit dem Feuer
unsere Städte!
Verbreitet Schrecken,
Massaker, Tod!
Nichts kann mehr
eure Wut halten.

AIDA Vater! . . .

AMONASRO *(sie zurückstoßend)*
Und du nennst dich
meine Tochter!

AIDA *(bestürzt und flehend)*
Erbarmen!

AMONASRO Blut fließt in Strömen
in den Städten der Besiegten . . .
Siehst du? Aus den schwarzen Strudeln
steigen die Toten auf . . .
Sie zeigen auf dich und rufen:
wegen dir stirbt dein Volk!

AIDA Erbarmen!

AMONASRO Ein grauenvolles Gespenst zeigt sich uns unter den Schatten . . .
Zittre! Es hat seine fleischlosen
Arme auf deinen Kopf gelegt . . .
Es ist deine Mutter . . . erkenne sie . . .
sie verflucht dich!

AIDA *(im höchsten Schrecken)*
Ach, nein!
Ach, Erbarmen, Vater!

AMONASRO *(sie zurückstoßend)*
Du bist nicht meine Tochter!

Dei Faraoni tu sei la schiava!
AIDA *(trascinandosi a stento a' piedi del padre)*
Padre, a costoro schiava non sono . . .
Non maledirmi . . . non imprecarmi . . .
Ancor tua figlia potrai chiamarmi,
Della mia patria degna sarò.
AMONASRO Pensa che un popolo vinto, straziato,
Per te soltanto risorger può . . .
AIDA O patria! o patria . . . quanto mi costi!
AMONASRO Coraggio, ei giunge . . . là tutto ùdro . . .
(Si nasconde fra i palmizi.)

[Duetto Aida – Radamès]

RADAMÈS *(entrando)*
Pur ti riveggo, mia dolce Aida . . .
AIDA T'arresta, vanne . . . che speri ancor?
RADAMÈS A te dappresso l'amor mi guida.
AIDA Te i riti attendono d'un altro amor.
D'Amneris sposo . . .

RADAMÈS Che parli mai? . . .
Te sola, Aida, te deggio amar.
Gli Dei mi ascoltano . . . tu mia sarai . . .
AIDA D'uno spergiuro non ti macchiar!
Prode t'amai, non t'amerei spergiuro.

RADAMÈS Dell'amor mio dubiti, Aida?
AIDA E come
Speri sottrarti d'Amneris ai vezzi,
Del Re al voler, del tuo popolo ai voti,
Dei Sacerdoti all'ira?
RADAMÈS Odimi, Aida,
Nel fiero anelito di nuova guerra
Il suolo Etiope si ridestò . . .
I tuoi già invadono la nostra terra,
Io degli Egizi duce sarò.
Fra il suon, fra i plausi della vittoria,
Al Re mi prostro, gli svelo il cor . . .
Sarai tu il serto della mia gloria,
Vivrem beati d'eterno amor.

AIDA Né d'Amneris paventi
Il vindice furor? La sua vendetta,
Come fulgor tremenda,
Cadrà su me, sul padre mio, su tutti.

Du bist die Sklavin der Pharaonen!

AIDA *(sich mit Mühe zu den Füßen des Vaters schleppend)*
Vater, ich bin nicht ihre Sklavin . . .
Verfluche mich nicht . . . verwünsche mich nicht . . .
Du kannst mich noch deine Tochter nennen;
ich werde meines Vaterlandes würdig sein.

AMONASRO Denke daran, daß ein besiegtes, zerrissenes
Volk nur durch dich wieder auferstehen kann!

AIDA O Vaterland, o Vaterland, wie teuer bist du mir!

AMONASRO Mut, er kommt . . . von dort werde ich alles hören . . .
(versteckt sich zwischen den Palmen)

[Duett Aida–Radames]

RADAMES *(eintretend)*
Endlich sehe ich dich wieder, geliebte Aida . . .

AIDA Bleib stehen, geh weg! Was hoffst du noch?

RADAMES Zu dir führt mich die Liebe.

AIDA Die Hochzeitsfeier mit einer anderen Liebe wartet auf dich.
Als Mann der Amneris . . .

RADAMES Was sagst du denn? . . .
Ich kann nur dich lieben, Aida, nur dich.
Die Götter hören mich . . . du wirst die Meine sein.

AIDA Beflecke dich nicht mit einem Meineid!
Ich liebte den Kühnen, den Meineidigen würde ich nicht lieben.

RADAMES Du zweifelst an meiner Liebe, Aida?

AIDA Und wie
glaubst du, dich den Zärtlichkeiten der Amneris,
dem Willen des Königs, den Wünschen deines Volkes,
dem Zorn der Priester zu entziehen?

RADAMES Höre mich an, Aida.
Im äthiopischen Volk ist der stolze Wunsch
nach einem neuen Krieg wiedererwacht.
Die Deinen dringen schon in unser Land ein;
ich werde der Führer der Ägypter sein.
In dem Jubel, in der Begeisterung des Sieges
werfe ich mich vor dem König auf die Knie,
öffne ihm mein Herz . . .
Du wirst der Kranz meines Ruhmes sein;
wir werden glückselig in ewiger Liebe leben.

AIDA Und fürchtest du die rächende Wut der
Amneris nicht? Ihre Rache wird wie ein
furchtbarer Blitz auf mich,
auf meinen Vater, auf alle fallen.

RADAMÈS Io vi difendo.
AIDA Invan, tu nol potresti . . .
Pur . . . se tu m'ami . . . ancor s'apre una via
Di scampo a noi . . .
RADAMÈS Quale?
AIDA Fuggir . . .
RADAMÈS Fuggire!
AIDA *(colla più viva espansione)*
Fuggiam gli arbori inospiti
Di queste lande ignude;
Una novella patria
Al nostro amor si schiude . . .
Là . . . tra foreste vergini,
Di fiori profumate,
In estasi beate
La terra scorderem.
RADAMÈS Sovra una terra estrania
Teco fuggir dovrei!
Abbandonar la patria,
L'are de' nostri Dei!
Il suol dov'io raccolsi
Di gloria i primi allori,
Il ciel de' nostri amori
Come scordar potrem?
AIDA Sotto il mio ciel, più libero
L'amor ne fia concesso;
Ivi nel tempio istesso
Gli stessi Numi avrem.
RADAMÈS *(esitante)*
Aida!
AIDA Tu non m'ami . . . Va!
RADAMÈS Non t'amo?
(con energia)
Mortal giammai né Dio
Arse d'amor al par del mio possente.

AIDA Va . . . va . . . t'attente all'ara
Amneris . . .
RADAMÈS No! . . . giammai! . . .
AIDA Giammai, dicesti?
Allor piombi la scure
Su me, sul padre mio . . .
RADAMÈS *(con appassionata risoluzione)*
Ah no! fuggiamo!
Sì, fuggiam da queste mura,
Al deserto insiem fuggiamo;

RADAMES Ich verteidige euch.
AIDA Umsonst, du könntest es nicht.
Doch . . . wenn du mich liebst . . . bietet sich uns noch ein Ausweg . . .
RADAMES Welcher?
AIDA Fliehen . . .
RADAMES Fliehen!
AIDA *(mit lebhaftester Leidenschaft)*
Fliehen wir aus dieser
kahlen, unwirtlichen Gegend;
ein neues Vaterland
erschließt sich unserer Liebe.
Dort, unter jungfräulichen,
nach Blumen duftenden Wäldern,
werden wir in glückseliger Ekstase
die Erde vergessen.
RADAMES Ich sollte mit dir in
ein fremdes Land fliehen?
Meine Heimat, die Altäre
unserer Götter verlassen?
Den Boden verlassen, auf dem ich
die ersten Lorbeeren des Ruhmes errang?
Wie werden wir den Himmel
unserer Liebe vergessen können?
AIDA Unter meinem Himmel wird uns eine freiere
Liebe vergönnt sein;
dort werden wir in demselben Tempel
dieselben Götter haben.
RADAMES *(zögernd)*
Aida!
AIDA Du liebst mich nicht! . . . Geh!
RADAMES Ich liebe dich nicht?
(energisch)
Kein Sterblicher, kein Gott
brannte je vor so einer leidenschaftlichen Liebe
wie ich.
AIDA Geh, geh! Am Altar wartet
Amneris auf dich . . .
RADAMES Nein! Niemals!
AIDA Du hast niemals gesagt?
Dann falle das Beil auf mich,
auf meinen Vater!
RADAMES *(mit leidenschaftlicher Entschlossenheit)*
Ach, nein! Fliehen wir!
Ja, fliehen wir aus diesen Mauern;
fliehen wir zusammen in die Wüste!

Qui sol regna le sventura,
Là si schiude un ciel d'amor.
I deserti interminati
A noi talamo saranno,
Su noi gli astri brilleranno
Di più limpido fulgor.

AIDA Nella terra avventurata
De' miei padri il ciel ne attende;
Ivi l'aura è imbalsamata,
Ivi il suolo è aromi e fior.
Fresche valli e verdi prati
A noi talamo saranno,
Su noi gli astri brilleranno
Di più limpido fulgor.

AIDA E RADAMÈS Vieni meco, insiem fuggiamo
Questa terra di dolor.
Vieni meco, t'amo, t'amo!
A noi duce fia l'amor.
(Si allontanano rapidamente)

AIDA *(arrestandosi all'improvviso)*
Ma, dimmi: per qual via
Eviterem le schiere
Degli armati?

RADAMÈS Il sentier scelto dai nostri
A piombar sul nemico fia deserto
Fino a domani . . .

AIDA E qual sentier? . . .

RADAMÈS Le gole
Di Napata . . .

AMONASRO Di Napata le gole!
Ivi saranno i miei . . .

RADAMÈS Oh! chi ci ascolta?

AMONASRO D'Aida il padre e degli Etiopi il Re.

RADAMÈS *(agitatissimo)*
Tu, Amonasro! . . . tu, il Re? Numi! che dissi?
No! . . . non è ver! . . . sogno . . . delirio è questo . . .

AIDA Ah no! ti calma . . . ascoltami,
All'amor mio t'affida.

Hier herrscht nur Unglück,
dort öffnet sich ein Himmel der Liebe.
Die unendlichen Wüsten
werden für uns Ehebett sein,
und über uns werden die Sterne
mit reinerem Glanz leuchten.

AIDA In der glücklichen Heimat
meiner Väter wartet der Himmel auf uns;
dort duftet die Luft nach Balsam;
dort ist der Boden voll aromatischer Blumen.
Frische Täler, grüne Wiesen
werden für uns Ehebett sein,
und über uns werden die Sterne
mit reinerem Glanz leuchten.

AIDA UND RADAMES
Komm mit mir, fliehen wir zusammen
aus diesem Land des Leidens.
Komm mit mir, ich liebe dich, ich liebe dich!
Die Liebe sei unser Führer.
(Sie entfernen sich schnell.)

AIDA *(bleibt plötzlich stehen)*
Doch, sage mir, auf welchem Weg
werden wir die Scharen
der Soldaten meiden?

RADAMES Der Pfad, den die Unseren
gewählt haben, um den Feind zu überfallen,
ist bis morgen frei.

AIDA Und welcher Pfad?

RADAMES Die Schluchten
des Napata.

AMONASRO *(tritt aus dem Versteck*)*
Die Napata-Schluchten!
Dort werden die Meinen sein!

RADAMES Wer belauscht uns?

AMONASRO Der Vater Aidas und König der Äthiopier!

RADAMES *(höchst erregt)*
Du, Amonasro! . . . Du, der König? Götter!
Was sagte ich?
Nein, das ist nicht wahr! . . . Das ist ein Traum, ein Fieberwahn . . .

AIDA Nein! Sei ruhig, höre mich an,
verlasse dich auf meine Liebe.

* *Diese von uns eingefügte Regieanweisung fehlt im italienischen Libretto. Die Herausgeber.*

AMONASRO A te l'amor d'Aida
Un soglio innalzerà.

RADAMÈS Per te tradii la patria!
Io son disonorato . . .

AMONASRO No: tu non sei colpevole,
Era voler del fato . . .
Vieni: oltre il Nil ne attendono
I prodi a noi devoti;
Là del tuo core i voti
L'amor coronerà.
(Amneris dal tempio, indi Ramfis, Sacerdoti, Guardie e detti.)

AMNERIS Traditor!

AIDA La mia rival! . . .

AMONASRO *(avventandosi su Amneris con un pugnale)*
L'opra mia a strugger vieni!
Muori! . . .

RADAMÈS *(frapponendosi)*
Arresta, insano! . . .

AMONASRO Oh rabbia!

RADAMÈS Guardie, olà!
(ad Aida ed Amonasro)
Presto! fuggite! . . .

AMONASRO *(trascinando Aida)*
Vieni, o figlia!

RAMFIS *(alle Guardie)*
Li inseguite!

RADAMÈS *(a Ramfis)*
Sacerdote, io resto a te.

AMONASRO Die Liebe Aidas
wird einen Thron für dich errichten.

RADAMES Für dich verriet ich das Vaterland!
Ich bin entehrt.

AMONASRO Nein, du bist nicht schuldig,
das Schicksal hat es so gewollt.
Komm, jenseits des Nils warten
die Tapferen, die uns ergeben sind:
dort wird die Liebe die Wünsche
deines Herzens verwirklichen.

(Amneris kommt aus dem Tempel; dann Ramphis, die Priester, die Wachen.)

AMNERIS Verräter!

AIDA Meine Rivalin! . . .

AMONASRO *(stürzt sich auf Amneris mit einem Dolch)*
Du kommst, um mein Werk zu zerstören!
Stirb!

RADAMES *(dazwischentretend)*
Halt, bleib stehen, Verrückter!

AMONASRO Verdammt!

RADAMES Wachen, hierher!
(zu Aida und Amonasro)
Schnell, flieht!

AMONASRO *(Aida fortreißend)*
Komm, Tochter!

RAMPHIS *(zu den Wachen)*
Verfolgt sie!

RADAMES *(zu Ramphis)*
Priester, ich bleibe bei dir.

Atto quarto

Scena prima

Sala nel Palazzo del Re.
Alla sinistra, una gran porta che mette alla sala sotterranea delle sentenze. Andito a destra che conduce alla prigione di Radamès.

[Scena e Duetto]

AMNERIS *(mestamente atteggiata davanti la porta del sotterraneo)*
L'aborrita rivale a me sfuggia . . .
Dai Sacerdoti Radamès attende
Dei traditor la pena. – Traditore
Egli non è . . . Pur rivelò di guerra
L'alto segreto . . . egli fuggir volea . . .
Con lei fuggire . . . Traditori tutti!
A morte! A morte! . . . Oh! che mai parlo? Io l'amo . . .
Io l'amo sempre . . . Disperato, insano
È quest'amor che la mia vita strugge.
Oh! s'ei potesse amarmi! . . .
Vorrei salvarlo. E come?
Si tenti! . . . Guardie: Radamès qui venga.
(Radamès condotto dalle Guardie.)
Già i Sacerdoti adunansi
Arbitri del tuo fato;
Pur dell'accusa orribile
Scolparti ancor t'è dato;
Ti scolpa e la tua grazia
Io pregherò dal trono,
E nunzia di perdono,
Di vita a te sarò.

RADAMÈS Di mie discolpe i giudici
Mai non udran l'accento;
Dinanzi ai Numi, agli uomini
Né vil, né reo mi sento.
Profferse il labbro incauto
Fatal segreto, è vero,
Ma puro il mio pensiero
E l'onor mio restò.

AMNERIS Salvati dunque e scolpati.

Vierter Akt

Erste Szene

Saal im Königspalast.
Links eine große Tür, die in einen unterirdischen Gerichtssaal führt. Rechts ein Korridor zum Gefängnis von Radames.

[Szene und Duett]

AMNERIS *(traurig vor der Tür zum unterirdischen Gewölbe)*
Die verhaßte Rivalin ist mir entkommen.
Radames erwartet von den Priestern
die Strafe der Verräter. Ein Verräter
ist er nicht . . . Trotzdem verriet er das hohe
Kriegsgeheimnis . . . wollte fliehen . . .
mit ihr fliehen. Alle sind Verräter!
Zum Tode! Zum Tode!
Ach, was sage ich denn? Ich liebe ihn . . .
Ich lieb ihn immer noch . . . Verzweifelt, töricht
ist diese Liebe, die mein Leben zerstört.
Ach, könnte er mich lieben! . . .
Ich möchte ihn retten. Aber wie?
Ich will es versuchen! . . . Wachen, bringt Radames hierher!
(Radames wird von den Wachen hereingeführt.)
Die Priester, Herren über dein Schicksal,
versammeln sich schon.
Doch du kannst dich noch wegen
der furchtbaren Beschuldigungen rechtfertigen.
Entschuldige dich, und ich werde
vom Thron herab um Gnade für dich bitten:
ich werde Bote deiner Verzeihung
und deines Lebens sein.

RADAMES Die Richter werden ein Wort der Rechtfertigung
nie von mir hören.
Vor Gott und vor den Menschen
fühle ich mich weder feige noch schuldig.
Es ist wahr: mein unvorsichtiger Mund
sprach ein verhängnisvolles Geheimnis aus,
doch bleiben meine Gedanken
und meine Ehre rein.

AMNERIS Also entschuldige und rette dich.

RADAMÈS No.
AMNERIS Tu morrai.
RADAMÈS La vita
Aborro! d'ogni gaudio
La fonte inaridita,
Svanita ogni speranza,
Sol bramo di morir.
AMNERIS Morire! . . . ah! . . . tu dêi vivere! . . .
Si, all'amor mio vivrai;
Per te le angosce orribili
Di morte io già provai;
T'amai . . . soffersi tanto,
Vegliai le notti in pianto . . .
E patria, e trono, e vita
Tutto darei per te.
RADAMÈS Per essa anch'io la patria
E l'onor mio tradiva . . .
AMNERIS Di lei non più! . . .
RADAMÈS L'infamia
Mi attende e vuoi ch'io viva? . . .
Misero appien mi festi,
Aida a me togliesti;
Spenta l'hai forse . . . e in dono
Offri la vita a me?
AMNERIS Io . . . di sua morte origine!
No! . . . vive Aida . . .
RADAMÈS Vive!
AMNERIS Nei disperati aneliti
Del'orde fuggitive
Sol cadde il padre . . .
RADAMÈS Ed ella?
AMNERIS Sparve, né più novella
S'ebbe . . .
RADAMÈS Gli Dei l'adducano
Salva alle patrie mura,
E ignori la sventura
Di chi per lei morrà!
AMNERIS Ma s'io ti salvo, giurami
Che più non la vedrai . . .
RADAMÈS Nol posso!
AMNERIS A lei rinunzia
Per sempre . . . e tu vivrai! . . .
RADAMÈS Nol posso!
AMNERIS Anco una volta:
A lei rinunzia . . .
RADAMÈS È vano . . .

RADAMES Nein!
AMNERIS Du wirst sterben.
RADAMES Ich verabscheue
das Leben! Die Quelle jeder Freude
ist versiegt,
jede Hoffnung ist geschwunden,
ich wünsche nur den Tod.
AMNERIS Sterben? . . . ach . . . Du mußt leben!
Ja, du wirst für meine Liebe leben.
Ich habe die schrecklichen Todesängste
schon um dich gefühlt,
ich habe dich geliebt, ich habe so sehr gelitten,
ich habe die Nächte in Tränen wach verbracht . . .
und Vaterland und Thron und das Leben,
alles würde ich für dich hingeben!
RADAMES Für sie habe ich auch das Vaterland
und meine Ehre verraten . . .
AMNERIS Kein Wort mehr von ihr!
RADAMES Die Schande
erwartet mich, und du willst, daß ich lebe?
Du hast mich vollkommen unglücklich gemacht;
Aida hast du mir weggenommen;
vielleicht hast du sie getötet . . . und bietest mir
das Leben zum Geschenk an?
AMNERIS Ich . . . die Ursache ihres Todes!
Nein! . . . Aida lebt.
RADAMES Sie lebt!
AMNERIS Nur ihr Vater
fiel während der verzweifelten
Flucht seiner Horden . . .
RADAMES Und sie?
AMNERIS Sie ist verschwunden; man hat keine Nachricht
mehr von ihr . . .
RADAMES Die Götter mögen sie heil
zu den heimatlichen Mauern führen,
und möge sie nicht das Unglück dessen erfahren,
der für sie sterben wird!
AMNERIS Wenn ich dich aber rette, schwöre mir,
daß du sie nie mehr wiedersiehst . . .
RADAMES Ich kann nicht!
AMNERIS Verzichte auf sie
für immer . . . und du wirst leben!
RADAMES Ich kann es nicht!
AMNERIS Noch einmal:
Verzichte auf sie . . .
RADAMES Es ist umsonst . . .

AMNERIS Morir vuoi dunque, insano?
RADAMÈS Pronto a morir son già.
AMNERIS Chi ti salva, sciagurato,
Dalla sorte che t'aspetta?
In furor hai tu cangiato
Un amor ch'egual non ha.
De' miei pianti la vendetta
Ora dal ciel si compirà.
RADAMÈS È la morte un ben supremo
Se per lei morir m'è dato;
Nel subir l'estremo fato
Gaudii immensi il core avrà;
L'ira umana più non temo,
Temo sol la tua pietà.
(Radamès parte circondato dalle guardie.)

[Scena del giudizio]

AMNERIS *(cade desolata su di un sedile)*
Ohimè! . . . morir mi sento . . . Oh! chi lo salva?
(soffocata dal pianto)
E in poter di costoro
Io stessa lo gettai! . . . Ora a te impreco,
Atroce gelosia, che la sua morte
E il lutto eterno del mio cor segnasti!
(Si volge e vede i Sacerdoti che attraversano la scena per entrare nel sotterraneo.)
Ecco i fatali,
Gl'inesorati ministri di morte! . . .
Oh! ch'io non vegga quelle bianche larve!
(Si copre il volto con le mani.)

SACERDOTI *(nel sotterraneo)*
Spirto del Nume, sovra noi discendi!
Ne avviva al raggio dell'eterna luce;
Per labbro nostro tua giustizia apprendi.

AMNERIS Numi, pietà del mio straziato core . . .
Egli è innocente, lo salvate, o Numi!
Disperato, tremendo è il mio dolore!
(Radamès fra le guardie attraversa la scena e scende nel sotterraneo. Amneris, al vederlo, mette un grido.)

AMNERIS Willst du also sterben, Törichter?

RADAMES Ich bin schon zum Sterben bereit.

AMNERIS Wer rettet dich, Unglückseliger,
vom Los, das dich erwartet?
Du hast in Wut eine Liebe verwandelt,
die ihresgleichen nicht hat.
Der Himmel wird
meine Tränen rächen.

RADAMES Der Tod ist ein sehr hohes Gut, wenn ich für sie sterben darf. Mein Herz wird unendliche Freuden empfinden, wenn sich mein letztes Schicksal erfüllt.
Ich fürchte den Zorn der Menschen nicht mehr, ich fürchte nur dein Mitleid.
(geht von den Wachen begleitet ab)

[Gerichtsszene]

AMNERIS *(sinkt verzweifelt nieder)*
Weh mir! . . . Ich fühle, ich sterbe . . . Ach, wer rettet ihn?
(vom Weinen erstickt)
Ich selbst warf ihn in ihre Hände! . . .
Jetzt verwünsche ich dich,
grausame Eifersucht, die Ursache seines Todes
und der ewigen Trauer meines Herzens!
(Wendet sich und sieht die Priester, die die Bühne überqueren, um in das unterirdische Gewölbe zu steigen.)
Da sind die unheilvollen, unerbittlichen Vollstrecker des Todes!
Oh! Wenn ich nur ihre weißen Larven nicht sehen müßte!
(verdeckt sich das Gesicht mit den Händen)

PRIESTER *(im unterirdischen Gewölbe)*
Geist des Gottes, komm über uns!
Belebe uns mit dem Strahl des ewigen Lichtes
und verkünde deine Gerechtigkeit durch unsere Lippen.

AMNERIS Götter, erbarmt euch meines zerrissenen Herzens!
Er ist unschuldig; rettet ihn, Götter!
Verzweifelt, schrecklich ist mein Schmerz!
(Radames überquert die Bühne zwischen den Wachen und steigt in das unterirdische Gewölbe. Bei seinem Anblick stößt Amneris einen Schrei aus.)

RAMFIS *(nel sotterraneo)*
Radamès, Radamès: tu rivelasti
Della patria i segreti allo straniero . . .
SACERDOTI Discolpati!
RAMFIS Egli tace . . .
TUTTI Traditor!
RAMFIS Radamès, Radamès: tu disertasti
Dal campo il dì che precedea la pugna.
SACERDOTI Discolpati!
RAMFIS Egli tace . . .
TUTTI Traditor!
RAMFIS Radamès, Radamès: tu fe' violasti,
Alla patria spergiuro, al Re, all'onor.

SACERDOTI Discolpati!
RAMFIS Egli tace . . .
TUTTI Traditor!
Radamès: è deciso il tuo fato;
Degl'infami la morte tu avrai;
Sotto l'ara del Nume sdegnato
A te vivo fia schiuso l'avel.
AMNERIS A lui vivo . . . la tomba . . . oh! gl'infami!
Né di sangue son paghi giammai . . .
E si chiaman ministri del ciel!
(investendo i Sacerdoti che escono dal sotterraneo)
Sacerdoti: compiste un delitto . . .
Tigri infami di sangue assetate . . .
Voi la terra ed i Numi oltraggiate . . .
Voi punite chi colpa non ha.

SACERDOTI È traditor! morrà!
AMNERIS *(a Ramfis)*
Sacerdote: quest'uomo che uccidi,
Tu lo sai . . . da me un giorno fu amato . . .
L'anatèma d'un core straziato
Col suo sangue su te ricadrà!
SACERDOTI È traditor! morrà!
(Si allontanano lentamente.)
AMNERIS Empia razza! anatèma! su voi
La vendetta del ciel scenderà!
(Esce disperata.)

RAMPHIS *(im unterirdischen Gewölbe)*
Radames, Radames, du hast dem Feind
die Geheimnisse des Vaterlandes offenbart . . .
PRIESTER Rechtfertige dich!
RAMPHIS Er schweigt . . .
ALLE Verräter!
RAMPHIS Radames, Radames, du bist am Vortag
der Schlacht vom Lager desertiert.
PRIESTER Rechtfertige dich!
RAMPHIS Er schweigt . . .
ALLE Verräter!
RAMPHIS Radames, Radames, du hast die Treue gebrochen,
du hast dem Vaterland, dem König, der Ehre den Eid gebrochen.
PRIESTER Rechtfertige dich!
RAMPHIS Er schweigt . . .
ALLE Verräter!
Radames, dein Los ist entschieden;
du wirst den Tod der Ehrlosen haben:
lebend eingeschlossen in der Gruft unter
dem Altar des erzürnten Gottes.
AMNERIS Er lebend . . . im Grab . . . Oh, die Ungeheuer!
Sie sind nie satt von Blut . . .
und sie nennen sich Diener des Himmels!
(die Priester anfahrend, die aus dem unterirdischen Gewölbe kommen)
Priester, ihr habt ein Verbrechen begangen . . .
ihr abscheulichen, blutdürstigen Tiger . . .
ihr schändet die Erde und den Himmel . . .
ihr bestraft den, der unschuldig ist.
PRIESTER Er ist ein Verräter! Er wird sterben!
AMNERIS *(zu Ramphis)*
Priester, du weißt es . . .
der Mann, den du tötest, wurde einst von mir geliebt.
Der Fluch meines zerrissenen Herzens
wird zusammen mit seinem Blut auf dich zurückfallen!
PRIESTER Er ist ein Verräter! Er wird sterben!
(gehen langsam ab)
AMNERIS Ruchlose Rasse! Seid verflucht! Die Rache
des Himmels wird über euch kommen!
(geht verzweifelt ab)

Scena seconda

La scena è divisa in due piani.
Il piano superiore rappresenta l'interno del tempio di Vulcano splendente d'oro e di luce; il piano inferiore un sotterraneo. Lunghe file d'arcate si perdono nell'oscurità. Statue colossali d'Osiride colle mani incrociate sostengono i pilastri della volta. (Radamès è nel sotterraneo sui gradini della scala, per cui è disceso. Al di sopra, due Sacerdoti intenti a chiudere la pietra del sotterraneo.)

[Scena e Duetto – Finale ultimo]

RADAMÈS La fatal pietra sovra me si chiuse . . .
Ecco la tomba mia. Del dì la luce
Più non vedrò . . . Non rivedrò più Aida . . .
Aida, ove sei tu? Possa tu almeno
Viver felice e la mia sorte orrenda
Sempre ignorar! – Qual gemito! . . . Una larva . . .
Una vision . . . No! forma umana è questa . . .
Cielo! . . . Aida!

AIDA Son io . . .
RADAMÈS *(nella massima disperazione)*
Tu . . . in questa tomba!
AIDA *(triste)*
Presago il core della tua condanna,
In questa tomba che per te s'apriva
Io penetrai furtiva . . .
E qui lontana da ogni umano sguardo
Nelle tue braccia desiai morire.
RADAMÈS Morir! sì pura e bella!
Morir per me d'amore . . .
Degli anni tuoi nel fiore
Fuggir la vita!
T'aveva il cielo per l'amor creata,
Ed io t'uccido per averti amata!
No, non morrai!
Troppo t'amai . . .
Troppo sei bella!
AIDA *(vaneggiando)*
Vedi? . . . di morte l'angelo
Radiante a noi s'appressa . . .

Zweite Szene

Die Bühne ist in zwei Stockwerke geteilt.
Im oberen das Innere des Vulkan-Tempels, glänzend von Gold und Licht, im unteren ein unterirdisches Gewölbe. Lange Bogengänge verlieren sich im Dunkel. Kolossalstatuen der Osiris mit gekreuzten Händen stützen die Säulen der Wölbung.
(Radames ist auf den Treppenstufen im unterirdischen Gewölbe. Über ihm sind zwei Priester dabei, den Eingang mit einem Stein zu verschließen.)

[Szene und Duett – Letztes Finale]

RADAMES Der verhängnisvolle Stein hat sich über mir geschlossen.
Das ist nun mein Grab. Ich werde das Licht
des Tages nie mehr sehen . . . ich werde Aida nie mehr wiedersehen.
Aida, wo bist du? Mögest du wenigstens
glücklich leben und mein furchtbares Los
nie erfahren! Welch Seufzer! . . . Ein Gespenst . . .
ein Traumbild . . . Nein! Das ist eine menschliche Gestalt . . .
Himmel! . . . Aida!

AIDA Ich bin es.

RADAMES *(in höchster Verzweiflung)*
Du . . . in diesem Grab!

AIDA *(traurig)*
Deine Verurteilung im Herzen ahnend,
bin ich heimlich in diese Gruft eingetreten,
die sich dir öffnete . . .
und hier weitweg von jedem Blick der Menschen
habe ich mir gewünscht, in deinen Armen zu sterben.

RADAMES Sterben! So rein und schön!
Aus Liebe zu mir sterben . . .
Das Leben in der Blüte
deiner Jahre zu fliehen!
Der Himmel hatte dich für die Liebe geschaffen,
und ich töte dich, weil ich dich liebte!
Nein, du wirst nicht sterben!
Zu sehr liebte ich dich! . . .
Zu schön bist du!

AIDA *(irreredend)*
Siehst du? . . . Der Engel des Todes
nähert sich uns strahlend.

Ne adduce a eterni gaudii
Sovra i suoi vanni d'ôr.
Già veggo il ciel dischiudersi . . .
Ivi ogni affanno cessa . . .
Ivi comincia l'estasi
D'un immortale amor.
(Canti e danze delle Sacerdotesse nel Tempio.)
Triste canto!

RADAMÈS Il tripudio
Dei Sacerdoti . . .

AIDA Il nostro inno di morte . . .

RADAMÈS *(cercando di smuovere la pietra del sotterraneo)*
Né le mie forti braccia
Smuovere ti potranno, o fatal pietra!

AIDA Invan! . . . tutto è finito
Sulla terra per noi . . .

RADAMÈS *(con desolata rassegnazione)*
È vero! È vero . . .
(Si avvicina ad Aida e la sorregge.)

AIDA E RADAMÈS
O terra, addio; addio, valle di pianti . . .
Sogno di gaudio che in dolor svanì . . .
A noi si schiude il ciel e l'alme erranti
Volano al raggio dell'eterno dì.
(Aida cade dolcemente fra le braccia di Radamès.)
(Amneris con abito di lutto appare nel tempio e va a postrarsi sulla pietra che chiude il sotterraneo.)

AMNERIS *(con voce soffocata dal pianto)*
Pace t'imploro – salma adorata . . .
Isi placata – ti schiuda il ciel!

Fine

Er führt uns auf seinen goldenen Flügeln
zu ewigen Freuden.
Ich sehe schon den Himmel sich öffnen . . .
dort endet jeder Schmerz . . .
dort beginnen die Wonnen
einer unsterblichen Liebe.
(Gesang und Tänze der Priesterinnen im Tempel)
Ein trauriger Gesang!

RADAMES Der Jubel
der Priester . . .

AIDA Unser Todeshymnus . . .

RADAMES *(versucht den Stein zu verrücken)*
Auch meine starken Arme
können dich nicht verrücken, verhängnisvoller Stein!

AIDA Umsonst! . . . Auf Erden
ist alles für uns beendet . . .

RADAMES *(mit trostloser Resignation)*
Es ist wahr! Es ist wahr . . .
(nähert sich Aida und stützt sie)

AIDA UND RADAMES
Leb wohl, o Erde! Leb wohl, Tal der Tränen . . .
Freudentraum, der in Schmerz verschwand . . .
Der Himmel öffnet sich uns, und unsere irrenden Seelen
fliegen zum Strahl des ewigen Lichtes.
(Aida sinkt sanft in die Arme von Radames.)
(Amneris erscheint im Trauergewand im Tempel und wirft sich auf den Stein, der das unterirdische Gewölbe verschließt.)

AMNERIS *(mit tränenerstickter Stimme)*
Frieden erflehe ich für dich, Geliebter . . .
Isis öffne dir versöhnt den Himmel!

Ende

Fotografie Verdis aus dem Jahre 1870, als er an seiner drittletzten Oper ‹Aida› arbeitete. Mit einer später (1876) hinzugesetzten Widmung an Maria Waldmann, die Amneris der Mailänder Erstaufführung und zahlreicher weiterer Aufführungen der Oper.

Dokumentation

I. Anlaß und Auftrag. Quellen und Urheber des Librettos

Die Entstehungsgeschichte von Giuseppe Verdis drittletzter Oper ‹Aida› war bis vor wenigen Jahren nicht restlos geklärt, obwohl Verdi zu der Zeit, als er ‹Aida› komponierte, schon zu den berühmtesten Opernkomponisten der Welt zählte und man praktisch jeden seiner Schritte mit großer öffentlicher Aufmerksamkeit verfolgte. Ein Grund für diese lange währenden Unklarheiten im Zusammenhang mit der Einrichtung des Textbuches dürfte die Geheimniskrämerei des Vermittlers Camille Du Locle gewesen sein, der Verdi lange Zeit über den Urheber des ersten Handlungsentwurfs im unklaren ließ, ja, ihn vermutlich sogar absichtlich täuschte, aus welchem Grund auch immer. Weitere Unklarheiten stiftete die Anzahl der verschiedenen Mitarbeiter am ‹Aida›-Textbuch: Mindestens sieben mehr oder weniger beteiligte Personen lassen sich nachweisen: 1. der ägyptische Vizekönig Ismail Pascha, der Verdi über Du Locle und seinen Operndirektor Paul Draneth Bey den Kompositionsauftrag erteilte und der, laut Du Locle, Mariette auch die Idee zum ‹Aida›-Stoff lieferte. 2. Der Ägyptologe Auguste Mariette, Chefarchäologe in den Diensten des Vizekönigs und erwiesenermaßen der Verfasser des ersten Handlungsentwurfs zu ‹Aida› in französischer Sprache, der 1870 in Alexandrien in einer Auflage von zehn Stück und in einem Umfang von 23 Seiten gedruckt wurde. 3. Der in Paris sitzende «Vermittler» Camille Du Locle, Sekretär der Pariser Oper, der Verdi im Mai 1870 den Entwurf Mariettes übergab und ihn gleichzeitig für den Kairoer Opernauftrag gewann. Ende Juni 1870 entwirft Du Locle in Sant'Agata unter Verdis Aufsicht ein erstes Szenarium der Oper in französischer Sprache. 4. u. 5. Vor dem Eintreffen Du Locles in Sant'Agata bereiten Verdi und seine Frau Giuseppina eigenhändig eine italienische Übersetzung des Entwurfs von Mariette vor, auf sieben Blättern beidseitig beschriebenem Briefpapier (die ersten beiden Akte in der Handschrift Verdis, die beiden letzten in der Handschrift Giuseppinas). 6. Auf der Grundlage des

Szenariums von Du Locle und unter der Anleitung von Verdi, der ständig Veränderungswünsche äußert, erstellt Antonio Ghislanzoni die eigentliche Versifizierung des Stoffes. 7. Im Jahre 1904 behauptet Mariettes Bruder Edouard, daß die Idee einer Oper, die im alten Ägypten spielt, ursprünglich von ihm selbst stamme und sein Bruder sie einfach gestohlen habe. Der ursprüngliche äußere Anlaß für den ‹Aida›-Kompositionsauftrag war ein ganz unmusikalischer, dafür aber hochpolitischer: die Eröffnung des Suezkanals im November 1869.

Mit diesem Ereignis beginnt auch der 1982 für eine Schallplattenproduktion verfaßte Aufsatz des englischen Musikschriftstellers und -kritikers Andrew Porter (geb. 1928), der den Quellen und Urhebern des ‹Aida›-Stoffes nachspürt. Die Übersetzung ist von Attila Csampai.

Andrew Porter

‹Aidas› geistige Väter und Bühnenvorfahren

Der Suezkanal wurde im November 1869, eingerahmt von Feierlichkeiten, eröffnet: eine Flotte von Schiffen, angeführt von der ‹Aigle› mit der Kaiserin Eugénie an Bord, passierte am 17. November zum erstenmal die neue Wasserstraße. Elf Tage zuvor hatte Kairo sein neues Opernhaus mit einer Aufführung von Verdis *‹Rigoletto›* eröffnet, sie wurde von Emanuele Muzio, einem früheren Schüler Verdis, geleitet. Zuvor war Verdi eingeladen worden, eine Hymne für die Eröffnungsfeier zu komponieren, jedoch er hatte dies abgelehnt «wegen meiner zahlreichen gegenwärtigen Tätigkeiten und weil es nicht meine Gewohnheit ist, *Gelegenheitsstücke* zu schreiben». Danach bat man Verdi eine Oper für die nächste Spielzeit in Kairo zu komponieren (nach eigenen Vorstellungen). Er sagte «nein» und wieder «nein»; und dann «vielleicht», als im Mai 1870 seine Phantasie nach der Lektüre eines Textentwurfs zu einer Oper über ein ägyptisches Thema angeregt worden war, den er für «gut gemacht, hervorragend vom szenischen Standpunkt und mit zwei, drei, wenn auch nicht ganz neuen, so doch gut gemachten Stellen» befand. Er sagte schließlich «ja», nachdem man den Bedingungen, die er gestellt hatte, bereitwillig zugestimmt hatte: 150 000 Francs (das Dreifache von dem, was er für seine letzte Oper, *‹Don Carlos›*, erhalten hatte), zahlbar an die Rothschild-Bank in Paris für die Bereitstellung der Partitur, aber nur für die Rechte in Ägypten allein; die Kairoer Aufführungen im Januar 1871 unter einem

Dirigenten seiner Wahl; und es bestand keine Pflicht für ihn, selbst nach Kairo zu fahren und die Proben zu überwachen; und sämtliche Rechte an der Oper blieben bei ihm.

Im April 1870, wenige Wochen zuvor, hatte der bedeutende Ägyptologe in den Diensten des ägyptischen Vizekönigs (oder Khedive), Auguste Mariette, ein 23 Seiten langes gedrucktes Exemplar eines *‹Aida›*-Szenariums, das er selbst verfaßt hatte, an Camille Du Locle, damals Sekretär des Direktors der Pariser Oper, geschickt. (In Kairo, erklärte er, sei das Drucken von Texten viel billiger als das Abschreiben-Lassen, so ließ er vier Exemplare drucken.) Der Vizekönig habe das Stück gelesen und für gut befunden und den Wunsch geäußert, daß Verdi es vertonen solle, führte Mariette weiter aus. Wenn Verdi ablehnen sollte, wäre Gounod mehr als willkommen; und falls auch Gounod sich weigern sollte, könnte man Wagner ansprechen, denn er «wäre in der Lage, etwas wirklich Großartiges» zu machen. Im Mai gab Du Locle das Szenarium an Verdi weiter mit der Anmerkung, daß er es vom Vizekönig erhalten habe, und er fügte auch Mariettes Brief mit der Wagner-Notiz bei. Verdi akzeptierte den Entwurf mit den weiter oben zitierten bekannten Worten und fuhr fort: «Aber von wem stammt er? Eine sehr erfahrene Hand spricht daraus, jemand, der das Schreiben gewöhnt ist, und jemand, der das Theater gut kennt.» Nicht ganz so ehrlich war die Antwort Du Locles: «Das ägyptische Libretto ist die Arbeit des Vizekönigs und des berühmten Archäologen Mariette Bey.» Verdi aber brachte seine Zweifel an der Autorschaft des Vizekönigs in seinen Briefen an Giulio Ricordi offen zum Ausdruck. Erst viel später, im Jahre 1891, als Mariettes Sohn die Copyrights am Text für sich reklamierte, schrieb Verdi an Du Locle (ähnlich unaufrichtig wie jener zuvor bzw. ganz spezielle Erinnerungslücken vorweisend, die er übrigens öfters hatte): «Ich bin völlig überrascht . . . und ich meine, auch ihr werdet Euch erinnern, daß Ihr selbst mir einige kleine bedruckte Seiten ohne jeglichen Autorenvermerk übersandt habt; Ihr sagtet mir, daß der Vizekönig gerne eine Oper über das Thema haben würde, weil es ein ägyptisches ist, und ich nahm an, daß der Autor jener Seiten der Khedive selber war. Alles, was ich über Mariette Bey wußte, war, daß er beauftragt war, sich um die Kostüme zu kümmern etc.» Einem Hinweis von Julian Budden* folgend, habe ich «*quattro* piccole paginette» in Verdis Originalwortlaut mit «*einige*

* *Julian Budden (geb. 1924), englischer Musikwissenschaftler und langjähriger Opernproduzent der BBC, einer der besten Verdi-Kenner außerhalb Italiens, veröffentlichte in den Jahren 1973 und 1978 ‹The Operas of Verdi› in 3 Bd.*

(anstatt *vier*) kleine Seiten» – eine in Italien übliche Bezeichnung – übersetzt. Da kein einziges Exemplar des Marietteschen Entwurfs mehr aufzutreiben war, nahm man Verdis «vier Seiten» lange Zeit für wörtlich, bis 1976 Jean Humbert in der Pariser Opernbibliothek doch noch eines aufstöberte, das sich als 23 Seiten lang herausstellte.

Wer hat nun den Hauptanteil am *‹Aida›*-Text? Das Kairo-Libretto vermerkt lediglich «Worte von A. Ghislanzoni», und die italienischen Textbücher sprechen alle von «Verse von A. Ghislanzoni», ohne Mariette oder Du Locle zu erwähnen. Dagegen sprechen die französischen Libretti von «Französische Worte von C. Du Locle und Ch. Nuitter», ohne Ghislanzoni zu nennen. Mariette erklärte: «*‹Aida›* ist im Ergebnis ein Produkt aus meiner Feder ... mit einem Wort, es entsprang meinem Gehirn.» Sein Szenarium wurde von Verdi und seiner Frau ins Italienische übersetzt (die ersten beiden Akte übersetzte Verdi, den dritten und vierten Akt seine Frau). Im Juni 1870, als Du Locle dann Sant'Agata besuchte, arbeitete er mit Verdi Mariettes Szenarium in einen umfangreichen Libretto-Entwurf um, der teils aus Dialogen, teils aus einer Art Inhaltsangabe bestand.

Später behauptete er, daß er «es in französisch ausgeschrieben habe, aber nicht nur das Szenarium, sondern *das ganze Werk, Nummer für Nummer, Wort für Wort*». Er hat stark übertrieben; die Skizzen, die er hinterließ, beweisen es. Einige Szenen sind lediglich skizziert, obwohl an einigen anderen Stellen seine französische Prosa den italienischen Versen der endgültigen Fassung ziemlich ähnlich ist. Der Entwurf bricht ab am Ende des dritten Aktes (und dann in einer Gestalt, die sich stark von der endgültigen Fassung unterscheidet). Der vierte Akt blieb in einer skizzierten Textfassung in Verdis Händen. Es ist klar, daß nach Du Locles Abreise Verdi das Libretto umarbeitete. Dann erst wurde es Antonio Ghislanzoni übersandt – dem Dichter, mit dem Verdi bereits an der Umarbeitung der *‹Forza›* [*‹Die Macht des Schicksals›*] zusammengearbeitet hatte und der der Herausgeber der Hauszeitschrift des Ricordi-Verlags, *La Gazzetta Musicale di Milano*, war, also Ricordis Haus-Librettist – damit er es in Verse setze.

‹Aida› hatte auch andere Vorfahren. 1904 veröffentlichte Edouard Mariette eine Denkschrift über seinen Bruder, in der er behauptete, daß die Idee einer Oper im alten Ägypten von ihm selbst stamme, sein Bruder Auguste habe sich von seinen, Edouards Skizzen, für ein Libretto mit dem Titel *‹La Fiancée du Nil›* anregen lassen und das ganze *‹Aida›*-Szenario bestehe aus «szenischen Verbindungen, die dem, was ich mir vorgestellt hatte, mehr oder weniger glichen», obwohl «meine beiden Liebenden sich in den Nil stürzten, anstatt so zu

Camille Du Locle (1832–1903), einflußreicher französischer Regisseur und Librettist, Autor der ersten Textfassung von ‹Don Carlos›, war wesentlich am Zustandekommen des ‹Aida›-Librettos wie des gesamten ‹Aida›-Projekts beteiligt. Er machte Verdi auf Mariettes ersten Handlungsentwurf der Oper aufmerksam und betätigte sich auch als Verfasser des ersten ‹Aida›-Szenariums.

sterben, wie es Romeo und Julia taten, in der Tiefe eines unterirdischen Verlieses» (vgl. Aidas Worte «Des Nils tiefste Gründe mögen mein Grab sein»). Verdi hatte also recht, wenn er die Handlung als «nicht ganz neu» bezeichnete. Amneris ist ein Nachfahr der Roxane in Racines *‹Bajazet›*, und sie überlistet Aida, ihre Liebe zu gestehen, genauso wie Racines Roxane Atalide überlistet. Die Zwangslage einer Heldin, die hin und her gerissen ist zwischen Liebe und Vaterlandspflicht ist natürlich ein alter Gemeinplatz des Operndramas: Rossinis *‹Mosé›* und sein *‹Maometto II›* sind nur zwei Beispiele unter vielen. Einige Autoren haben in Metastasios vielgespieltem ägyptischen Libretto *‹Nitteti›* von 1756 eine Quelle für *‹Aida›* gesehen, in dem eine ägyptische Prinzessin und eine gefangene Schönheit (die in Wirklichkeit eine Prinzessin ist) um die Liebe des Helden kämpfen. Dieser Held hat einen spektakulären triumphalen Auftritt mit Bühnenmusik, ägyptischen Truppen, äthiopischen Gefangenen, einem weißen Elefanten und mehreren Kamelen; und später zieht er den Tod durch lebendig Begraben-Werden der Ehe mit der ägyptischen Prinzessin vor. Nichtsdestoweniger findet der Leser von ‹*Nitteti*› keine notwendigen oder überzeugenden Zusammenhänge mit ‹*Aida*›. Metastasios Libretto hat ein Happy-end mit einer Doppelhochzeit. (Man kann sich vorstellen, wie er ‹*Aida*› beendet hätte: Radames würde sich als Amneris' lang vermißter Bruder herausstellen und würde, inmitten allgemeiner Freude, Aida heiraten, während Amneris Amonasro zum Mann bekommt.)

Einige andere Anleihen können kaum bestritten werden. Ghislanzoni muß einen Text offen auf seinem Tisch aufgeschlagen haben oder zumindest ganz frisch in seiner Erinnerung: Die ‹*Medea*› von Cesare della Valle, dem Herzog von Ventignano, dem Librettisten von Rossinis ‹*Maometto II*›. In jenem Stück gibt der Gebieter über Korinth einem Helden den Auftrag, seine bedrohte Stadt zu verteidigen und stellt ihm die Hand seiner Tochter als Preis in Aussicht. Die ersten Worte des Stückes lauten: «Alta cagion, fidi Corinti, al vostro Signor d'intorno oggi v'aduna.» («Ein wichtiger Grund, getreue Korinther, läßt euch heute vor eurem Herrn zusammenkommen.») Man vergleiche das mit den ersten Worten des Königs in ‹*Aida*›: «Alta cagion v'aduna, o fidi Egizii, al vostro Re d'intorno.» («Ein wichtiger Anlaß versammelt euch, treue Ägypter, um euren König.») Radames' «Abbandonar la patria, l'are de' nostri Dei» hört sich geradezu wie das Echo eines Verses in ‹*Medea*› an: «Abbandonar la, patria ed i paterni lari.» Und ein Zusammenstoß zwischen Medea und Glauce läßt auf den zwischen Amneris und Aida schließen. Auf der anderen Seite gibt es keinen Anlaß, eine *bewußte* Anleihe zu vermuten, wenn etwa die Cabaletta Amneris–Radames mit den gleichen Worten «Chi ti salva, o sciagurato» beginnt wie die Stretta im Finale des ersten Aktes von Verdis ‹*Stiffelio*›; oder wenn Radames in der Duett-Cabaletta der Nil-Szene singt «fuggiamo da queste mura» und damit wörtlich Gulnara zitiert, die Heldin von Verdis Frühwerk ‹*Il corsaro*›, und deren Duett-Cabaletta.

Der erste ‹Aida›-Entwurf von Auguste Mariette, den er selbst 1870 von Mourès in Alexandrien in einer Auflage von zehn Stück in französischer Sprache drucken ließ, galt lange Zeit als verschollen. Erst 1977 entdeckte der französische Musikologe Jean Humbert ein Exemplar und veröffentlichte den Text in der Revue de Musicologie, Bd. LXIII No. 1 (Paris 1977). Ein weiteres Exemplar, das sich 1980 in der Pariser Opernbibliothek fand, diente dann als Grundlage der ersten deutschsprachigen Übersetzung des «Aida-Programms», wie Verdi es nannte, die im Januar 1981 erstmals vollständig in den Programmheften der Frankfurter Oper erschien, anläßlich der Neuinszenierung von ‹Aida› durch Hans Neuenfels. Das außerordentlich wichtige Dokument gibt Aufschluß über den beträchtlichen Anteil Mariettes am ‹Aida›-Textbuch, der ja infolge späterer Äußerungen Verdis, die lange Zeit den einzigen Anhaltspunkt bildeten, allgemein unterschätzt wurde. Verdi hatte da, zwanzig Jahre nach der ‹Aida›-Premiere, in einem Brief an Camille Du Locle sich nur an «vier kleine Druckseiten» erinnern können, die er damals von Du Locle, und ohne den Urheber zu kennen, erhalten habe. Fest steht, daß der Entwurf Mariettes im Druck 23 Seiten Umfang hatte und daß Verdi diesen, noch vor dem Eintreffen Du Locles in Sant'Agata, Anfang Juni 1870 gemeinsam mit seiner Frau Giuseppina teilweise eigenhändig ins Italienische übertrug (vgl. Dokumentation des vorliegenden Bandes, S. 111, und Hans Busch: Verdi's Aida. The History of an Opera in Letters and Documents. Minneapolis 1978, S. 440 ff). An Hand von Mariettes Handlungsentwurf lassen sich nunmehr auch die Änderungen, die Verdi später daran vornahm, im Detail nachweisen, so zum Beispiel die Aufteilung des zweiten Aktes in zwei Bilder, und die Auskoppelung der Konfrontation zwischen Amneris und Aida in ein eigenes Bild, das in Amneris' Gemächern spielt.

Auguste Mariette

Der erste Entwurf zu ‹Aida›

Aida

Oper in vier Akten und sechs Bildern

Personen

Der König
Die Prinzessin Amneris, seine Tochter
Aida, äthiopische Sklavin und Dienerin der Prinzessin
Rhadames, Hauptmann der Wache
Amounasro, Vater Aidas und König von Äthiopien
Ramphis, Chef des Priesterkollegiums
Termouthis, Oberpriesterin des Vulkantempels
Ein Herold
Priester, Würdenträger, Soldaten, Volk

Die Handlung spielt an den Ufern des Nils zur Zeit der Herrschaft der Pharaonen

Erster Akt
Die Handlung spielt in Memphis

Erstes Bild

Die Bühne stellt einen Saal im Palast des Königs dar. Die Türen, die Fenster, die Wände, die Decken sind mit leuchtenden Malereien bedeckt. Rechts und links erstrecken sich Säulengänge geschmückt mit Statuen, blühenden Sträuchern und Möbeln, die im Stil der Zeit dekoriert sind. Der Saal ist nach hinten offen. In der Ferne nimmt man die Tempel, die Paläste und die Häuser von Memphis wahr. Am Horizont sieht man die Pyramiden.

Wenn sich der Vorhang öffnet, sind die Offiziere des Palastes versammelt und bereiten sich vor, beim König einzutreten. Man erkennt unter ihnen das Kollegium der Schriftgelehrten, die mit der inneren Verwaltung betraut sind, die Fächerträger, die ihre großen Fächer aus Pfauenfedern in Händen halten, die Soldaten der königlichen Palastwache, die Bannerträger mit den Wappen, gekrönt mit den königlichen Zeichen, die Generäle der Armee, die Hauptleute der Garde, die

Oberpriester mit kahlen Köpfen, in lange weiße Gewänder gekleidet, die mit scharlachroten Borten besetzt sind. Ramphis und Rhadames sind in der Menge verborgen.

In den letzten Takten des Chores, während sich der Zug schon fast in der linken Colonnade verloren hat, betritt Amneris die Bühne. Ein königlicher Blick von ihr hält Rhadames zurück. Die stolze und leidenschaftliche Prinzessin liebt den jungen Hauptmann aus ganzem Herzen. Ihren Rang, ihren Titel, allen Glanz, der sie umgibt, all das will sie dem schenken, den sie erwählt hat. Doch Rhadames antwortet ihr kühl und verbirgt nur mühsam seine Verwirrung. Noch will er nichts bekennen, doch seine Gedanken, sein Herz, seine Seele sind auf eine andere gerichtet. Für ihn liegt die Welt in den schönen Augen Aidas. Hundertmal schöner, hundertmal begehrenswerter als die Königstochter, hat die Sklavin ein Herz erobert, das nie einer anderen gehören wird als ihr. Die Kälte, die Rhadames ihr entgegenbringt, erregt in Amneris heftige Zweifel. Bestimmt macht eine Rivalin ihr das Herz Rhadames' streitig; doch wer ist es? Aida, eine äthiopische Sklavin, die kürzlich in die Hände der siegreichen Ägypter fiel, wird im Hintergrund der Bühne sichtbar. Ein flammender Blick von Rhadames, ein langer Seufzer Aidas drohen alles zu enthüllen. Eine Art von Instinkt verrät der Prinzessin, der Name ihrer Rivalin sei der der Sklavin hier vor ihren Augen.

Im Augenblick, da Amneris, Aida und Rhadames – jeder für sich – ihre Liebe, ihre Qualen, ihre Trauer und ihren Schmerz ausdrücken, erscheint ein Offizier aus dem Zimmer des Königs, um anzukündigen, daß seine Majestät hier im Saal einen Boten empfangen will, den der Gouverneur der ägyptischen Provinzen gesandt hat, die an der Grenze zu Äthiopien liegen.

Der König erscheint, voran seine Leibwache, ihm folgend der Hof. Ein Herold in Kriegsuniform wird hereingeführt. Er berichtet, die schwarzen Äthiopier hätten die Grenze überschritten, Dörfer niedergebrannt, Felder verwüstet und – angestachelt durch ihren Erfolg – sich in Richtung auf die Hauptstadt Ägyptens in Marsch gesetzt. Ein unbesiegbarer Feldherr, Amounasro, stehe an ihrer Spitze. Bei diesem Namen schwankt Aida und erbleicht. Dieser schreckliche Feind ist ihr Vater. Der König befiehlt, ein schneller Gegenschlag solle der Invasion ein Ende bereiten. Man müsse sich darauf besinnen, ruft er aus, daß der Ruhm und die Größe der Pharaonen ihre Namen bis in die fernsten Gegenden der Erde getragen habe! Man müsse sich auf die stets siegreichen Armeen besinnen, über die die großen Götter von Theben und Memphis jahrhundetelang ihre schützenden Hände gehalten hätten. Eine dieser Armeen soll gegen den wilden Amounasro marschieren. Rhadames, der junge Hauptmann ist vom Orakel erwählt und für eine große Karriere bestimmt worden und soll die Armee daher führen. Sofort soll sich Rhadames in den Tempel des Vulkans begeben und dort – nach den vorgeschriebenen Riten – seine Waffen segnen lassen und den Schutz des Allerhöchsten für Ägypten erflehen. Allgemeiner Chor. Der König begibt sich wieder in seinen Palast. Aida bleibt allein zurück und verleiht ihren Qualen Ausdruck, zerrissen von ihrer Liebe zu den beiden Heerführern, die sich auf dem Schlachtfeld begegnen werden. Ob sich der Sieg für ihren Vater entscheidet oder ob er die Anstrengungen ihres Geliebten krönt, wie immer auch der Ausgang des Kampfes sei, für die arme, von den Göttern verlassene Sklavin bleibt nichts als Schmerz und Tränen. Die Bühne verwandelt sich.

Zweites Bild

Das Innere des Vulkantempels zu Memphis. Die Bühne ist kaum erleuchtet durch das mystische Tageslicht, das von der Decke hereinfällt. Lange Säulengänge überschneiden sich und verlieren sich im Dunkel des Hintergrunds. Hier und da Götterstatuen. In der Mitte der Bühne erhebt sich auf teppichbedeckten Stufen der Altar, überragt von heiligen Zeichen. Weihrauch brennt in goldenen Dreifüßen.

Das Priesterkollegium ist versammelt. Ramphis, im großen Ornat, kniet auf den Stufen des Altars. Von weitem hört man den Klang von Harfen, der sich mit der Stimme der Priesterin des Tempels mischt. Rhadames wird erwartet. In schwerem, fast klagendem Ton rezitieren die Priester fromme Litaneien. Rhadames tritt herein. Er ist ohne Waffen. Während er zum Altar schreitet, vollführen die Priesterinnen zum Klang des Tympanum den heiligen Tanz. Der Kopf des jungen Hauptmanns wird mit einem Silberschleier bedeckt. Ramphis spricht die feierliche Formel der Anrufung. Der Gott, der alles sieht, der Gott, der nach seinem Willen das Schicksal der Reiche lenkt, möge Rhadames' Herz die Stärke und seinem Arm den Sieg verleihen. Rhadames erhebt sich, von Kraft erfüllt. Er ruft seinerseits die Götter an, die Ägypten zum Herrscher aller Nationen gemacht haben. Er möge Sieger werden über die schwarzen Äthiopier und Auslöscher der Feinde. Die religiösen Gesänge beginnen wieder. Wieder erklingen die Harfen aus der dunklen Tiefe. Unter dem gewaltigen Klang der Stimmen und der Instrumente umgürtet Ramphis Rhadames mit den Kriegswaffen.

Bronzebüste des berühmten Archäologen und Ägyptologen Auguste Mariette Bey (1821–81), der den ersten 23seitigen Handlungsentwurf zu ‹Aida› verfaßte und ihn 1870 in Alexandrien in einer Auflage von zehn Stück drucken ließ. Mariette, der bereits in den fünfziger Jahren eine Reihe von bedeutenden archäologischen Ausgrabungen in Ägypten geleitet hatte – so fand er u. a. den Serapis-Tempel und die Apis-Gräber in Memphis, später den Sphinx-Tempel und die Tempel und Gräber der Pharaonen in Gizeh, Abydos, Sakkara und Theben –, war einer der engsten Vertrauten und Berater des ägyptischen Vizekönigs Ismael Pascha. So schuf er auch für die Kairoer Uraufführung von ‹Aida› die Kostüme und Requisiten nach historischen Vorbildern.

Zweiter Akt
Die Handlung spielt in Theben

Die Bühne stellt eins der Stadttore dar. Vorne Gruppen von Palmen. Auf einer Estrade links vom Zuschauer ein Thron aus Purpur. Im Hintergrund ein Triumphbogen. Ganz im Hintergrund nimmt man die Säulen des großen Ammontempels wahr.

Das Volk ist versammelt. Es erwartet den König, der kommt, um den Einmarsch der Truppen zu sehen, die siegreich aus ihrem Feldzug gegen Äthiopien zurückkehren. Rhadames war tatsächlich der Sieger. Der Feind mußte seine ersten Angriffe mit einem hohen Blutzoll bezahlen. Amounasro ist verschwunden oder tot. Nichts fehlt am Triumph des jungen Helden. Die Prinzessin Amneris erscheint. Ihre Liebe zu Rhadames ist noch stärker geworden durch den Ruhm, den der Sieger über Amounasro erworben hat. Aber der bohrende Verdacht erfüllt erneut ihre Seele. Nicht sie ist es, die Rhadames liebt.

Zweifel und Eifersucht ergreifen so stark Besitz von ihr, daß sie beschließt, die zu vernichten, die sie als ihre hassenswerte Rivalin ansieht. Doch vorher will sie sich versichern, daß es Aida ist, die Rhadames vorzieht. Sie ruft die junge Sklavin herbei, spielt ihr großen Schmerz vor und läßt sie wissen, soeben sei ein Bote angekommen und habe die Nachricht vom Tod des Hauptmanns gebracht. Aida bricht in Tränen aus. Der Vater und der Geliebte sind tot. Für sie ist das Leben nur noch eine Strafe, und sie verbirgt die Gefühle, die sie bewegen, nur mit Mühe vor der Prinzessin. Nun gibt es keinen Zweifel mehr. Für Amneris ist es klar: Aida ist Rhadames' Geliebte. Aida muß sterben.

Der König betritt die Bühne. Er nimmt auf dem Thron links vom Zuschauer Platz. Lärm von Ferne signalisiert die Ankunft der Truppen.

Großer Marsch zum Geschmetter von Fanfaren. Fußtruppen aller Waffengattungen, Kriegswagen erscheinen nacheinander und ziehen durch den Triumphbogen in die Stadt ein. Rhadames wird auf einer Sänfte hereingebracht, die von 16 Offizieren getragen wird. Als er vor dem König anlangt, bleibt der ganze Zug stehen, und Rhadames steigt herab. Der König umarmt ihn und verleiht ihm den Titel «Retter des Vaterlandes, Sieger der Sieger». Er befiehlt, zur Feier des Sieges solle ein Fest stattfinden. Die Soldaten stellen sich zusammen mit dem Volk an den verschiedenen Seiten der Bühne auf. Der König besteigt wieder seinen Thron. Tänzer im großen ägyptischen Kostüm zeigen vor den entzückten Zuschauern ihre Tänze. Nach Ende des Balletts ertönen von neuem die Trompeten, und bald sind die letzten hinter dem Triumphbogen verschwunden.

Der König bleibt mit Amneris und ihrem Gefolge, in dem sich auch Aida befindet, allein zurück. Auf seinen Befehl führen Soldaten die Gefangenen herbei, die während der Kämpfe gemacht wurden. Unter ihnen ist Amounasro, verborgen im Gewand eines einfachen Offiziers seiner Truppe. Kaum hat Aida ihn erblickt, als sie einen Schrei ausstößt. O allmächtiger König, ruft sie aus, mögen die Götter Euer Herz der Milde öffnen; der, der hier als gefesselter Sklave vor Euch steht, ist mein Vater! Doch in dem Augenblick, da sie entdecken will, daß ihr Vater der gefürchtete Amounasro sei, unterbricht er sie und weist sie darauf hin, er habe sich in diesem einfachen Offiziersgewand versteckt, um auf diese Weise besser den Rachefeldzug zu sichern, den er plane. Überwältigt von Aidas Bitten, erläßt der König den Gefangenen die Todesstrafe, und die besiegten Äthiopier nehmen ihren Platz unter den Sklaven ein, die der Palastgarde zugeteilt sind.

Dritter Akt
Die Handlung spielt in Theben

Die Bühne stellt einen Garten des Palastes dar. Auf der linken Seite schräg die Fassade eines Pavillons. Der Nil ist im Hintergrund der Bühne. Am Horizont die libysche Bergkette, von der untergehenden Sonne hell bestrahlt. Statuen, Palmen, tropische Sträucher.

Beim Aufgehen des Vorhangs ist Aida allein. Mehr als je zuvor ist ihr Herz erfüllt von Erinnerungen an Rhadames. Die Bäume, das Wasser des heiligen Flusses, in dem er seine Füße badete, die fernen Berge, in denen die Gebeine der Vorfahren dessen, den sie liebt, seit Jahrhunderten ruhen, alles nimmt sie als Zeugen seiner Standhaftigkeit und Treue. Rhadames wird kommen. Sie erwartet ihn. Möge Isis, die Schutzgöttin der Liebenden, ihn zu der Frau führen, die nichts anderes will, als ihm anzugehören.

Aber es ist nicht Rhadames, der kommt. Eine Tür des Pavillons zur Linken öffnet sich, und die dunkle Gestalt Amounasros erscheint. Der besiegte König ist in Sklavenkleidung, die seine rauhen Gesichtszüge und seine wilde Gangart nur noch deutlicher hervortreten läßt. Er trägt den geflochtenen Bart der Äthiopier; seine nach hinten gekämmten schwarzen Haare sind über der Stirn von einem roten Band zusammengehalten. Er entdeckt seiner Tochter, daß Äthiopien sich zu einer neuen Revolte erhebe und daß Rhadames wiederum gegen das Vaterland marschieren soll. In einer bewegenden Rede ruft er ihr das Heimatland, die trauernde Mutter, die heiligen Bilder der Götter und der Ahnen in Erinnerung. Doch dem Scharfblick des Vaters ist die Liebe nicht entgangen, die der junge Rhadames Aida entgegenbringt. Diese Liebe soll Aida nutzen, um von Rhadames den geheimen Marschweg der ägyptischen Truppen zu erfahren. Im Gewirr des Kampfes wollen Aida und er fliehen; Rhadames soll während der Schlacht gefangen und als Sklave nach Äthiopien gebracht werden, wo ewige Bande ihnen für immer ein gemeinsames Glück garantieren sollen. Besiegt durch das Flehen des Vaters, durch die Erinnerung an ihre Kindheit, durch die Freude, den zu besitzen, den sie liebt, fern eines Landes, in dem sie nur zu lange die Qual der Sklaverei ertragen mußte, willigt Aida ein. Die folgende Szene zeigt uns Rhadames und Aida. Aida droht und bittet abwechselnd. Sie fasziniert ihren Geliebten, reißt ihn hin, bezwingt ihn. Von Liebe überwältigt, wirft Rhadames sich ihr zu Füßen. Nicht das Vaterland, die Welt nicht, nicht die heiligen Eide, die ihn binden, sind so wertvoll wie ein Blick, ein Lächeln von ihr. Vergebens beschwört sie die Ehre. Er verleugnet seinen König, er verleugnet seinen geschworenen Glauben, und als Gegengabe erbittet er von den Göttern nur die Liebe derjenigen, um derentwillen er sterben will.

Amounasro erscheint. Bei seinem Anblick erwacht in Rhadames' Herz das Gefühl der Schuld. Er zittert, er zögert, er wird wankelmütig. Aida blickt ihn mit ihren schönen Augen flehend an. Es ist um ihn geschehen. In der Nähe von Napata sind dunkle Schluchten, beherrscht von undurchdringlichen Wäldern. Auf diesem Weg wird die ägyptische Armee marschieren. Dort könne die äthiopische Armee leicht einen Hinterhalt legen und die Ägypter vernichten. Kaum haben Amounasro, Aida und Rhadames die Bühne verlassen, als die Prinzessin Amneris, bleich und zitternd, aus einem Gebüsch hervortritt, das sie bis jetzt den Blicken verborgen hatte. Sie hat alles gehört. Schreckliche Rache liegt jetzt in ihrer Hand. Aida soll sterben und mit ihr der ungetreue Hauptmann, der die Liebe einer Prinzessin verachtet hat.

Vierter Akt
Die Handlung spielt in Memphis

Erstes Bild

Die Bühne stellt einen Saal im Palast des Königs dar. Rechts führt eine niedrige Tür in den Raum der Urteile. Im Hintergrund ein erhöhter Stuhl, zu dem man über zwei Treppen gelangt. Vor dem Stuhl stehen auf Granitsockeln zwei Bronzestatuen, die eine stellt die Gerechtigkeit dar, die andere die Wahrheit.

Die Beamten des Königshauses sprechen miteinander. Der König hat durch Amneris von Rhadames' Verrat erfahren und ist selbst gegen die aufständischen Äthiopier marschiert. Die Götter waren den ägyptischen Waffen noch einmal günstig, und der König wird als Sieger in seinen Palast zurückkehren. Amounasro und Aida sind beide bei Ausbruch des Krieges geflohen. Während Amounasro in der Schlacht getötet wurde, ist keine Kunde gekommen vom Schicksal seiner Tochter. Was Rhadames betrifft, so erwartet er im Gefängnis die Strafe für seinen Verrat.

Die Höflinge ziehen sich zurück. Amneris tritt auf. Ihre Liebe zu Rhadames ist trotz des Verrats nicht geringer geworden. Eine unbekannte Verwirrung regt sich mehr und mehr in ihrem Herzen. Wenn Rhadames käme! Wenn er bereit wäre, vor der Richterversammlung seinem Verbrechen abzuschwören, würde sie versuchen den König zu überreden, um seine Begnadigung zu erreichen. Auf Befehl der Prinzessin wird Rhadames herbeigeführt. Doch das Flehen Amneris', ihr Drohen sind vergebens. Rhadames zerreißt den Schleier. Es ist Aida, die er liebt. Um Aidas willen stirbt er glücklich. Möge sich die Wut der Götter entladen, schreit Amneris, und das Gericht der Menschen seinen Lauf nehmen.

Die Priester und die Richter mit Ramphis an der Spitze, ziehen im Hintergrund der Bühne vorbei und verschwinden durch die niedrige Tür rechts vom Zuschauer. Die Soldaten fesseln Rhadames und führen ihn ab.

Amneris erwartet mit Angst den Ausgang des Prozesses. Bald erscheint der Gerichtshof wieder. Feierlich nehmen die Richter und die Priester ihre Plätze auf beiden Seiten der Bühne ein. Ramphis nimmt oben auf dem Stuhl Platz, ein goldenes Zepter in der Hand haltend. Rhadames wird herbeigeführt. Ramphis spricht das Verdammungsurteil. Verräter an König und Vaterland, Verräter an seinen Eiden, soll Rhadames den Tod der Verdammten sterben. Auf Geheiß der erzürnten Götter lautet die gerechte Strafe: er soll lebendig im Keller des Vulkantempels begraben werden. Die Bühne verwandelt sich.

Zweites Bild

Die Bühne stellt einen Keller dar. Lange Gewölbe verlieren sich im Dunkel des Hintergrundes. Links und rechts erkennt man mühsam die Eingänge dunkler Gänge, Kolossalstatuen des Osiris mit über der

Brust gekreuzten Händen befinden sich an Pfeilern, die die Decke tragen.

Rhadames ist allein. Der unglückselige Stein ist über ihm geschlossen worden, und er erwartet den Tod wie eine Erlösung von seinem Elend. Mitten in seinem Schmerz durchzieht das Bild Aidas sein Herz. Der Schrecken, der Hunger, der schauerliche Ort lassen in dem bereits kranken Hirn Rhadames eine seltsame Vision erscheinen. Er glaubt ein leises Geräusch zu hören, eine Gestalt zu sehen, die sich im Schatten bewegt. Aus der Tiefe eines der Gänge scheint Aida aufzutauchen, bleich und halb sterbend. Ist es ein Traum? Nein! Im Moment, da seine Hand die Hand Aidas berührt, verschwindet die Vision, und es ist wirklich die Geliebte, die Rhadames an sein Herz drückt. Getrieben durch den schrecklichen Tod, der den jungen Soldaten erwartet, ist Aida gekommen und hat sich in dem Keller versteckt, und seit vier Tagen schon wartet sie auf den glücklichen Augenblick, mit dem Geliebten zu sterben, fern von allen Blicken der Menschen. Schreie, Tränen und Schmerz bei Rhadames. Die beiden Liebenden sterben, sie sehen den Himmel sich öffnen, und ein ewiges Glück beginnt für sie. Im Augenblick, da Aida sich sterbend auf einen Stein fallen läßt, hört man verwirrenderweise die Gebete der Priester, den Klang der Harfen, den Tanz der Priesterinnen zum lauten Schlag des Tympanum. Es ist der Gottesdienst, der wie im ersten Akt in der Halle des Tempels oben zelebriert wird. Während man die dumpfen Echos der Priestergesänge hört, sagt Aida ihr letztes Lebewohl zu Rhadames, und bald hört auch das Herz des jungen Hauptmanns zu schlagen auf, an das er die schon kalte Hand derjenigen führt, die er mehr geliebt hat als sein Glück und sein Leben.

In demselben Jahr 1977, als er ein von ihm wiederentdecktes Exemplar von Auguste Mariettes erstem Handlungsentwurf zu ‹Aida› in der Revue de Musicologie veröffentlichte, schrieb Jean Humbert für die französische Opern-Reihe ‹l'Avant-Scène› einen historisch-kritischen Beitrag über die verworrene Vorgeschichte des ‹Aida›-Librettos, wobei er die verschiedenen Grundkomponenten des Stoffes und der Oper getrennt auf ihren «ägyptischen Gehalt» hin untersuchte, also erstens die wissenschaftlich-archäologischen Aspekte des Stoffes, zweitens die bildhafte musikalische Sprache Verdis und drittens die «Ägyptomanie» der Szenerie.

Jean Humbert

‹Aida› zwischen Ägyptologie und Ägyptomanie

Als der Ägyptologe Auguste Mariette am 8. Juni 1869 seinem Bruder Eduard schrieb, er habe soeben eine Oper zu Ende gebracht[1], war das als Neuigkeit eines weltbekannten Wissenschaftlers etwas Überraschendes. Doch war der Entdecker des Serapheums von Memphis einer jener universellen Geister, die fähig waren, in allen Domänen von Kunst und Wissenschaft zu reüssieren. Lange vor seinem Aufbruch nach Ägypten hatte er sich bereits zwischen 1841 und 1847 in seinem Heimatort Boulogne-sur-Mer durch Feuilletons und kritische Studien als Journalist einen Namen gemacht.

Das erklärt die Leichtigkeit der Schreibweise des Szenarios der *‹Aida›*[2], das Verdi derart begeisterte, daß er akzeptierte, es in Musik zu setzen.

Als ehemaliger Professor für Zeichnen übernahm Mariette auch die Gestaltung der Kostüme[3] und beaufsichtigte in Paris die Realisierung

1 Siehe: Edouard Mariette: Mariette Pacha, lettres et souvenirs personnels, Paris 1904, S. 79.

2 In 10 Exemplaren von Mourès in Alexandrien 1870 gedruckt. (Siehe: Arthur Rhone: Auguste Mariette, esquisse de sa vie et de ses travaux en Egyptes. In: Gazette des Beaux Arts, Bd. XXIV, 1881, S. 263.) Dieses «Programm», wie es Verdi nannte, galt bisher als verschollen; ein von mir kürzlich gefundenes Exemplar ist in der Revue de Musicologie, Bd. LXIII, No. 1, Paris 1977, veröffentlicht worden.

3 Siehe: Ausstellungskatalog der Ausstellung «Mariette Pacha», Musée Municipal de Boulogne-sur-Mer, Oktober 1971–April 1972, S. 25. Die Bibliothek der Opéra in Paris besitzt 24 seiner Original-Aquarelle für die Kostüme der Aida, die bei Saleh Abdoun:

der Dekorationen. Nichtsdestoweniger wären das Thema selbst und die Idee seiner Realisierung ihm nicht in den Kopf gekommen, wenn nicht das Frankreich des letzten Drittels des 19. Jahrhunderts Erbe einer bereits alten ägyptisierenden Tradition gewesen wäre: Seit dem 16. Jahrhundert, aber vor allem während der Herrschaft Ludwigs XVI., der Revolutionszeit und des Empire war die Kunst des Alten Ägypten – insbesondere in der Mode – das Objekt einer wahrhaften Renaissance, die man mit dem Begriff «Ägyptomanie» benannte[4]; andeutungsweise war sie, in der Ausschmückung von Architekturdekor und Mobiliar, auch eines der zentralen Momente von Mozarts ‹*Zauberflöte*›[5].

Obwohl die direkte Wirkung der Entdeckungen Champollions etwas abgeklungen waren, lebte die Ägyptomanie und all der ihr anhaftende Symbolismus nach wie vor im Bewußtsein der Öffentlichkeit, und Mariette selbst realisierte anläßlich der Weltausstellung von 1867[6] Konstruktionen *à l'égyptienne*: die Sphinx-Allee, Mammisi von Denderah waren beeits als Dekorationen angelegt, und man brauchte nur noch Schauspieler an die richtige Stelle bringen und sich bewegen zu lassen.

‹*Aida*› ist so gesehen aus der Verbindung dreier Komponenten geboren, die von der ersten Aufführung an einen Erfolg garantierten, der nun nach mehr als einem Jahrhundert nicht schwächer geworden ist: die wissenschaftliche Ägyptologie des Szenario, die bildhafte Musik Verdis und die szenische Ägyptomanie, die sich bemühte, das gesamte Alte Ägypten durch Dekor und Kostüme wieder zu erschaffen und zu beleben.

Genesi dell'Aida, Quaderni dell'istituto di studi Verdiani Nr. 4, 1971, Tafeln 16–39 abgebildet sind.

4 Die Ägyptomanie betreffend siehe: Jean Humbert: Les Obélisques de Paris, projets et réalisations. In: Revue de l'Art, Nr. 23, Paris 1974, S. 9–29; und für ‹*Aida*› siehe: Siegfried Morenz, Die Begegnung Europas mit Äypten, Zürich 1969, S. 155–156.

5 Siehe: Siegfried Morenz: Die Zauberflöte, eine Studie zum Lebenszusammenhang Ägypten–Antike–Abendland, Münster 1952; Jurgis Baltrusaitis: Essai sur la légende d'un mythe, la Quête d'Isis. Introduction à l'égyptomanie, Paris 1967.

6 Abgebildet bei Jean Humbert: Les Monuments égyptiens et égyptisants de Paris. In: Bulletin de la Société Française d'Égyptologie, Nr. 62, Paris, Oktober 1971, S. 25. Die Sphinxen wurden nach Marly-le-Roi, in den Besitz von Victorien Sardou überführt, wo sie auch heute noch zu sehen sind, siehe: Patrice Boussel: Guide de l'Ile-de-France mystérieuse, Paris 1969, S. 570.

Ismail Pascha (1830–95) wurde 1863 ägyptischer Vizekönig (oder: Khedive). Der in Paris erzogene, westlich orientierte Khedive wollte das rückständige Ägypten, so schnell es ging, europäisieren. So ließ er in wenigen Jahren Eisenbahnlinien, Straßenbeleuchtung, Telegrafennetze errichten, führte politische und soziale Reformen durch, ermutigte Lesseps zum Bau des Suezkanals und errichtete 1869 das erste (und bislang einzige) Opernhaus auf afrikanischem Boden. Er gab Verdi den Auftrag zur Komposition von ‹Aida› und bezahlte dafür die horrende Summe von 150 000 Francs.

Die ägyptologischen Fundamente des Szenario des Mariette

Da bereits zahlreiche gelehrte Studien veröffentlicht worden waren, hielt Mariette es nicht für notwendig, im Original-Szenario der ‹*Aida*› Details wie die der Staatsorganisation, der Religion oder des alltäglichen Lebens der alten Ägypter zu präzisieren; auch, wenn er darin Monumente, Dekors, Statuen, Möbel und Kostüme häufig mit minutiöser Genauigkeit beschreibt, läßt er den Leser weitgehend über Ort und Zeit der Handlung in Ungewißheit: «Die Handlung spielt an den Ufern des Nils, zur Zeit der Herrschaft der Pharaonen», so schreibt er einfach auf der ersten Seite.

Wir werden versuchen herauszufinden, ob es möglich ist, eine präzisere Datierung auszumachen.

Es ist klar, daß es schwierig ist, da, wo Fiktion und Geschichte gleichberechtigt nebeneinander stehen, möglichst genau zu sein; jedoch scheint es, daß Mariette eher an Ramses III. als an Ramses II. gedacht hat, als er sein Szenario schrieb. In der Tat sind die dokumentarischen Elemente, die der Ägyptologe benutzt hat, in erster Linie der Regierungszeit dieses Pharao (XX. Dynastie – 1198 bis 1166 v. Chr.) entliehen. Als letzter großer König des Neuen Reiches reorganisierte er besonders die Verwaltung und schuf die Klasse der Palast-Funktionäre, von denen Mariette in der Präambel des ersten Bildes des ersten Aktes spricht. Wie seine Vorgänger, hatte auch er gegen die Völker des aufständischen Südens zu kämpfen.[7] Amonasro wäre ein ferner Abkomme der schwarzen Könige, die Nubien während der zweiten Zwischen-Periode regierten, und sich unter Ahmosis und seinen Nachfolgern in unablässiger Rebellion befanden.

Trotzdem wurden sie unterworfen und ägyptisiert. Seit Thoutmosis III. markiert Nàpata auf der Höhe des vierten Kataraktes die Grenze der südlichen Ausdehnung Ägyptens. Dies ist die Gegend, durch die Radames seine Soldaten ziehen lassen will. Auch Ramses III. hatte, um allen Eventualitäten zu begegnen, die Armee reorganisiert; jene Armee, die der Pharao der Oper im zweiten Akt mit sichtlicher Befriedigung an sich vorbeiziehen läßt.

Endlich waren die letzten Tage der Regierungszeit Ramses' III. durch einen Verschwörer-Prozeß gekennzeichnet, der Mariette hätte zur Verurteilung Radames' im letzten Akt inspirieren können.

Das Szenario ist nicht das einzige Hilfsmittel unseres Versuchs chro-

7 Siehe: Auguste Mariette Bey: Les listes géographiques des pylônes de Karnak, Kairo 1875.

Fotografie des Opernhauses zu Kairo aus dem Jahre 1971, kurz bevor das 102 Jahre alte erste Opernhaus Afrikas einem Brand zum Opfer fiel. Mit einer Kapazität von 850 Sitzplätzen hatte das Haus am 6. November 1869 – in Verbindung mit der Eröffnung des Suezkanals – mit Verdis ‹Rigoletto› seinen Spielbetrieb aufgenommen. Die Uraufführung von ‹Aida› fand hier am 24. Dezember 1871 statt. Verdi hat das Haus nie betreten.

nologischer Präzisierung: Während der Vorbereitungszeit der Oper 1871 hatte der Khediv Ismail Pascha die zwei Musikkritiker Ernest Reyer und Filippo Filippi nach Kairo eingeladen. Mariette, der beauftragt war, sie zu empfangen, versorgte sie mit Hinweisen, die man in ihren Schriften wiederfinden kann. Beide sprechen sie, wenn sie das Militärdefilé des zweiten Aktes beschreiben, von Shardanes, die die Ehrengarde des Königs formieren sollten – etwas, das von der Regierungszeit Ramses' III. überliefert ist –, und vermerken, daß die Kostüme aus dem Grab eben jenes Pharao kopiert wurden.[8]

8 Siehe: Ernest Reyer: Notes de Musique, Paris 1875, S. 197, und Filippo Filippi: Musica e Musicisti, Mailand 1876, S. 371.

Auch Verdi erwähnt – vielleicht veranlaßt durch Bemerkungen des Mariette – Ramses III. in einem Brief an Giulio Ricordi.[9]

Was die Eigennamen betrifft, so können diese nicht Objekt irgendeiner Zuschreibung sein. Obwohl es natürlich immer möglich sein wird, zu einem Namen einen ähnlich klingenden zu finden – wie beispielsweise zu Amneris «Amneritis»[10] (Mariette hatte von der äthiopischen Königin in Karnak[11] eine Statue gefunden). So wird das Unternehmen, absolute Entsprechungen für die Figuren der Oper in der ägyptischen Antike zu finden, zum Scheitern verurteilt sein.[12] Da nun tatsächlich das Ensemble der Namen durch die Imagination Mariettes geschaffen wurde und seine große sprachliche Gewandtheit im Ägyptischen, die ihn leicht gleichklingende Namensschöpfungen finden ließ.

Verglichen mit den geschichtlichen Überlieferungen, nehmen Religion und Priester im Handlungsablauf einen geringen Platz ein. Die Eingangsszene zwischen Ramfis und Radames existiert nicht im Szenario Mariettes.

Nun war nach gängiger Praxis die Befragung des Orakels unter die Verantwortung des Klerus gestellt.

Und es ist auch Ramfis, und nicht die Göttin Isis, der Radames erwählt, und ihn im Tempel des Vulkans in Memphis empfängt.

Tempel des Vulkans – diese römische Bezeichnung des Haupttempels der alten Hauptstadt von Unterägypten – in einem ägyptischen Szenario mag verwundern. Doch handelt es sich um den Tempel des Ptah, der am stärksten verehrten Gottheit von Memphis, «der Bildhauer der Bildhauer», der «Töpfer der Töpfer», den man mit dem Hephaistos der Griechen und dem Vulcanus der Römer verglichen hat.[13] Er wird zunächst namentlich angerufen in den Litaneien der zweiten Szene des ersten Akts, und anläßlich der Übergabe des heiligen Schwerts an Radames, Symbol der Befehlsgewalt und direkten Vermittlung zwischen dem General und dem Gott Ptah, dem eigentlichen Führer der Armee.

In der zweiten Szene des vierten Aktes wird sein Name erneut

9 Siehe: F. Abbiati: Giuseppe Verdi, Mailand 1959, Bd. III, S. 379. (. . .)

10 Siehe: Auguste Mariette: Quatre pages des Archives officielles d'Ethiopie. In: Revue Archéologique, Bd. IX., September 1865, S. 168.

11 Siehe: Paul Pierret: Catalogue de la Salle Historique de la Galerie égyptienne (Musée du Louvre), Paris 1882, S. 174.

12 Siehe hierzu: Dolzani, a. a. O., S. 154 ff.

13 Siehe: Auguste Mariette: Identification des dieux d'Hérodote avec les dieux égyptiens. In: Revue Archéologique, Paris 1885, S. 344.

skandiert, wenn Aida und Radames sich darauf vorbereiten, jeder in den Armen des anderen zu sterben.

Eine andere Szene von klassischer Konzeption ist der Triumphmarsch des Radames durch die Pforten von Theben, der «Hauptstadt mit den hundert Toren». Eigentlich hatte es sich nur um eine «routinemäßige Strafexpedition» gehandelt, so daß man sich fragen muß, ob derartige Entfaltung von Pracht – historisch gesehen – in bezug auf die wahre Bedeutung des Anlasses nicht doch unangemessen ist.

Aber darauf zu verzichten, hätte bedeutet, der Oper eine der spektakulärsten Szenen zu nehmen . . .

Was Amneris betrifft, so hofft sie auf Radames' siegreiche Heimkehr; zum bedeutenden General geworden, würde einer Hochzeit nichts mehr im Wege stehen. Solche Hochzeiten von Frauen, die eine Krone erben sollten, sind überliefert.

Betrachtet man sich den Charakter der Amneris, so drängt sich unvermittelt die Gestalt von Königin Hatchepsout auf, deren Heirat unter ähnlichen Umständen stattfand.

Endlich, und das ist sicherlich eines der Elemente, die Verdi berühren mußten, läßt Mariette in seinem Text mit Kunst und Präzision jene farbige Miniatur-Welt bis ins kleinste Detail wieder aufleben: «Beim Aufgehen des Vorhangs sind die Offiziere des Palastes versammelt und bereiten sich vor, beim König einzutreten.

Unter ihnen bemerkt man das Kollegium der mit dem Innendienst beauftragten Schreiber, die Fächerträger mit Fächern aus langen Straußenfedern, Insignien-Träger mit Wappenschildern, die von königlichen Kartouschen gekrönt sind, die Generäle, die die Kriegswagen befehlen, die Kapitäne der Garde, die Hohen Priester, mit kahlgeschorenem Kopf und in lange weiße Gewänder gehüllt, die von scharlachroten Fransen gesäumt sind . . .»[14]

Eine solche Beschreibung hatte etwas Begeisterndes für Verdi, und so war es eine seiner ersten Vorarbeiten, den Text Mariettes mit Hilfe seiner Frau Giuseppina Strepponi zu übersetzen.[15]

Doch sehr bald schon leiteten den Meister von Busseto die Notwendigkeiten der musikalischen Einrichtung des Szenarios, seine natürliche Neugierde und hohe intellektuelle Redlichkeit dazu, die wissenschaftlichen Informationen, die sich in Mariettes «Programm» befanden, zu vervollständigen.

14 Auguste Mariette: Aida, Alexandria 1870, S. 5 f.

15 Siehe: Alessandro Luzio: Come fu composta l'Aida. In: Nuova Antologia, Heft 1511, 1. März 1935, S. 210 u. 215 f.

Verdis Recherchen und ihr Zielpunkt

Als Verdi das Sujet der *‹Aida›* übernahm, war für ihn die Versuchung, nicht nur das Alltagsleben der alten Ägypter, sondern auch ihre Musik, ihre Instrumente, ihre Tänze zu rekonstruieren, gleichermaßen groß. Die Oper schien sich viel von diesen Dingen leihen zu müssen; jedoch mußte der Musiker sehr schnell begreifen, daß er sich hinsichtlich seines Sujets, das er nur schlecht kannte, vor großen Dokumentationslücken befand.

Das zwang ihn, Spezialisten zu befragen, und vor allen anderen Mariette. Camille Du Locle, der als Vermittler diente, sandte ihm etwa Auskünfte dieser Art:

«Über den heiligen Tanz der Ägypter. Dieser Tanz wurde in langen Roben und langsamen, feierlichen Rhythmen ausgeführt. Die Musik, die ihn begleitete, war wahrscheinlich eine Art Kirchengesang, sehr tief gesungen, mit einem sehr hohen Gesang von jungen Soprani (männlich) darüber. Die Instrumente, die die Tänze begleiteten, waren 24saitige Harfen, doppelte Flöten, Trompeten, Hackbrett oder kleine Trommeln, riesige Castagnetten (Schellen) und Schallbecken.»[16]

Ihm in einem Brief vom 15. Juli 1870 aus Sant'Agata dankend, bittet Verdi um weitere Informationen über die Priesterinnen der Isis und anderer Gottheiten (da er gelesen hatte, daß das Priesteramt nur den Männern vorbehalten gewesen sei[17] und wie hoch die Zahl derer sein könne, ohne genau zu werden). Mariette selbst antwortete ihm bald darauf zu diesem letzten Punkt: «Wie hoch die Zahl auch immer sein wird, Sie werden sich immer im Bereich der Wahrscheinlichkeit befinden.»[18] Verdi schreibt also nach dem 28. August an Ghislanzoni, daß er soviel Priesterinnen vorsehen könne, wie er wünsche, und daß selbst in der Weiheszene des ersten Akts noch einige dazukommen könnten.[19] Verdi war nicht zufrieden mit den Präzisierungen, die ihm Du Locle und Mariette hatten zukommen lassen. Deshalb bat er Giulio Ricordi, für ihn weitere Recherchen anzustellen. Er würde gerne wissen, ob der Götterkult allein den Männern vorbehalten war, ob es vielleicht Ver-

16 Brief Du Locles an Verdi vom 9. Juli 1870, in Luzio, a. a. O., S. 212, n. 1.

17 Siehe Alessandro Luzio: Come fu composta l'Aida. In: Carteggi Verdiani, Bd. IV, Rom 1947, S. 15, und Jacques-Gabriel Prod'homme: Lettres inédites de G. Verdi à Camille Du Locle. In: La Revue Musicale, 10. Jahrgang, Nr. 5, März 1929, S. 112.

18 Siehe Michel Boctor: Le Centenaire de l'opéra Aida, 1871–1971, Alexandria 1972, S. 19.

19 Edgar Istel: A genetic study of the Aida Libretto. In: The Musical Quarterly, Bd. III., Nr. 1, Januar 1917, S. 36 u. 40.

Der Zuschauerraum des Opernhauses in Kairo, in dem die Uraufführung von Verdis ‹Aida› stattfand.

wechslungen geben könnte hinsichtlich des alten Äthiopien und alten Abessinien, welcher Ramses nun der «König» des Szenario wäre, wie die Mess-Opfer der Isis zelebriert wurden, zu welchem Zeitpunkt die wichtigsten Tempel Ägyptens errichtet wurden und fügte noch einige Fragen geographischer Natur an.[20]

Zusätzlich wandte sich Verdi, eben ein erbitterter Feind alles Oberflächlichen, an Michel Lessona, der selbst lange Zeit in Ägypten gelebt hatte. Er lieferte ihm allerlei Details zu Priestern und Musik, den Rekonstruktionsversuch eines Gebets und schließlich Notizen über die Entfernung zwischen Memphis und Theben, was den praktischen Geist des Komponisten befriedigen konnte.[21] So genau diese ganzen Informationen waren, sie blieben doch nur *livresque*.

Verdi ließ nicht locker: So geschah es, daß er einmal bei weiteren Studien in der *‹Histoire Générale de la Musique›* von Fétis[22] durch die dort gegebene Beschreibung einer «ägyptischen Flöte» getäuscht wurde; davon nämlich angeregt, begab er sich mit seinem Freund

20 Gaetano Cesari, Alessandro Luzio: I copialettere di Giuseppe Verdi, Mailand 1913, S. 637 N. 1.

21 Siehe Alessandro Luzio, Come fu composta l'Aida, a. a. O., S. 15 f.

22 François-Joseph Fetis: Histoire Générale de la Musique, Bd. I., Paris 1869, S. 223 und Abb. 62, S. 224 (Archäologisches Museum Florenz, Inv. Nr. 2688).

Arrivabene ins Ägyptische Museum in Florenz, um dort nichts weiter als eine Schäferflöte zu entdecken.[23]

Trotz all seiner Bemühungen mußte Verdi sich doch den Lücken, die in der Dokumentation dieses Gebiets zu seiner Zeit klafften, beugen. Gleichwohl bemühte er sich im Rahmen des Möglichen, antike Instrumente und eine Musik *à l'égyptienne* zu erfinden. Natürlich war es einfach, nachgeahmte Instrumente auf die Bühne zu stellen, zum Beispiel eine Harfe, und im Graben das moderne Instrument spielen zu lassen. Aber das konnte den Komponisten nicht befriedigen. Nach der Episode mit der Flöte versuchte er nun, eine altägyptische Trompete nachbauen zu lassen. Gelegentlich bei religiösen Zeremonien benutzt, hatte sie vor allem eine militärische Funktion, die seit Beginn des Neuen Reiches überliefert ist. Ihre Klänge, die nach Plutarch an Eselsrufe erinnerten, begleiteten die Kämpfe, und gaben den Armee-Defilées den Rhythmus.

In den Jahren um 1870 kannte man dieses Instrument allerdings lediglich durch Darstellungen auf Grabmauern und durch ein einziges Exemplar, das in den Sammlungen des Louvre aufbewahrt war und heute umstritten ist.[24] Das erklärt, warum die «sechs Trompeten, gerade nach antiker, ägyptischer Form»[25], die Giuseppe Pelitti in Verdis Auftrag als lange «Klapphorn-Instrumente»[26] von recht wenig erfreulichem Ton[27] fabrizierte, um es so zu sagen, keinerlei Ähnlichkeit mit jenen Trompeten hatten, die 1922 im Grab des Tut-ench-Amun gefunden wurden[28].

Für die Pariser Aufführung von 1880 realisierte Adolphe Sax trotz Verdis Schweigen[29] besonders gerade Trompeten mit zwei Ventilen, eins in as, das andere in h.

23 Diese Episode hatte einen derart nachhaltig negativen Eindruck auf Verdi gemacht, daß er sich ihrer, in einem Brief an Arrivabene, vom 8. Februar 1878, erinnert; sich über Fétis und dessen Anmaßung, das musikalische System des Alten Ägypten gefunden zu haben, mokierend. (Annibale Alberti: Verdi intimo, Carteggio di Giuseppe Verdi con il conte Opprandino Arrivabene 1861–1886, Verona 1931, S. 209.)

24 Louvre, Département des Antiquités Egyptiennes, Nr. 909. Siehe hierzu C. Ziegler: Catalogue des instruments de musique égyptiens du Musée du Louvre.

25 Brief Verdis an Draneth Bey vom 2. August 1871 aus Genua, zitiert bei G. Cesari und Alessandro Luzio, a. a. O., S. 268.

26 Siehe: E. Reyer, a. a. O., S. 196–197.

27 Siehe Fernand Bourgeat: G. Verdi et Aida, Paris 1880, S. 10.

28 In Form einer aufgeblühten Lotusblüte messen die beiden Trompeten aus dem Grabe Tut-ench-Amuns 49,4 bzw. 58,2 cm. (Siehe: ‹Catalogue général des Antiquités égyptiennes du Musée du Caire›.)

Die rechte Proszeniumsloge im Opernhaus von Kairo war dem Harem des Khediven vorbehalten. Die Damen durften nur hinter zugezogenem Schleier die Aufführungen verfolgen.

Sie sind 1,20 m lang und besitzen eine eigenartige Schallöffnung, dem antiken Instrument noch unähnlicher. Heute sind sie im Musée instrumental du Conservatoire de Musique de Paris[30] aufbewahrt, da seit der Zeit zwischen den beiden Weltkriegen an der Pariser Oper gerade Trompeten mit drei Ventilen benutzt wurden.

Man war in allen Fällen weit von den 50 cm Länge und der wahren Form der Originaltrompeten entfernt.

Durch gleichzeitige Studien versuchte Verdi, eine Musik *à l'égyptienne* zu schaffen. Nach dem Mißgeschick mit Fétis ‹*Histoire de la Musique*› verwandte Verdi Themen, die nicht dem Ägyptischen entstammten, jedoch charakteristisch «Lokalfarbe hatten . . . eine türkische Melodie, die man ihm aus Konstantinopel geschickt hatte, und eine einheimische Melodie für eine Flöte, die die drehenden Bewegungen eines tanzenden Derwischs begleitet; die eine diente dem Chor Termuthis und der Priesterinnen im Innern des Vulkanus-Tempels zu Memphis, die andere zu einer Art mystischem Tanz»[31].

Nichtsdestoweniger war Verdi, bescheiden wie er war, beunruhigt über seine Arbeit: «Mir sind Skrupel gekommen hinsichtlich des ‹fare alla Palestrina›, der Harmonie, der ägyptischen Musik! Nun gut, es ist geschrieben! . . . Ich werde niemals ein Wissenschaftler der Musik sein, eher ein ‹Stümper› . . .»[32]

Und tatsächlich, obgleich die Partitur als Ganzes einhellige Bewunderung fand, war den musikalischen Recherchen nicht immer die Zustimmung der zeitgenössischen Kritiker vergönnt. Ein Zeugnis dieses strengen Urteils: «Diese Fragmente, eher phantasiereich als archäologisch, entstammen mehr einem Kabarett moderner Fellachen als dem Hofe Sesostris.»[33] Trotz seiner lobenswerten Bemühungen hat Verdi dennoch nicht den damals aktuellen Stand der archäologischen Forschung überholt. Weder konnte er ein ägyptisches Instrument rekonstruieren, das die Spezialisten überzeugt hätte, noch die altägyptische Musik selbst.

Auf der anderen Seite, indem er die Instrumente nachbauen ließ, die Komposition der Musik dem Ägypten seiner Vorstellungwelt nach-

29 Briefe vom 15. Juli 1870 an Du Locle. In: Luzio, a. a. O., S. 15, und vom 24. November 1879 an Vaucorbeil, Direktor der Pariser Oper. In: Archives Nationales AJ XIII 1198.

30 Diese kleinen Trompeten tragen das Warenzeichen der Ateliers Sax, Paris.

31 E. Reyer, a. a. O., S. 186.

32 Brief Verdis an Giulio Ricordi, aus Turin, vom 12. 11. 1871. Siehe Arthur Pougin: Verdi, Paris 1886, S. 223, Anm.

33 Félix Clément, Pierre Larousse und Arthur Pougin: Dictionnaire des opéras, Paris 1904, S. 20 und 22.

empfand, öffnete er die Oper eben jener «Ägyptomanie», die später zusätzlicher, wenn auch unfreiwilliger Grund für den Erfolg der Oper war.

Die szenische Ägyptomanie der ‹Aida›

Als Mariette Bey die Premiere der *‹Aida›* für die italienische Oper in Kairo vorbereitete, benutzte er in erster Linie die Werke des Prisse d'Avenne, des Champollion, des Lepsius und der großen Folios der «Description de l'Egypte»[34], um die Dekorationen und Kostüme zu realisieren. Aber er zögerte nicht, auch seine letzten archäologischen Funde auf die Bühne zu bringen. Das zumindest berichteten die beiden anwesenden Kritiker Filippi und Reyer; die Ähnlichkeit der beiden Texte ist derart frappant, daß man durchaus vermuten kann, daß es Mariette selbst war, der durch ihre Federn beschrieb, was er realisieren wollte. Im ersten Bild des ersten Aktes beispielsweise läßt er den königlichen Pavillon «aus einer Formation aus Holzsäulen»[35] errichten. Auch der Palast der Amneris ist aus Holz.[26] Was die Statuen und Accessoires betrifft, waren sie Reproduktionen von Kunstwerken, die er selbst entdeckt hatte. Der von den Darstellern getragene Schmuck, die Statue des Ptah, die heilige Kuh, das symbolische Schiff, das von den Priestern während des Defilées getragen wird, waren sämtlich Kopien der Schätze des Museums von Boulak.[37]

Von Reyer und Filippi wissen wir auch, daß die Gestaltung der Kostüme der Soldaten im Defilée des zweiten Aktes sich an Zeichnungen des Grabes Ramses' III. orientierte, daß die hieroglyphischen Darstellungen mit peinlichster Genauigkeit kopiert wurden, daß die Kolossalstatue im sechsten Bild eine Imitation einer Statue im ersten Hof des Medinet-Abou-Tempels war.

Der Tempel des Vulkanus ist eine Nachempfindung des Ramesseums von Theben, der Tempel der Isis aus dem dritten Akt eine Kopie des Tempels von Philae.

Nun war der Wille zur Treue nicht völlig auf der Bühne zu realisieren. In der Tat ist eine solche Rekonstruktion ägyptischer Antike nicht

34 Siehe: Brief Mariettes an Draneth Bey, vom 8. 8. 1870, bei Saleh Abdoun: Lettere e documenti. In: Genesi dell'Aida, a. a. O., S. 11.
35 E. Reyer, a. a. O., S. 190; F. Filippi op. cit., S. 367–368.
36 F. Filippi, a. a. O., S. 369.
37 Ebd., S. 369–372.

zu realisieren, ohne daß die Imagination des Urhebers selbst durchscheint und sich so auch unbeabsichtigte Abweichungen einschleichen. Aber vor allem stellt das Musiktheater Anforderungen, die mit wissenschaftlicher Strenge nur schlecht vereinbar sind.

Ein Brief Mariettes an Draneth Bey vom 15. Juli 1870 aus Paris läßt uns an dieser Stelle noch einmal zur «Ägyptomanie» zurückkehren, hier ihm allerdings völlig bewußt: «Vor allem hinsichtlich der Kostüme werden wir Schwierigkeiten haben. Ägypter aus der Phantasie zu schaffen, wie man sie gewöhnlich im Theater sieht, ist nicht schwer. Und ginge es nur darum, würde ich mich nicht damit befassen! Aber die richtigen Verbindungen der alten Gewänder ägyptischer Tempelfiguren mit den Erfordernissen der modernen Bühne zu erreichen, stellt eine delikate Angelegenheit dar. Ein König mit einer riesigen Krone auf dem Kopf, in Granit gehauen, kann ein schöner Anblick sein. Aber wenn man ihn – sein Fleisch und seine Knochen – bekleiden, ihn herumlaufen und singen lassen will, kann das peinlich werden, und man muß das Gelächter fürchten.»[38]

Trotz all dieser Schwierigkeiten gelang es Mariettes *‹Aida›*-Produktion, das alte Ägypten wiederzubeleben und das mit höchster Qualität. Einhellig bewundert wurde diese «Wiederbelebung», nicht ohne vorteilhaften Einfluß auf die internationale Karriere des Werkes. Auch wenn die ersten Aufführungen an der Mailänder Scala 1872 und in Paris 1876 nicht so korrekt ausgeführt waren wie die Kairoer Aufführung, so setzten doch die Pariser Ausstatter von 1880, zum größten Teil alte Mitarbeiter Mariettes, dessen Wille zu geschichtlicher Treue und Strenge fort . . .

Der Beitrag des Ägyptologen Mariette Bey war also in allen Stadien der Entwicklung des Werkes von bemerkenswerter Bedeutung: Autor des Szenario, half er Verdi, seine Informationen zu komplettieren, und er beaufsichtigte persönlich die Ausstattungsarbeiten für die erste Aufführung in Kairo: Die Gewähr, die er als Spezialist lieferte, und die Qualität seiner Arbeit waren nicht zu negierende Elemente des Erfolges der *‹Aida›*.

Und dennoch brachte ihn diese Oper in einen Zwiespalt, der für ihn hätte fatal sein können, da es galt, auf einem Text des 19. Jahrhunderts, der Themen der typischen Leidenschaften jener Epoche, ein plausibles antikes Ägypten zu errichten.

Nun könnte man natürlich fortfahren, *‹Aida›*, wie zuvor, als die treueste archäologische Rekonstruktion des alten Ägypten zu begrei-

38 S. Abdoun, a. a. O. Brief Nr. 5, S. 4. Siehe auch Brief Nr. 13, S. 11 und 103, S. 74–76.

fen: aufgrund der kontinuierlichen Fortschritte der Ägyptologie wären Mariettes Fehler leicht zu tilgen, und diese Rekonstruktion würde notwendigerweise immer präziser im Laufe der Jahre; aber zur gleichen Zeit, wo das Reisen demokratisiert ist, ist Ägypten einem größeren Publikum bekannt, werden die ungeschickten Adaptionen weniger akzeptiert und reizen zum Lachen, wie jene berühmten Aufführungen der Opéra de Paris im Februar 1968.

Auf der anderen Seite kann man *‹Aida›* als die Idealisierung einer wiedererschaffenen Antikisierung, durch die der Generation, die die Aufführung vorbereitet, eigenen Sensibilität begreifen: mehr und mehr wird diese zweite Version realisiert, und *‹Aida›*, resolut der Lächerlichkeit einer zu engen museographischen Rekonstruktion den Rücken kehrend, realisiert sich in Neuformulierungen der Szene, die damit aber enger an die Oper des Mariette und Verdis anknüpfen, im Sinne jener Ägyptomanie.

II. Entstehung und erste Aufführungen von Verdis ‹Aida›

Eine konzise Zusammenfassung der langwierigen Entstehungsgeschichte von Verdis drittletzter Oper ‹Aida› gibt der in Weimar lehrende Musikhistoriker Wolfgang Marggraf (geb. 1933) in seiner 1982 in Leipzig veröffentlichten sachkundigen Verdi-Biographie.

Wolfgang Marggraf

Zur Entstehungsgeschichte von Verdis ‹Aida›

Gegen Ende des Jahres 1869 suchten der Pariser Verleger Escudier und Camille Du Locle*, der Direktor der Grand Opéra, Verdi zu bewegen, einen neuen Vertrag mit der Opéra abzuschließen. Aber Verdi hatte mit dem französischen Theater zu trübe Erfahrungen gemacht, als daß er sich nun leichten Herzens dazu hätte verstehen können, seine gereiften künstlerischen Überzeugungen so weit zu verleugnen, wie es ein Werk, das in der Opéra Erfolg haben sollte, nun einmal erforderte. Gegenüber Du Locle sprach er es deshalb unumwunden aus: «Ich bin für Paris nicht der richtige Komponist. Ich weiß nicht, ob ich Talent dazu habe, ich weiß nur, daß sich meine künstlerischen Ideen stark von den euren unterscheiden. Ich glaube an die Inspiration, ihr glaubt nur an die Faktur . . . Dazu ist noch zu sagen, daß auch mein Rückgrat nicht so biegsam ist wie das vieler anderer. Ich kann nicht von meinen Grundsätzen ablassen oder meine Überzeugung verleugnen, die sehr tief verankert und wohlbegründet ist.» Auch als Du Locle im Januar

* *s. Fußnote S. 129.*

1870 in Genua mit dem Maestro zusammentraf, gelang es ihm nicht, dessen Bedenken zu zerstreuen. Immerhin scheint aber Verdi in diesen Januartagen zumindest seine grundsätzliche Ablehnung aufgegeben zu haben, denn Ende März reiste er mit seiner Frau für drei Wochen nach Paris, um, wie er scherzhaft-entschuldigend an Piroli* schrieb, nachzusehen, «ob sie dort nicht noch närrischer sind als gewöhnlich», in Wahrheit, um mit Emanuele Muzio zusammenzutreffen, der in Kairo während der Eröffnungsspielzeit des Italienischen Theaters ‹*Rigoletto*› und ‹*Troubadour*› dirigiert hatte und nun dem Maestro von seinen Erlebnissen berichtete.

Offenbar hat Du Locle während des Pariser Aufenthalts des Maestro nicht weiter wegen eines Werkes für die Opéra in ihn gedrungen, weil sich inzwischen der Khedive von Ägypten, Ismael Pascha, an ihn gewandt und ihn gebeten hatte, Verdi für das Projekt einer großen Festoper zu interessieren, mit der das anläßlich der Einweihung des Suezkanals erbaute große Opernhaus in Kairo eröffnet werden sollte. Neben Verdi waren noch Richard Wagner und Charles Gounod in Erwägung gezogen worden, doch hatte man sich schließlich entschlossen, den Auftrag zunächst dem größten Repräsentanten der italienischen Oper anzutragen. Als Verdi aus Paris abreiste, gab ihm Du Locle deshalb den Grundriß eines «ägyptischen» Opernbuches mit, den er selbst nach einer Vorlage aus der Feder Mariette-Beys, des berühmten, an den Ausgrabungen in Memphis und Theben beteiligten Archäologen, entworfen hatte. Verdi war von diesem Entwurf sofort gepackt, er fand ihn, wie er am 26. Mai an Du Locle schrieb, «sehr gut, den Aufbau glänzend. Es finden sich zwei, drei Situationen, die, wenn auch nicht vollständig neu, so doch sehr schön sind.» Und ohne lange zu zögern, ist er bereit, den Auftrag für Kairo zu übernehmen. Freilich stellt er sehr hohe Forderungen: während er sich die Besitzrechte für alle übrigen Länder vorbehält, verlangt er hundertfünfzigtausend Franken allein für die Überlassung der Aufführungsrechte an Ägypten. Außerdem bedingt er sich das Recht aus, einen Dirigenten zur Vorbereitung der Uraufführung nach Kairo zu schicken. Der Khedive, von Du Locle über Verdis Bedingungen unterrichtet, geht auf alle Forderungen ein und verlangt als einzige Verpflichtung des Komponisten, daß die Partitur im Dezember 1870 vorliegt, damit die Aufführung im Januar des folgenden Jahres stattfinden kann.

Mit großem Eifer macht sich Verdi sogleich an die Arbeit. Er weiß, daß dieser Auftrag nicht nur eine Ehre für ihn persönlich ist, sondern

* *s. Fußnote S. 136.*

daß es hier um den Ruhm und die Weltgeltung der italienischen Oper schlechthin geht, die zu erweisen sich kaum eine günstigere Gelegenheit denken läßt als diese repräsentative Uraufführung an einem Ort, auf den die Welt blickt. Daß ihm für die Vollendung der Partitur nur etwa ein halbes Jahr zur Verfügung steht, schreckt ihn nicht zurück, treibt ihn aber zu höchster Eile an. Über Giulio Ricordi setzt er sich mit Antonio Ghislanzoni in Verbindung, der ihm schon bei der Neufassung der *‹Macht des Schicksals›* geholfen hatte, und läßt ihn bitten, die Versifizierung des vorliegenden Entwurfs zu übernehmen. Anfang Juli ist Ghislanzoni Gast in Sant'Agata und bespricht mit dem Maestro alle Einzelheiten. An diesen Besuch schließt sich ein außergewöhnlich umfangreicher und intensiver Briefwechsel über die verschiedensten dramaturgischen Fragen an, aus dem sich ein ganzes Kompendium der Verdischen Opernästhetik herauslesen läßt. Während Ghislanzoni mit Feuereifer am Text arbeitet, vertieft sich Verdi in geschichtliche, archäologische und religionswissenschaftliche Studien, sucht er sich einzuleben in die fremde, ihm unvertraute Welt des alten Ägypten. Als die ersten fertigen Teile des Textes von Ghislanzoni eintreffen, beginnt er sofort mit der Komposition, die im Sommer und Frühherbst des Jahres 1870 rasch voranschreitet.

Überschattet wurde diese Zeit intensiven und Verdi zweifellos hochstimmenden Schaffens durch den Ausbruch des Deutsch-Französischen Krieges, der den Maestro äußerst beunruhigte, zumal als sich nach der Schlacht bei Sedan der Sieg Preußens abzuzeichnen begann, dessen Aufstieg zur imperialistischen Großmacht Verdi mit wachsendem Unbehagen beobachtete. Auch auf die Vorbereitung der *‹Aida›*-Uraufführung wirkten sich die Kriegsereignisse lähmend aus, denn die Kostüme und Dekorationen dafür wurden in Paris angefertigt, von wo sie, da die preußischen Truppen im November die Stadt belagerten, vorläufig nicht nach Kairo gebracht werden konnten, so daß an eine Uraufführung im Januar nicht mehr zu denken war. Das aber brachte Verdi in Schwierigkeiten, weil er die italienische Erstaufführung für den Februar an die Mailänder Scala vergeben hatte und diese nun ebenfalls verschoben werden mußte, um Kairo nicht um das Recht der Uraufführung zu bringen. Und obwohl die Partitur Ende November im wesentlichen vollendet vorlag, blieb der Termin der Uraufführung zunächst noch ungewiß. [. . .]

Ende März 1871 begann sich der Maestro erneut mit den Uraufführungsvorbereitungen für *‹Aida›* zu beschäftigen. Zunächst war die Frage zu klären, wer die Aufführung leiten sollte. Da Emanuele Muzio, den Verdi am liebsten als Dirigenten in Kairo gesehen hätte, wegen

AIDA

OPERA IN 4 ATTI E 7 QUADRI

PAROLE DI A. GHISLANZONI

MUSICA DEL COMM^RE G. VERDI

SCRITTA PER COMMISSIONE

DI SUA ALTEZZA IL KEDIVE

PER IL TEATRO DELL' OPERA

DEL CAIRO

E RAPPRESENTATA PER LA PRIMA VOLTA

SU QUESTE SCENE

Nel mese di Decembre 1871.

CAIRO

TIPOGRAFIA FRANCESE DELBOS-DEMOURET

—

1871

Titelseite des ersten italienischen ‹Aida›-Librettos, das «Mitte Dezember 1871» in einer zweisprachigen italienisch-französischen Version in Kairo bei Delbos-Demouret gedruckt wurde.

seiner Verpflichtungen in Paris ablehnen mußte, und auch Angelo Mariani nicht bereit war, nach Kairo zu gehen, stimmte Verdi schließlich dem Vorschlag von Draneth Bey zu, die Leitung der Uraufführung in die Hände des Florentiner Dirigenten und ehemaligen Kontrabassisten Giovanni Bottesini zu legen. Im Mai kam Draneth Bey eigens nach Sant'Agata, um mit dem Maestro alle noch offenen Fragen zu besprechen und sich mit ihm über die Besetzung der Hauptpartien zu einigen. Auch an der Mailänder Scala begannen nun erneut die Vorbereitungen zur ersten italienischen Aufführung, für die Verdi sehr detaillierte Bedingungen stellte, um eine seinen Vorstellungen entsprechende Wiedergabe des Werkes zu sichern. So verlangte er vor allem eine für italienische Verhältnisse ungewöhnliche Orchesterstärke mit je vierzehn ersten und zweiten Violinen, je zwölf Bratschen, Violoncelli und Kontrabässen, der üblichen doppelten Bläserbesetzung und zwei Harfen; insgesamt ein Orchester von fast neunzig Musikern. Auch für den Chor der Scala wünschte er eine beträchtliche Verstärkung. Schließlich forderte er die Einhaltung einer Normalstimmung von 864 Schwingungen, was für Italien damals noch durchaus keine Selbstverständlichkeit war. Gern hätte es Verdi auch gesehen, wenn die Zuschauerlogen unmittelbar neben der Bühne, die in der Scala den szenischen Eindruck arg beeinträchtigten, abgeschafft und außerdem der Orchesterraum entsprechend Wagners in Bayreuth verwirklichten Vorstellungen versenkt worden wäre; aber dies, darüber war er sich im klaren, konnte in Italien allenfalls als eine Aufgabe für die Zukunft gelten. Immerhin vermochte er wenigstens zu erreichen, daß das Parkett etwas erhöht wurde, da der Fußboden der Scala ohnehin erneuert werden mußte.

Die durch den Deutsch-Französischen Krieg erzwungene Verzögerung der Uraufführung hat Verdi dazu benutzt, noch einmal Verbesserungen und Ergänzungen an seiner Partitur vorzunehmen. Noch im August 1871 bat er Ghislanzoni um Änderung einzelner Textstellen. Einen Priesterchor im dritten Akt, der ursprünglich im feierlich-sakralen Palestrinastil und in Form eines vierstimmigen Kanons gehalten war, ersetzte er durch einen psalmodierenden Unisono-Chor in «ägyptischer» Manier. Launig kommentierte er die Änderung in einem Brief an Ricordi: «Ich hätte da beinahe ein Bravo der Perücken verdient, hätte hoffen dürfen, eine Stelle als Kontrapunktlehrer an irgendeinem Konservatorium zu erhalten. Aber dann kamen mir doch Skrupel wegen des Palestrinastils, wegen der Harmonik, wegen der ägyptischen Musik.» Und schließlich komponierte er jetzt erst die berühmte Romanze der Aida zu Beginn des Nilaktes, über deren Wirksamkeit er

Fotografie des italienischen Dirigenten Giovanni Bottesini (1821–89) und seiner Familie während ihres Aufenthalts in Ägypten. Bottesini war einer der besten Kontrabassisten seiner Zeit («il Paganini del contrabasso»), außerdem ein begabter Komponist. Er leitete am 24. Dezember 1871 in Kairo die Uraufführung von Verdis ‹Aida› und widmete aus diesem Anlaß dem Vizekönig das Familienfoto.

sich lange im unklaren gewesen war, die er aber nun doch als notwendig erkannte.

Anfang Dezember 1871 konnten dann endlich die Vorbereitungen der Uraufführung in Kairo beginnen. Sie wurden sehr intensiv betrieben, konzentrierten sich jedoch nicht nur auf die interpretatorische Arbeit am Werk, sondern schlossen auch eine gewaltige Reklame ein, die den Erfolg der Oper von vornherein garantieren sollte, indem die Aufführungen zu einem säkularen Ereignis, zu einer Sensation ersten Ranges erklärt und eine große Zahl Prominenter aus aller Herren Länder dazu eingeladen wurde. Verdi stand wie stets in seiner Laufbahn auch diesmal solchen Auswüchsen eines kapitalistischen Theaterbetriebes ganz ablehnend gegenüber: er hielt es für würdelos, das Urteil des Publikums im vorhinein beeinflussen zu wollen. Um einem Kult seiner Person keinerlei Nahrung zu geben, verzichtete er auch auf eine persönliche Teilnahme an der Uraufführung. Und als ihm der namhafte italienische Musikkritiker Filippo Filippi, der im Begriff stand, nach Kairo zu reisen, seine Dienste für die publizistische Vorbereitung der Aufführung anbot, schrieb ihm der Maestro einen Brief, in dem er seine Abscheu vor dergleichen entwürdigender Reklame überaus klar aussprach: «Sie in Kairo? – Das ist eine Reklame für ‹*Aida*›, wie sie sich wirksamer kaum denken läßt! Aber mir kommt es so vor, als wäre, wenn es so weitergeht, die Kunst nicht mehr Kunst, sondern Handwerk, Vergnügungsreise, Jagd, irgend etwas, hinter dem man herläuft, dem man, wenn schon nicht Erfolg, so doch um jeden Preis Publizität geben möchte. Was ich dabei fühle, ist Ekel, Erniedrigung! Ich erinnere mich immer mit Freude der Zeit meiner Anfänge, als ich fast ohne Freunde, ohne einen Menschen, der von mir gesprochen hätte, vor das Publikum trat, bereit, alle Kugeln aufzufangen, überglücklich, wenn es mir gelang, einen günstigen Eindruck hervorzurufen. Und nun – welch ein Apparat für solch eine Oper? Journalisten, Solisten, Choristen, Direktoren, Professoren usw.: sie alle müssen ihr Steinchen zum Gebäude der Reklame herbeitragen. Da muß ein Rahmen hergerichtet werden aus lauter Nichtigkeiten – die Oper selbst bekommt dadurch nicht im mindesten mehr Wert, ja, ihr wahres Verdienst wird sogar verdunkelt. Das ist beklagenswert, tief, tief beklagenswert!

Ich danke Ihnen für Ihr liebenswürdiges Angebot für Kairo. Vorgestern schrieb ich an Bottesini über alles, was die ‹*Aida*› angeht. Ich wünsche dieser Oper nur eine gute und besonders verständnisvolle gute Aufführung, sowohl was Gesang wie Orchester und Regie anlangt. Sonst – à la grâce de Dieu: so habe ich meine Laufbahn begonnen und so will ich sie zu Ende gehen.»

Am 24. Dezember 1871 ging *‹Aida›* in Kairo zum erstenmal in Szene, begeistert begrüßt von einem internationalen Publikum, das fast jede «Nummer» bejubelte und besonders dem Finale des zweiten Aktes einen triumphalen Erfolg bereitete. Auch die professionelle Kritik erkannte zumindest in ihrer überwiegenden Mehrheit die große Bedeutung des Werkes für Verdis Entwicklung und für die italienische Kunst an. Der Kritiker der *Perseveranza*, Filippo Filippi, hob besonders die Kontinuität in des Maestros künstlerischem Werdegang hervor, als er schrieb: «Verdi setzt seine künstlerische Entwicklung auf demselben Wege fort, den er bereits mit seinem *‹Don Carlos›* einschlug, doch ohne die Vergangenheit aufzugeben . . . Der alte und der neue Verdi verschmelzen auf wunderbare Weise miteinander.» Solch verständnisvollen Kritiken, die der Urteilsfähigkeit ihres Verfassers angesichts der fehlenden zeitlichen Distanz, die er zum Werke hatte, alle Ehre machen, standen freilich auch Äußerungen gegenüber, die Verdi gerade das vorwarfen, wogegen er sich stets mit größtem Nachdruck wandte: die Überbetonung des Orchesters vor den Singstimmen. So meinte der Kritiker des französischen *Journal des Débats*, der Komponist Louis Etienne Ernest Reyer: «Wie es Grétry von Mozart sagte, errichtete auch Verdi die Statue im Orchester und stellte den Sockel auf die Bühne» – eine Beurteilung, über deren Fragwürdigkeit man heute kein Wort mehr zu verlieren braucht.

Eine schier unerschöpfliche Quelle für Verdis Opernkonzeption und seine Auffassung vom Musiktheater, aber auch für seine spezielle, skrupulös-umständliche Arbeitsweise bietet die umfangreiche Korrespondenz des regen Briefschreibers Giuseppe Verdi; dies gilt vor allem für die späteren Opern Verdis, an denen er jeweils mehrere Jahre arbeitete und deren langwieriger Entstehungsprozeß in den Briefen besonders detailliert dokumentiert ist. Ähnlich umfangreich wie bei seinen beiden letzten Opern ‹Othello› und ‹Falstaff›, als Verdi in Arrigo Boito ein hochintelligenter Briefpartner gegenüberstand, ist der erhaltene Briefbestand zu seiner drittletzten Oper ‹Aida›, an deren Textbuch zunächst eher zu viele «Köche» mitwirkten; hier war der Komponist vom Uraufführungsort durch eine besonder große räumliche Entfernung getrennt, die einen direkten Briefkontakt kaum noch möglich machte. Die folgenden Briefe bzw. Briefstellen über ‹Aida› stellen nur eine kleine Auswahl aus dem Konvolut von mehreren hundert Briefen dar, die Verdi von 1870 an, als er zum erstenmal mit diesem Thema in Berührung kam, einer Reihe von Briefpartnern schrieb. Der größere Teil ist von Hans Busch, der übrigens 1978 in Minneapolis/USA eine vollständige Ausgabe aller ‹Aida›-Briefe in englischer Sprache herausbrachte, ins Deutsche übertragen worden, einen kleineren Teil übersetzte Paul Stefan.

Verdis Briefe zu ‹Aida›

Eine Auswahl aus den Jahren 1869 bis 1891

AN DRANETH BEY*

Monsieur le Bey, [Genua, 9. August 1869]

Ich höre, daß in Kairo aus dem feierlichen Anlaß der Einweihung des Kanals durch den Isthmus von Suez ein neues Theater eröffnet werden wird.

Tiefverbunden wie ich Ihnen bin, Monsieur le Bey, daß Sie mir die Ehre geben wollten, eine Hymne zum Datum der Eröffnung zu schrei-

* *Paul Draneth «Bey» (1815–1894), Gründer der ersten ägyptischen Eisenbahn und erster Generaldirektor des 1869 fertiggestellten Opernhauses in Kairo, wandte sich im Sommer 1869 an Verdi mit der Bitte, für die feierliche Eröffnung von Suezkanal und Opernhaus eine Hymne zu komponieren. Die Hymne kam nicht zustande, aber schließlich wurde zur Eröffnung der Oper am 6. November 1869 Verdis ‹Rigoletto› gegeben.*

ben, bedauere ich, auf diese Ehre angesichts meiner gegenwärtigen Tätigkeiten und weil es nicht meine Gewohnheit ist, *Gelegenheitsstücke* zu schreiben, verzichten zu müssen. [. . .]

AN CAMILLE DU LOCLE*

Lieber Du Locle, [St. Agata, 26. Mai 1870]

Ich habe das spanische Drama von *d'Ayala* gelesen. Es ist meisterlich gemacht, aber . . . weder weint noch lacht man dabei. Es ist kalt und scheint mir nicht für Musik gemacht. Es tut mir furchtbar leid, daß Ihr eine Übersetzung davon machen laßt. Stellt sie ein, wenn es nicht zu spät ist.

Ich habe den ägyptischen Entwurf gelesen. – Er ist gut gemacht, hervorragend für die Inszenierung, und es gibt zwei, drei gewiß sehr schöne, wenn auch nicht gänzlich neue Situationen darin. Aber wer hat das gemacht? – Es steckt eine erfahrene Hand darin, die ans Schreiben gewöhnt ist und das Theater sehr gut kennt. Hören wir jetzt mal etwas über die pekuniären Verhältnisse Ägyptens und dann entscheiden wir uns. Wer würde das italienische Libretto machen lassen? Natürlich müßte ich es selber machen lassen. [. . .]

AN GIULIO RICORDI**

[St. Agata, 2. Juni 1870]

Ich habe einen reichlich ausgearbeiteten Opernentwurf mit Darstellern, Chören, Regieanweisungen, Akteinteilung usw. usw. Es fehlen

* *Camille Du Locle (1832–1903) war einer der einflußreichsten Männer des französischen Opernlebens zwischen 1860 und 1875. Er war lange mit Verdi befreundet und hatte sowohl als Regisseur, Librettist (der ersten Fassung von ‹Don Carlos›), Übersetzer (‹La Forza del Destino›, ‹Aida›, ‹Simone Boccanegra›) und als Opernmanager mit ihm zu tun. Du Locles Mittlertätigkeit ist es vor allem zu verdanken, daß Verdi auf den ‹Aida›-Stoff aufmerksam wurde und daß er schließlich einwilligte, daraus eine Oper für Kairo zu komponieren. Du Locles kreativer Anteil am ‹Aida›-Libretto erstreckte sich auf die Transformation des Marietteschen Handlungsentwurfs in ein bühnenspezifisches Szenarium, dies allerdings unter Verdis Anleitung im Juni 1870 in Sant'Agata. Als Direktor der Pariser Opéra Comique brachte Du Locle später auch Bizets ‹Carmen› heraus. Eine Herzerkrankung zwang ihn 1876, sich vierundvierzigjährig aus dem Operngeschäft zurückzuziehen.*

** *Giulio Ricordi (1840–1912), dritter Sohn von Tito Ricordi, übernahm 1888 den Mailänder Musikverlag von seinem Vater. Seine Verlagstätigkeit hatte der begabte Maler und* der Dialog und die Dichtung. Wenn ich eine Oper daraus machen sollte, könnte Ghislanzoni mir das Libretto machen? Bedenkt, daß ich das Drama vollständig in Prosa ausgearbeitet sehen möchte, bevor es zu den Versen kommt.

Antwortet mir sofort, weil ich Eile habe und die Sache schnellstens gemacht werden müßte.

AN CAMILLE DU LOCLE

S. Agata, 2. Juni 1870

Lieber Du Locle, nun bin ich bei der ägyptischen Geschichte. Da ist es vor allem nötig, daß Sie mir Zeit geben, die Oper zu komponieren, denn es handelt sich um eine Arbeit von größten Ausmaßen – genau so, als wäre es für die Grande Boutique.* Es ist auch nötig, daß der italienische Dichter zuerst den Sinn der Reden finde, die er den handelnden Personen in den Mund legen will und dann daraus die Dichtung forme. Nehmen wir also an, daß ich solcherart zurecht komme, so sind meine Bedingungen diese:
1. Ich lasse das Buch auf meine Kosten arbeiten.
2. Ich schicke auf meine Kosten jemand nach Cairo, der die Oper einstudieren und leiten wird.
3. Ich schicke dann eine Abschrift der Partitur und übertrage Ihnen damit das alleinige Eigentum an dem Buch und an der Komposition, jedoch nur für Ägypten; behalte mir aber das Eigentum an Buch und Musik für alle übrigen Erdteile vor.

Als Entgelt erhalte ich die Summe von hundertfünfzigtausend Franken, zahlbar in Paris beim Bankhaus Rothschild, sobald ich die Partitur einhändigen lasse. Das ist einmal ein Brief, trocken und nüchtern wie ein Wechsel; aber es handelt sich um Geschäfte und Sie, lieber Du Locle, werden mir verzeihen, wenn ich jetzt nicht zu Weiterem abschweife. Entschuldigen Sie und seien Sie meiner Ergebenheit versichert.

Schriftsteller Giulio R. schon mit 22 Jahren begonnen. Giulio Ricordi war ein tiefer Verehrer Verdis und jahrzehntelang sein direkter Ansprechpartner und persönlicher Betreuer im Verlag, darüber hinaus auch Agent, Ratgeber und Freund. Mit großem diplomatischem Geschick und unendlicher Geduld brachte es Giulio Ricordi dann fertig, daß der alternde Verdi gemeinsam mit dem jungen Arrigo Boito seine beiden letzten großen Meisterwerke ‹Othello› und ‹Falstaff› schuf.

* *Gemeint ist die Pariser Oper.*

Fotografie Verdis aus dem Jahre 1867.

AN CAMILLE DU LOCLE

[St. Agata, 9. Juni 1870]

[. . .] Wenn es mit Ägypten klappt, kämet Ihr also her. Das macht mir die größte Freude bei der Geschichte. Jetzt hoffe ich wirklich, daß es klappen wird; unter uns werden wir dann gleich einig über die nötigen Revisionen werden. Seht nur zu, so viel Zeit wie möglich zu haben.

Bis dahin sage ich Euch auf Wiedersehen.

G. Verdi

AN CAMILLE DU LOCLE

Lieber Du Locle, [St. Agata, 18. Juni 1870]

Ich kann's nicht abwarten, Euch zu sehen; erstens wegen der Freude, Euch zu sehen; zweitens, weil ich glaube, daß wir uns über die Änderungen, die mir für ‹*Aida*› angebracht scheinen, in kürzester Zeit einig sein werden. Ich habe die Oper daraufhin schon studiert und werde Euch meine Ideen unterbreiten.

Ich habe Muzio gefragt, ob er bereit wäre, wieder nach Kairo zu gehen, falls ich einen Vertrag machen sollte. Da ich ihn jetzt in Verhandlungen mit Bagier weiß, möchte ich um alles Gold der Welt nicht, daß er auf ein Pariser Engagement verzichte, das für ihn viel nützlicher ist. Ich bin froh, daß dieser ägyptische Vertrag noch nicht von den Zeitungen ausposaunt wird. Es scheint unmöglich, daß der *Figaro* ihn nicht erträumt hat! Bestimmt wird man ihn nicht für immer geheim halten können, aber es wird keinen Sinn haben, die Bedingungen bekannt zu geben. Zumindest muß man die Ziffer geheim halten, weil sie zum Vorwand dienen würde, so viele arme Tote zu stören. Man würde nicht versäumen, die 400 Taler für den ‹*Barbiere di Siviglia*›, die Armut Beethovens, das Elend Schuberts, das Wanderleben Mozarts usw. usw. zu zitieren [. . .]

Kostümfigurine des Radames für die Uraufführung der ‹Aida› in Kairo. Aquarell von Auguste Mariette Bey.

AN GIULIO RICORDI

[St. Agata, 25. Juni 1870]

[. . .]

Letztes Jahr wurde ich eingeladen, eine Oper für ein sehr fernes Land zu schreiben. Ich antwortete mit Nein. Als ich in Paris war, wurde Du Locle beauftragt, nochmals darüber mit mir zu sprechen und mir eine hohe Summe anzubieten. Ich antwortete wieder mit Nein. Einen Monat darauf schickte er mir einen gedruckten Entwurf und sagte mir, er stamme von einer mächtigen Persönlichkeit (was ich nicht glaube), er halte ihn für gut, und ich solle ihn lesen. Ich fand ihn sehr gut und antwortete ihm, daß ich unter diesen und jenen Bedingungen komponieren würde. Drei Tage später antwortete er mir telegrafisch: «Akzeptiert». *Du Locle* kam auch sofort hierher, und wir arbeiteten die Bedingungen aus, studierten gemeinsam den Entwurf und machten gemeinsam die Änderungen, die wir für notwendig hielten. Du Locle ist mit den Bedingungen und Änderungen abgereist, die dem mächtigen und unbekannten Autor zu unterbreiten sind. Ich habe den Entwurf nochmals studiert und habe weitere Änderungen in ihm gemacht und bin jetzt noch dabei.

Nun muß man an das Libretto oder, besser gesagt, an die Verse denken, denn jetzt sind nur noch die Verse vonnöten.

Kann und will Ghislanzoni mir diese Arbeit machen? Es ist keine Original-Arbeit, erklärt ihm das genau; es geht lediglich darum, die Verse zu machen, die selbstverständlich (das sage ich zu Euch) sehr großzügig bezahlt sein werden. Antwortet mir gleich und bereitet Euch vor, mit Ghislanzoni hierher zu kommen, sobald Herr Rogier, den ich täglich erwarte, abgereist ist. Ich werde Euch telegrafieren.

Studiert inzwischen mit Ghislanzoni den Entwurf, den ich Euch schicke. Verliert ihn nicht, weil es nur zwei Exemplare davon gibt: die eine ist diese, die andere ist in den Händen des Autors.

Sprecht nicht davon, weil der Vertrag noch nicht unterschrieben ist. Es ist auch unnötig, davon zu reden . . . wir sprechen gemeinsam darüber.

Addio, addio

G. Verdi

AN GIULIO RICORDI

Sonntag [St. Agata, 10. Juli 1870]

Ah bravo! Ich bin's, der Euch danken muß, bei dieser Hitze hierher gekommen zu sein, um das Szenario einer Oper anzuhören!!! [. . .]

Ich lese das Szenario der *‹Aida›* immer wieder. Ich sehe da ein paar Anmerkungen Ghislanzonis, die mir (unter uns gesagt) ein bißchen Angst machen; und ich möchte nicht, daß man, um erahnte Gefahren zu vermeiden, am Ende etwas sagen würde, was Situation und Szene nicht entspricht; und außerdem möchte ich die *Bühnenworte* nicht vergessen sehen.

Mit Bühnenworten meine ich jene, die eine Situation oder einen Charakter prägen, Worte, die auch das Publikum immer sehr stark berühren. Ich weiß wohl, daß es manchmal schwierig ist, sie erhaben und poetisch zu formulieren. Aber . . . (verzeiht die Lästerung) sowohl der Dichter wie der Komponist muß manchmal den Mut haben, weder Poesie noch Musik zu machen . . . Fürchterlich! Fürchterlich!

Schluß damit, wir werden sehen. In jedem Fall seid Ihr als Mittelsmann da.

AN CAMILLE DU LOCLE

Lieber Du Locle, [St. Agata, 15. Juli 1870]

Ich habe Euch nicht eher geschrieben, weil Giulio Ricordi mit dem Dichter hier war, der die Verse für *‹Aida›* machen wird. Wir sind in allem einig und ich hoffe, bald die Verse des ersten Akts zu erhalten, damit ich selber an die Arbeit gehen kann. Wir haben im Duett des dritten Akts zwischen Aida und Radames ein paar Änderungen gemacht. Der Verrat wirkt nicht mehr so hassenswert, ohne der szenischen Wirkung etwas zu nehmen. Ich schicke es Euch.

Ich danke Euch für die Auskünfte, die Ihr mir über die ägyptischen Musikinstrumente gebt, die an verschiedenen Stellen dienen können. – Ich möchte auch die Fanfare des dritten Akts daraus machen, aber die Wirkung wird uns, fürchte ich, verloren gehen. Ich versichere Euch, daß mich z. B. die Verwendung der Saxe Instrumente fürchterlich abstößt. Das ist bei einem modernen Stoff erträglich . . . aber unter den Pharaos!! . . .

Sagt mir auch, gab es Priesterinnen der Isis oder einer anderen

Gottheit? In den Büchern, die ich durchblättert habe, finde ich vielmehr, daß dieser Gottesdienst den Männern vorbehalten war.

Gebt mir diesen Bescheid und denkt ernstlich an die Kostüme. Oh, die muß man gut machen und echt, weil sie auch in Europa zu benutzen sein werden. [. . .]

AN GIUSEPPE PIROLI*

[St. Agata, 16. Juli 1870]

[. . .] Paris betreffend, kann ich wirklich sagen «und ich weiß nichts davon!!». Ich weiß vielmehr, daß ich überhaupt nicht schreiben würde. Ich sagte Euch jedoch, daß ich beschäftigt bin. Ratet mal! . . . Eine Oper für Kairo zu schreiben!!! *Puh!* Ich gehe nicht hin, sie zu inszenieren, weil ich fürchten müßte, dort mumifiziert zu werden; aber ich schicke eine Kopie der Partitur und behalte das Original für Ricordi.

Ich muß Euch jedoch sagen, daß der Vertrag noch nicht unterschrieben ist; aber da meine Bedingungen – und die waren hart – telegrafisch akzeptiert worden sind, kann man ihn für abgeschlossen halten. Wenn mir jemand vor zwei Jahren gesagt hätte, «du wirst für Kairo schreiben», hätte ich ihn für einen Verrückten gehalten, aber jetzt sehe ich, daß ich der Verrückte bin. Was wollt Ihr? Es ist abgemacht!

Werden wir Krieg haben? Gott verhüte ihn! Ich kann jetzt keine französischen Zeitungen lesen! O, wie vermessen die sind! [. . .]

AN CAMILLE DU LOCLE

Lieber Du Locle, [St. Agata, 23. Juli 1870]

Euer Schweigen fängt an, mich fast befürchten zu lassen, das Delirium des Krieges habe selbst die Direktoren der Opéra-Comique gereizt, sich an die Grenze zu stürzen! Ach, dieser Krieg ist ein großes Unheil für alle. Obwohl er seit langem vorauszusehen war, hätte ich nicht geglaubt, daß er so plötzlich wie ein Blitz aus heiterem Himmel ausbrechen könnte. Was sagt Ihr dazu, mein lieber Du Locle? –

* *Giuseppe Piroli (1815–90), liberaler italienischer Politiker und Strafrechtler in Parma, war mit Verdi seit seiner Jugendzeit befreundet. 1866 zog er ins römische Parlament ein und wurde 1884 Senator.*

Kostümfigurine (Der König) von Auguste Mariette Bey für die Uraufführung von ‹Aida› in Kairo.

Ich habe nichts mehr von unserem Vertrag gehört. Vielleicht verdreht der Krieg auch unseren Orientalen den Kopf oder läßt sie, besser gesagt, theatralische Ideen vergessen. – Mir ist das egal: wenn wir's jetzt nicht machen können, machen wir's später oder auch sehr viel später. Nur sollte man an das Libretto denken, von dem mehr oder weniger die Hälfte gemacht ist. –

Schreibt mir also. Gebt mir zuerst Nachrichten von Euch und dann von Euren Theatern; dann vom Krieg und dann vom ägyptischen Vertrag.

Addio, addio.

Alles Gute von uns für Eure Maria. Immer Euer getreuer

G. Verdi

AN GIULIO RICORDI

Lieber Giulio, Sonntag [*Vermutlich* St. Agata, 31. Juli 1870]

Ich danke Euch für die Auskunft, die Ihr mir über Ägypten gegeben habt.

Auch ich habe bei Herodot gesehen, daß der Götterkult streng den Männern vorbehalten war; nur in Persien gab es Priesterinnen oder *Dodonen*. Aber wenn andere Autoren sie zulassen, können auch wir sie ohne weiteres zulassen. Die äthiopische Lokalisierung ist in Ordnung. Der Ramses, von dem in unserem Libretto die Rede ist, wäre tatsächlich der Dritte – also Sesostris. Fragt Euren Freund noch einmal, ob es wirklich nur 115 Meilen von Memphis bis Theben sind. Ich dachte, es wäre weiter, aber ich muß mich beim Rechnen geirrt haben. Ich hatte die Beschreibung der Isis-Mysterien auch im *Mondo Secreto* gelesen, aber die kommen für uns nicht in Frage. Das wäre eine Sache für sich; aber was für eine schöne Sache und was für ein Schauspiel!

Ich habe das Buch von Fétis erhalten, das ich Euch gleich wiedergeben werde; es hat mir gar nichts genützt. Wenn er nichts weiß, erfindet er mit unglaublicher Frechheit. Und wenn man bedenkt, daß viele Leute ihn für einen großen Mann halten! In diesem Buch gibt es eine kleine Geschichte von der ägyptischen Flöte im Museum in Florenz, und die ist nicht schön. Nach den Maßen, die ihm geschickt wurden, hat er, Fétis, eine Flöte fabrizieren lassen, bei der er die antike Tonalität entdeckte!! So viel wäre dem zu entgegnen und es scheint unmöglich, daß niemand es tut. Es könnte jedoch sein, daß der Krieg die Kairo-Geschichte auffliegen läßt, und dann gute Nacht. Ist Terziani noch an der Scala? Wenn ja, muß er da bleiben, und es wäre nicht gut, andere in Vorschlag zu bringen. Ghislanzoni hat mir fast den ganzen ersten Akt geschickt. Mit wenigen Änderungen wird er sehr gut gehen.

AN GIULIO RICORDI

Lieber Giulio, [Genua, 12. August 1870]

Ich bin seit drei Tagen in Genua, gehe aber morgen abend nach St. Agata zurück.

Ich glaube, daß ich keine historischen und geographischen Auskünfte mehr über Ägypten brauchen werde. Ich habe Ghislanzoni geschrieben, daß er die Priesterinnen trotz Herodot hereinnehmen kann. Gebt die Oper für Kairo ruhig bekannt. Wenn Eure *offizielle* Zeitschrift die letzte gewesen ist, dies bekannt zu geben, sagt, daß ich selber Euch gebeten habe, zu schweigen. Jetzt könnt Ihr von der Unterhaltung berichten, die ich mit Euch hatte, als Ihr mit Ghislanzoni nach St. Agata kamt. Nachdem der *Figaro* teilweise davon berichtet hat (was ihm von Du Locle oder Mariette erzählt wurde), berichtet Ihr das Übrige. Es hat aber keinen Zweck, vom Honorar zu sprechen . . . aber . . . Ihr wißt ja nichts davon! . . . Wird an der Scala etwas daraus? Entweder gut oder garnicht. Vergeßt nicht, daß man für *‹Aida›* eine große Sängerin braucht und einen Bariton mit beißender Stimme für Amonasro und gute, sehr gute, hervorragende Massen. Schreibt nach St. Agata.

Ach, dieser Krieg erschreckt mich! Ich hab lang genug in Frankreich gelebt, um französische Aufschneiderei und Unverschämtheit zu verabscheuen; aber ich erinnere mich andererseits sehr wohl, daß Preußen einmal erklärte, das Meer von Triest und Venedig sollte *Deutschland gehören!!* Und ich erinnere mich auch an die Verachtung, mit der es Frankreich nach *Sadova* behandelt hat!! Wenn ein siegreiches Preußen ein fest gegründetes deutsches Reich bedeuten sollte, Österreich in die Ecke geschoben und die Adria (bis an die Etsch) ein Teil dieses Reiches würde, dann wären unsere Rufe «*Tod* dem einen» und «*hoch lebe* der andere» höchst verkehrt. Ach, wenn wir [Frankreich und Italien] uns nur mal verstehen könnten, statt uns von einander abzuwenden, und wenn wir uns gerade in die Augen sähen, unsere Kräfte mäßen, fest auf unseren Beinen stünden und voran marschierten, marschierten, marschierten . . . Aber nein; wir tun nichts als reden.

AN ANTONIO GHISLANZONI*

[S. Agata, 22. August 1870]

Ich erhielt gestern das Finale, heute das Duett, es ist gut bis auf das Rezitativ, das sich, wenn es nach mir ginge (verzeihen Sie), in noch weniger Worte hätte fassen lassen müssen; aber ich wiederhole, es kann ganz wohl so bleiben.

Jetzt ist nicht der Augenblick, an Mariette zu schreiben, aber ich habe für die Weiheszene schon etwas gefunden. Wenn es Ihnen nicht entsprechend scheint, wollen wir weiter suchen. Aber vorerst könnte man damit wohl einen recht wirkungsvollen Auftritt zur Musik machen. Das Stück wäre zusammengesetzt aus einer Litanei, mit der die Priesterinnen zu beginnen hätten, worauf die Priester respondieren; dann käme ein Opfertanz mit einer langsam-traurigen Musik; ein kurzes Rezitativ, kräftig, feierlich wie ein Bibelpsalm; und ein Gebet in zwei Strophen, vom Priester gesprochen, dann von allen wiederholt. Und es sollte besonders die erste Strophe ein ruhiges Pathos haben, damit sie sich, so weit möglich, von den andern Chören im Finale des ersten und zweiten Akts unterscheide, in denen wohl die Marseillaise nachweht . . .

Ich glaube, die Litaneien müßten (zum tausendsten Mal, verzeihen Sie meine Kühnheit) aus kleinen Strophen zusammengesetzt sein mit je einem langen Vers und einem Quinar, oder (und vielleicht wäre das besser, um so alles sagen zu können) mit zwei achtfüßigen Versen. Der fünffüßige wäre das Ora pro nobis. Auf diese Art gäbe es dann kleine Strophen zu je drei Versen, im ganzen sechs, und das wäre mehr als genug für ein Stück.

Seien Sie unbesorgt, ich habe durchaus keine Scheu vor Cabaletten, aber es muß immer die Situation und ein Anlaß vorhanden sein. Im Duett des ‹*Maskenballs*› gab es einen prachtvollen Anlaß. Nach dieser ganzen Szene mußte, ich darf das wohl sagen, Liebe aufflammen . . .

* *Antonio Ghislanzoni (1824–93) Schriftsteller, Kritiker und ausgebildeter Bariton, schrieb für Verdi das Libretto zu ‹Aida›. Er war einer der produktivsten Musikkritiker seiner Zeit und verfaßte mehr als 2000 Artikel, einen Großteil davon in Ricordis La Gazetta musicale und in Rivista minima di scienze, an der auch Boito und De Amicis mitarbeiteten. Nebenbei schrieb er mehr als 80 Libretti, u. a. für Ponchielli, Braga und Catalani, die sich allesamt durch gediegene poetische Arbeit auszeichneten.*

*Kostümfigurine des Amonasro im dritten Akt
von Auguste Mariette Bey für die Uraufführung der Oper in Kairo.*

AN CAMILLE DU LOCLE

[S. Agata, 25. August 1870]

Lieber Du Locle, in den sehr traurigen Zeiten, die wir durchleben, hätte ich wahrhaftig nicht gewagt, von dem Vertrag für Cairo zu sprechen. Aber Sie bitten mich darum und ich schicke ihn, behalte mir aber zwei Punkte vor, die Sie mir zubilligen und von Herrn Mariette gutheißen lassen werden.

Ich nehme den Vertrag mit folgenden Abänderungen an:

1. Die Zahlungen werden geleistet [. . .].

2. Wenn es infolge irgend eines unvorhergesehenen Umstandes, das heißt ohne meine Schuld, zu einer Aufführung der Oper im Theater von Cairo nicht im Verlauf des Januar 1871 käme, so soll es mir freistehen, sie sechs Monate später anderswo aufführen zu lassen.

Sie werden hoffentlich die Güte haben, in meinem Namen die fünfzigtausend Franken zu verlangen, deren Empfang ich Ihnen bestätige. Nehmen Sie davon zweitausend Franken und verwenden Sie sie in der Art, die Sie am richtigsten finden, zur Unterstützung Ihrer armen tapferen Verwundeten. Für die übrigen achtundvierzigtausend kaufen Sie mir italienische Rente. Behalten Sie die Papiere bei sich und geben Sie mir sie beim ersten Wiedersehen. Hoffentlich kommt es bald dazu. Ich habe Ihnen gestern geschrieben. Jetzt kann ich Ihnen nur die Hand drücken und sagen, daß ich Sie sehr lieb habe. Von ganzem Herzen Lebewohl!

AN ANTONIO GHISLANZONI

[S. Agata, 8. September 1870]

Seit Ihrer Abreise habe ich sehr wenig gearbeitet, nur noch den Marsch gemacht, der sehr lang ist und starke Gliederung aufweist: Einzug des Königs mit seinem Hofstaat, Amneris, die Priester; Gesang des Volkes, der Frauen; noch ein Priesterchor (den ich nachzutragen habe); Einzug des Heeres mit allen Kriegsbeutestücken; Tänzerinnen, die heilige Gefäße, Schätze und dergleichen zu tragen haben; Tanz der Haremssklavinnen; zuletzt Radames mit dem ganzen Bataclan – und alles das wird ein einziges Stück, eben der Marsch.

Sie müssen mir aber helfen und es so einrichten, daß der Chor ein bißchen das Lob Ägyptens und des Königs, ein bißchen auch das des

Radames singt. Man muß also die ersten acht Verse einigermaßen ändern; die zweiten acht, die der Frauen, sind recht und dann sollen noch acht für die Priester dazukommen: «Wir haben gesiegt mit Hilfe der göttlichen Vorsehung. Der Feind hat sich ergeben. Gott helfe nun weiter.» (Siehe die Telegramme des Königs Wilhelm!) Ich werde es Ihnen deutlicher sagen können, wenn ich die Szene hersetze:

Volk: Heil Dir, Ägypter usw.

Frauen: Den Lotos wind zum Lorbeer . . .

Sorgen Sie für den Sinn und für den Reim; im Chor der Priester und des Volkes die Caesur etwa beim vierten Vers!

Ich glaube, daß sich die zehnfüßigen Verse, die Sie mir geschickt haben, sehr gut machen werden. Wenn die andern Strophen ebenso gelingen, wird es ganz ausgezeichnet.

In dem Rezitativ, das dann kommt, gibt es eine Stelle, an der die Situation ein Ausholen der Musik verlangt; nach den Worten «Vernimm, o Fürst, hört einen weisen Rat» lassen Sie die elfsilbigen Verse aufhören und schreiben Sie vier Verse zum Singen zu sieben oder acht Silben. Diese Verse sollen feierlich und gehaltvoll sein; der Priester spricht sie. Am Schluß wäre es gut, die erste Strophe jenes Volkschors wiederholen zu lassen; Heil . . . Strophe zu vier Versen; Priester . . . gleichfalls vier Verse; alle übrigen; nochmals Strophe zu vier Versen. Finale. Amen. [. . .]

AN ANTONIO GHISLANZONI

Bester Herr Ghislanzoni, [St. Agata, 28. September 1870]

Dieser dritte Akt ist sehr gut, wenn es auch für mein Gefühl ein paar Dinge zu verbessern gibt. Aber, ich wiederhole, im ganzen sehr gut, und dafür mache ich Ihnen mein aufrichtiges Kompliment.

Ich sehe, daß Sie Angst vor zwei Dingen haben; vor einigen *szenischen Kühnheiten*, würde ich sagen, und davor, *keine Cabaletten zu machen*! Ich bin stets der Ansicht, daß man Cabaletten machen soll, wo die Situation es verlangt. Die der beiden Duette verlangt die Situation nicht, und besonders scheint mir die Cabaletta im Duett zwischen Vater und Tochter nicht am Platz zu sein. Aida kann und darf in jenem Zustand von Furcht und moralischer Niedergeschlagenheit keine Cabaletta singen. Im Entwurf gibt es zwei außerordentlich dramatische Stellen, die wahr und gut für den Schauspieler sind und in der Dichtung nicht recht herauskommen. Erstens: nachdem Amonasro gesagt hat *«Sei la schiava dei Faraoni»* [Du bist die Sklavin der Pharaonen], kann Aida nur in abgebrochenen Sätzen sprechen. Zweitens: wenn Amonasro zu Radames sagt *«il Re d'Etiopia»* [der König Äthiopiens], da muß Radames fast allein die Szene halten und beherrschen, mit seltsamen, verrückten, sehr exaltierten Worten; aber davon sprechen wir zur rechten Zeit . . .

Analysieren wir inzwischen diesen Akt von Anfang bis Ende. Im ersten Chor kommt mir die zweite Fassung besser vor; nur muß nicht noch einmal gesagt werden, was in den *Litaneien* gesagt wurde:

Luce divina eterna,	[Göttliches, ewiges Licht,
Spirito fecondator;	Befruchtender Geist;]

besser sagen wir wie im Entwurf: *«Iside favorevole agli Amori ecc. . . .»* [Isis, der Liebe gewogen usw.]

Gut Rezitativ und Romanze. Gut das Duett, das auf die Zeile folgt: *«Ti maledico. Ah no»* [Ich verfluche dich. O nein] Danach kommt mir *«Tu agli occhi miei, Dei Faraon ecc.»* [Du vor meinen Augen, Der Pharaonen usw.] schwach vor, und ich finde diese Art von Enthusiasmus bei Aida falsch: *«Della patria il sacro amor»*. [Die heilige Liebe zum Vaterland] Nach der furchtbaren Szene und den Schmähungen des Vaters hat Aida, wie ich Ihnen sagte, keinen Atem zum Sprechen mehr: darum abgerissene Worte mit tiefer und dunkler Stimme.

Ich habe den Entwurf nochmals gelesen, und mir scheint, daß diese Situation dort gut wiedergegeben ist. Für mein Teil würde ich auf Strophe und Rhythmus verzichten; ich würde nicht daran denken, singen zu lassen, sondern die Situation genau so geben wie sie ist, selbst in Form eines Rezitativs. Ich würde allerhöchstens Amonasro eine Phrase singen lassen: *«Pensa alla patria, e tal pensiero ti dia forza e coraggio»* [Denke ans Vaterland, und dieser Gedanke möge dir Kraft und Mut verleihen.] Vergessen Sie nicht die Worte: *«Oh patria mia, quanto mi costi!»* [O mein Vaterland, wie viel, wie viel kostest du mich!] Kurz und gut, ich würde mich so weit wie möglich an den Entwurf halten.

Morgen schreibe ich Ihnen wieder und mache ein paar Bemerkungen zu dem Übrigen.

Kostümfigurine eines ägyptischen Trompeters im Finale des 2. Aktes für die Kairoer Uraufführung der ‹Aida› von Auguste Mariette Bey.

AN CLARINA MAFFEI*

[S. Agata, 30. September 1870]

Diese Katastrophe Frankreichs bringt auch mich so gut wie Sie zur Verzweiflung! Ja, die blague, die Unverschämtheit, die Anmaßung der Franzosen war und ist (trotz all ihrem Unglück) unerträglich; aber schließlich hat Frankreich der modernen Welt ihre Freiheit und Zivilisation gegeben. Und wenn es fällt, so fällt, machen wir uns nichts vor, mit ihm jedwede Freiheit für uns alle, fällt auch unsere Zivilisation. Mögen unsere Literaten und unsere Politiker das wissen, die die Bildung und sogar (Gott verzeihe es ihnen) die Kunst jenes Siegervolkes rühmen; wenn sie aber ein wenig mehr ins Innere gehen wollten, würden sie merken, daß in seinen Adern immer noch das alte Gotenblut fließt, daß sie maßlos stolz, hart, unduldsam, grenzenlos gierig sind und alles Nichtgermanische verachten. Es sind Verstandesmenschen ohne Herz; es ist ein kräftiges Volk, aber es hat keinen Schliff. Und dieser König, der immer von der göttlichen Vorsehung redet, mit deren Hilfe er das beste Stück Europa zerstört! Er glaubt sich ausersehen, die Sitten zu bessern und die Laster dieser heutigen Welt zu bestrafen!! Welch ein Typ von einem Sendboten Gottes!

Der alte Attila (auch er ein Sendbote Gottes!) machte Halt vor der Majestät jener Hauptstadt der alten Welt. Dieser hier läßt die Hauptstadt der neuen beschießen! Und jetzt, da Bismarck glauben machen will, Paris werde geschont werden, fürchte ich mehr als je, daß man es wenigstens zu einem Teil in Trümmer legen wird. Warum tut man das? Ich wüßte es nicht zu sagen. Vielleicht, damit es keine so schöne Weltstadt mehr gebe, da sie selber eine gleich schöne niemals haben werden. Armes Paris! Und ich habe es so heiter, strahlend schön noch im vergangenen April gesehen . . .

Was nun? . . . Mir wäre es lieber gewesen, unsere Regierung hätte eine generöse Politik befolgt; man hätte eine Dankesschuld abzuzahlen gehabt. Hunderttausend von unseren Leuten hätten Frankreich vielleicht gerettet. Jedenfalls hätte ich lieber, gemeinsam mit den Franzosen besiegt, Frieden geschlossen als untätig zugesehen; daß wir es

* *Der Mailänder Salon der Gräfin Clarina Maffei (1814–86) war lange Zeit ein Treffpunkt der führenden fortschrittlichen Intellektuellen und Künstler Italiens. In diesem Kreis verkehrten neben Verdi und Giuseppina Strepponi auch Arrivabene, Carcano, Ghislanzoni und später Boito, Faccio und Puccini. Der glühende Patriotismus der Maffei und gleiche politische Interessen waren wichtige Grundelemente der lebenslangen persönlichen Freundschaft zwischen ihr und Verdi.*

tun, wird uns eines Tages der Verachtung preisgeben ... Dem europäischen Krieg werden wir nicht entgehen und er wird uns verschlingen. Es wird nicht morgen dazukommen, aber er kommt. Ein Vorwand ist bald gefunden ... etwa Rom ... das Mittelmeer ... und dann, gibt es keine Adria, die sie schon als germanisches Meer angesprochen haben? Was sich in Rom begibt, ist ein großes Ereignis, aber es läßt mich kalt. Vielleicht, weil ich merke, daß es schuld an vielem Unheil im Innern wie nach außen werden kann: weil ich mir keine Versöhnung denken kann zwischen Parlament und Kardinalskollegium, Preßfreiheit und Inquisition, bürgerlichem Gesetzbuch und Syllabus, und weil es mich erschreckt, daß unsere Regierung auf gut Glück losgeht und hofft, alles das werde sich mit der Zeit schon machen lassen. Wenn wir morgen einen geschickten, schlauen Papst bekommen, einen richtig argen, wie Rom ihrer viele gehabt hat, so bringt der uns um. Papst und König von Italien – ich kann mir das nicht einmal in diesem Brief zusammenreimen.

Das Papier geht mir aus. Verzeihen Sie dieses Geschreibsel! Es ist mir Befreiung. Ich sehe so schwarz; und dabei habe ich Ihnen nicht einmal die Hälfte von dem gesagt, was ich bedenke, befürchte. [...]
Addio.
G. Verdi

AN ANTONIO GHISLANZONI

[8. Oktober 1870]

Lieber Ghislanzoni, ein für allemal sei's gesagt: ich will nie von Ihren Versen sprechen – die sind immer gut – sondern nur meine Meinung über den Effekt auf der Bühne sagen. Das Duett zwischen Radames und Aida ist meiner Ansicht nach weitaus weniger geglückt als das zwischen Vater und Tochter. Vielleicht kommt das von der Situation, vielleicht von der Gestaltung, die gewöhnlicher ist als die in dem früheren Duett. Sicherlich sind die eingeschobenen Gesangsstellen mit den acht Versen, von einem gesprochen, vom andern wiederholt, nicht darnach angetan, den Dialog im Fluß zu halten. Und dann sind die Stücke zwischen diesen Gesangsstellen auch noch einigermaßen kalt.

Zu Beginn des Duetts sind mir noch die ersten Verse zum Teil lieber als dann das Rezitativ, das zu trocken ist. [...] Dann sind die Verse

Der Zorn der Amneris wird schrecklich sein,
mit dem Vater stürb auch ich ...

nicht bühnengemäß, das heißt, sie geben dem Sänger keine Möglichkeit zu einer Aktion; das Publikum wird nicht aufmerksam und die Situation geht verloren.

Es wäre mehr Entfaltung nötig und man müßte ungefähr das Folgende ausdrücken:

Aida: Und Du fürchtest nicht den Zorn der Amneris? Weißt Du nicht, daß ihre Rache wie ein Blitz auf mich niedersausen würde, auf meinen Vater, auf alle?

Radames: Ich schütze Euch.

Aida: Umsonst ... Du vermöchtest es nicht! Aber wenn Du mich liebst, bleibt ein Ausweg noch für uns.

Radames: Welcher?

Aida: Wir fliehn.

Sie werden sagen: Aber das sind doch Tüfteleien; meine Verse sagen das gleiche. Sehr wahr: Tüfteleien, wenn Sie so wollen. Aber ganz bestimmt lenken Wendungen wie: fällt auf mich, auf den Vater, auf alle ... Umsonst ... Du vermagst es nicht ... und dergleichen, wenn sie nur entsprechend gefaßt werden, die Aufmerksamkeit des Publikums auf die Szene, und es kann schon sein, daß es zu einer großen Wirkung kommt.

Gut sind die acht Verse der Aida «Wir fliehn» und die ersten vier des Radames; aber in den vier nun folgenden ist mir der Einfall mit der Braut nicht recht. Wäre es nicht besser gewesen zu sagen, wie in der Skizze: «Hier, wo ich geboren bin, wo ich lebte, Retter des Vaterlandes ward?» Sie haben den Ausbruch der Aida weggelassen:

Und meine Götter, sie sollen Deine sein,
Dort ist die Heimat, wo Dir Liebe blüht ...

Man muß das entweder in den Versen sagen, die Sie schon gemacht haben, oder, wenn es Ihnen besser paßt, als Rezitativ bringen.

Dann muß das Zwischenstück, das nun kommt, größere Bedeutung erhalten:

Aida: Geh! ... Du liebst mich nicht.

Radames: Ich Dich nicht lieben?! Nie haben die Menschen auf Erden, niemals Götter heißer geliebt.

(Ob es diese oder andere Worte sind, darauf kommt es nicht an; aber es muß eine Wendung sein, die erschüttert! Theater ... Theater!)

Aida: Geh, geh! Am Altar harrt Dein Amneris.

Radames: Nein – niemals!

Aida: Niemals – sagst Du? Dann falle ...

und so fort bis zum Ende des Duetts.

Morgen schreibe ich Ihnen in Kürze das Weitere.

Kostümfigurine eines ägyptischen Ministers im Finale des 2. Aktes für die Uraufführung der Oper in Kairo von Auguste Mariette Bey.

AN ANTONIO GHISLANZONI

Montag [17. Oktober 1870, St. Agata]

Verehrter Ghislanzoni, ich überlese das Szenarium der ‹*Aida*› und finde das Duett des vierten Aktes zwischen Amneris und Radames nach Ihren Bemerkungen und den von Ihnen vorgeschlagenen Strichen umgearbeitet.

Ich schicke es Ihnen, nicht damit Sie es als Muster nehmen (ich habe Ihnen schon gesagt, daß Sie diese Szene gestalten mögen, wie es Ihnen gut scheint), sondern damit Sie eine etwa darin vorkommende gute Wendung, einen richtigen Ausbruch hinein nehmen, wenn er Ihnen gefällt. Ich sage nun schon das zwanzigste Mal: daß ich nichts will als das Eine: Erfolg. Und darum nehme ich mir die Freiheit, daher nehme ich den Mut, alles das anzugeben, was mir nötig scheint, dieses Ziel zu erreichen. Haben Sie also Geduld! Hier ist das Duett:

Zweite Szene

(Beginnen wir hier mit einem Rezitativ, so findet sich schwerlich eine Stelle, an die man den Gesang anschließen könnte. Ich glaube, wir könnten gleich mit den lyrischen Versen beginnen, Metrum beliebig, und dieses Metrum dann bis zum Schluß festhalten. Übrigens ganz nach Gutdünken des Dichters.)

Amneris: Alsbald sind die Priester versammelt, Dich zu richten. Schwer lastet die Klage auf Dir, schwer wird Deine Strafe sein. Wenn Du aber vor den Richtern Deine Verbrechen abschwören willst, versuche ich's, das Herz des Königs zu rühren, Verzeihung zu erflehn.

Radames: Nein! Nie werden die Richter ein Wort von mir hören, das Verzeihung heischt. Ihr, Königin, wißt, daß ich schuldlos bin; wenn meine Lippen zu arglos sprachen, rein ist das Herz. Und doch, das ist wahr, verriet ich mein Vaterland. Reue zernagt mir die Seele, meine Hoffnungen sind gescheitert, verhaßt ist mir mein Leben und nur eines bleibt mir noch zu wünschen, eins zu erhoffen: der Tod!

Amneris: Tod! Aber Du sollst leben: hörst Du mich? Oh, Du weißt nicht, daß meine Liebe zu Dir ohne Grenzen ist. Du weißt nichts von meinen Tagen in Angst und Qual, von Nächten, die kein Ende nehmen. Für Dich würde ich dem Thron entsagen, den Vater verlassen, die Götter verleugnen.

Radames: Auch ich habe, rasend vor Liebe zu ihr, meine Pflicht verleugnet, die Götter, den König, das Vaterland.

Amneris (erzürnt): Sprich mir nicht von ihr!

Radames: Wie? Und Ihr wollt, daß ich lebe? Ihr! Die Ihr Zeugin wart

Kostümfigurine eines äthiopischen Gefangenen für die Uraufführung von ‹Aida› in Kairo. Aquarell von Auguste Mariette Bey.

meiner Schmach, Ihr, Ursache all meines Unglücks und vielleicht ihres Todes?

Amneris: Ihres Todes? Nein! Sie . . . lebt!

Radames: Was sagt Ihr? Lebt?

Amneris: In jener Nacht fand man nur den Vater, er ward im Streit erschlagen. Sie aber floh; noch glückte uns nicht, sie zu finden.

Radames (für sich): Lasset sie, Götter, ihrer Heimat Strand erreichen! Und möge mich meine Liebe mein Unglück vergessen machen! (Hier viel Gefühl, es muß sich eine schöne Gesangsstelle herausbringen lassen!)

Wenn diese Worte zu heftig scheinen, kann man sie mildern. Aber die Reden der Amneris müssen leidenschaftlich, glühend sein!)

Amneris: Doch wenn ich Dich rette, schwöre mir, daß Du sie nie wiedersehen willst.

(Man muß nicht in Gefahr kommen, hier an die ‹*Norma*› zu denken, wenn nur die Versform verschieden wird.)

Radames: Verlangt es nicht!

Amneris: Entsage Aida!

Radames: Ich kann es nicht.

Amneris: Noch einmal: entsage Aida – oder Du stirbst.

Radames: So will ich sterben . . .

Amneris: Unbesonnener! Du weißt nicht, daß ich grenzenlos lieben – aber nicht minder furchtbar hassen kann. Ha! Rette Dich! Hinweg! Die Gerechtigkeit nehme ihren Lauf! Dein Tod besänftige den Zorn der Götter!

(Erst hier und im folgenden wäre das Metrum zu ändern! Machen Sie eine Strophe zu vier oder zu sechs Versen für eine kleine Cabaletta!)

Radames: Schleudre nur all Deinen Zorn auf mein Haupt! Süß sei mir der Tod, wenn für sie ich sterbe . . .

AN ANTONIO GHISLANZONI

Samstag [St. Agata, 22. Oktober 1870]

Lieber Ghislanzoni, herrlich ist der Ausbruch der Amneris! Auch dieses Stück ist jetzt beendet. Ich gehe nicht nach Genua, ehe die Oper völlig fertig ist. Noch fehlt das letzte Stück, das noch in Partitur zu schreiben ist, der vierte Akt, und dann muß die Oper von Anfang an instrumentiert werden. Arbeit für einen Monat zum mindesten! Haben Sie also Geduld und teilen Sie sichs derart ein, daß Sie ohne allzuviel

Hast nach S. Agata kommen können, denn wir müssen das ganze Buch recht in Ordnung bringen.

Nun halten wir bei der letzten Szene und da möchte ich folgende Änderungen erbitten. [. . .]

Nun ist auch schon Aida da und muß sobald wie möglich sichtbar werden.

Nach den schönen Siebensilbern der Aida läßt sich für Radames nichts mehr finden; ich würde zuerst acht siebensilbige Verse für Radames nehmen, des Inhalts: «Du sollst sterben! Du, ohne Schuld und so schön, so jung! Und ich kann Dich nicht retten . . . O Schmerz! Das Schicksal dieser Liebe hat Dir Vernichtung gebracht . . .»

Zuletzt möchte ich den hergebrachten Todeskampf vermeiden und nicht Worte haben wie diese: «Mir schwinden die Sinne. Ich geh Dir voran. Erwarte mich! Sie ist tot! Ich lebe noch!» usw. Ich möchte etwas Süßes, Leidenschaftliches, einen ganz kurzen Gesang zu zweit, ein Lebewohl an das Leben. Aida müßte sanft in die Arme des Radames sinken. Inzwischen hätte Amneris, auf dem Stein des Gewölbes knieend, ein Requiescat zu singen.

Ich will die Szene hersetzen, um mich besser verständlich zu machen.

Letzte Szene

Der Stein verschließt mein Grab
auf immerdar. Das Licht des Tages,
ich sehe es nie mehr. Nie mehr Aida.

Aida, wo bist Du? Vermöchtest Du glücklich zu leben! Mein entsetzliches Geschick sei nie Dir kund! . . . Ein Seufzer . . . hier?

Ein Schatten! Ein Gespenst! Nein, dies ist ein Mensch!
Himmel! Aida!

(Das sind natürlich nur so Worte, wie ich sie hingestümpert habe. Sie müssen daraus erst schöne Verse machen; das gilt auch für das Folgende.)

Aida: Ich bin's.
Radames: Du hier? Sag – wie?
Aida: Mein Herz wußte Dein Urteil.
Seit drei Tagen warte ich hier.
Und nun – fern aller Menschen Blick
Will hier bei Dir ich sterben. (Noch ein Vers.)
Radames: Sterben! Du ohne alle Schuld? Sterben!
(Acht schöne Siebensilber zum Singen!)

Aida: Sieh dort den Todesengel [usw. wie im heutigen Text. Anm. d. Übersetzers].

Gesang und Tanz der Priester und Priesterinnen im Innern des Tempels.

Aida: Welch düstere Gesänge!

Radames: Es ist der Triumph der Priester.

Aida: Hymne zu unserm Tod.

Radames: Selbst meine starken Arme werden dich nicht wegwälzen, Stein an diesem Grabe.

Aida: Umsonst! Mit uns ist es zu Ende. Hoffnung glänzt nicht mehr. Wir müssen sterben!

Radames: Wahr! Zu wahr!

Zu zweit:
O Leben, fahr dahin, dahin, irdische Liebe,
dahin, Schmerzen und Freuden,
schon umfängt mich der Hauch der Ewigkeit,
unlösbar ist unser Bund im Himmel!

(Vier schöne Elfsilber! Aber damit sie zum Gesang taugen, muß der Akzent auf die vierte und achte Silbe fallen!)

Aida veratmet in den Armen des Radames. Amneris in tiefer Trauer vom Innern des Tempels her. Sie kniet auf dem Stein, der das Gewölbe abschließt.

Ruhe in Frieden
Du geliebte Seele.

Wenn Sie mir diese Szene zurecht gebracht und sie mir geschickt haben, kommen Sie zwei Tage später nach S. Agata. Inzwischen habe ich die Musik dazu entworfen und wir können uns dann ausschließlich mit dem wenigen befassen, was noch übrig bleibt . . .

AN GIULIO RICORDI

[Genua, Samstag, 17. Dezember 1870]

[. . .] Ich habe wegen ‹*Aida*› nicht telegrafiert, weil man, wenn man zum Publikum zu sprechen hat, die i Punkte gut setzen muß; sonst zuckt der *große Tyrann* die Schultern, lächelt und glaubt einem nicht. Man muß also ein bißchen was erzählen und sagen, daß die Verhandlungen sehr weit gediehen, sogar fast abgeschlossen waren, als ich aus Paris *par ballon monté* einen Brief erhielt, in dem stand, daß *Mariette Bey* (der den Vertrag mit mir im Namen des Vizekönigs unterschrieben hatte) in Paris eingeschlossen war und daß in Paris auch die Dekorationen, Kostüme usw. der ‹*Aida*› geblieben waren, so daß ich der Direktion der

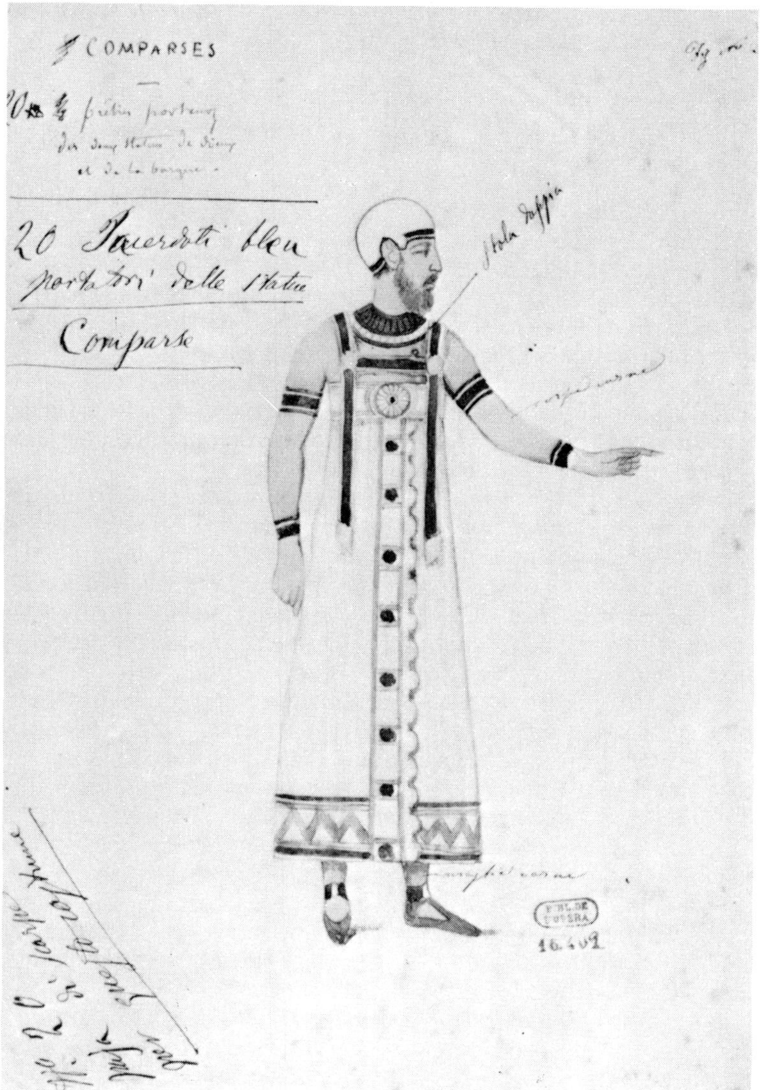

Kostümfigurine eines ägyptischen Priesters für die Uraufführung der ‹Aida› in Kairo, entworfen von Auguste Mariette Bey.

Scala mitteilen ließ, daß es fast unmöglich sei, die ‹*Aida*› in Kairo und folglich gleichzeitig in Mailand zu geben . . .

AN DRANETH BEY, CAIRO

[Genua, 5. Januar 1871]

Euer Exzellenz haben recht: ich hatte Herrn Muzio beauftragt, nach Cairo zu gehen, um die Proben der ‹*Aida*› zu leiten, und ich war eben dabei, den Vertrag zu unterfertigen, wonach die Oper im Monat Februar an der Scala hätte gegeben werden sollen mit den Damen Fricci, Tiberini usw. Ich wußte damals nicht, daß Mariette Bey in Paris eingeschlossen war und mit ihm die Dekorationen, Kostüme usw. für ‹*Aida*›. Sowie ich davon Kenntnis bekam, verständigte ich eilends die Direktion der Scala, damit keine weiteren Vorbereitungen für die neue Oper vorgenommen würden. [. . .]

Jetzt aber, mit Rücksicht auf die Lage, in die uns die traurigen Ereignisse gebracht haben – sie machen Frankreich, ganz Europa trostlos – möge Seine Exzellenz Seiner Hoheit dem Khedive versichern, daß ich meinerseits in diesem Augenblick niemals Rechte verlangt hätte, selbst wenn mir welche zustünden. Und daß ich, obschon mit Bedauern, auf den Wunsch verzichte, meine Oper in dieser Saison in Cairo und an der Scala spielen zu lassen.

Ich muß aber Eurer Exzellenz zur Kenntnis bringen, daß die Direktion der Scala nicht darauf verzichtet hat, ‹*Aida*› in der nächsten Karnevalssaison 1871/72 zu geben, und es sind zu diesem Zweck sogar schon mehrere Künstler verpflichtet, die ich selbst angegeben habe. Ich bitte also Eure Exzellenz, mir freundlichst anzugeben, welche Dispositionen Sie für die Aufführung der ‹*Aida*› treffen wollen, damit ich mich mit den weiteren Schicksalen dieser Oper und mit meinen Angelegenheiten in dieser Hinsicht beschäftigen kann. Es wäre nötig, daß ich erführe, wann ich die Partitur zu übergeben habe und wann sie in Cairo gespielt werden kann. Ich gewärtige die erbetene Antwort und habe die Ehre zu zeichnen als Eurer Exzellenz ergebener.

Nachschrift. Ich halte es für nützlich, Eure Exzellenz daran zu erinnern, daß die Aufführung der ‹*Aida*› zwei Sängerinnen, erste Kräfte verlangt, einen Sopran und einen Mezzosopran; einen Heldentenor, einen Bariton, zwei Bässe usw.

Amneris' Gemach (1. Szene/2. Akt) nach dem Entwurf von Henry de Montaut für die Kairoer Uraufführung von ‹Aida›.

AN TITO RICORDI*

[St. Agata, 22. Mai 1871]

[. . .] Draneth Bey war hier, wie Du weißt, und nachdem ich mit ihm viele notwendige Dispositionen für die Aufführung der *‹Aida›* in Kairo getroffen hatte, bat er mich, unsere Rechnung zu regeln. Das sollte heißen: «Gebt mir die Partitur und ich bezahle Euch den vereinbarten Betrag» usw. usw. Ich habe mir Zeit gelassen, weil dies ein Geschäft ist, das mit einem anderen Geschäft zu verbinden ist, um die Rechte zu garantieren. Und vor allem: seit etwa zwei Monaten habe ich nicht mehr von der Scala sprechen gehört!! Ich sollte wirklich nicht davon sprechen, aber angesichts der Dringlichkeit verlange ich eine Entscheidung und eine entsprechende Antwort. Wenn man die Oper an der Scala geben will, muß die Entscheidung getroffen werden, weil der Bey Anfang Juni wieder nach St. Agata kommt. Wenn man sie nicht geben will, müssen ich und Du etwas vereinbaren oder zertrennen. Sag mir aber ehrlich, was Deine Absichten sind, um diese Angelegenheit so oder so erledigen zu können.

P. S. Soweit ich weiß und soweit Du es sagst, wären *Stagno* und die *Waldmann* vielleicht hervorragend für die *‹Aida›* an der Scala gewesen. Sie werden unerfahren sein, aber sie sind jung und wenn da Stimme und Gefühl sind, bin ich stets für die Jungen: mit denen macht man immer, *was man will.*

AN GIULIO RICORDI

Lieber Giulio, [Cremona, 25. Mai 1871]

Auch ich hatte einmal an die Stolz für die Amneris gedacht, aber alles in allem ist es besser, sie mit der Partie der Aida zu betrauen.

Es gibt keinen Ausweg, man muß einen Mezzosopran finden. Wenn

* *Tito Ricordi (1811–88), Sohn des Verlagsgründers Giovanni Ricordi, übernahm den Mailänder Musikverlag in den vierziger Jahren von seinem Vater und weitete ihn nach und nach zu einem internationalen Unternehmen aus. Tito Ricordi war ein exzellenter Pianist und pflegte mit vielen großen Musikern seiner Zeit persönlichen Kontakt, so u. a. mit Liszt, Schumann und Meyerbeer. Mit Verdi verband ihn Zeit seines Lebens eine vertrauensvolle, freundschaftliche Beziehung. Er war einer der ganz wenigen Menschen, mit denen sich Verdi duzte.*

die Waldmann die Eboli wirklich gut macht, ginge sie sehr gut für die Amneris, im Charakter sowohl wie in der Tessitur; aber leider darf man sich nie auf das «man sagt» verlassen. Auf jeden Fall, wenn Ihr nichts Besseres findet, engagiert die Waldmann, aber ohne ihr die Partie der Amneris zu versprechen, falls sie in Mailand durchfallen sollte.

Auch über Faccio kann ich Euch nichts sagen. Wenn ich ihn wenigstens einmal mit dem Taktstock in der Hand gesehen hätte, würde ich Euch meine Meinung darüber sagen. Ich kann die Verantwortung nicht übernehmen, ihn engagieren zu lassen; aber andererseits habe ich nichts gegen Faccio als den Dirigenten der *‹Aida›*.

Ich schreibe heute noch an Magnani. [. . .]

P. S. Hat die Waldmann eine gute Tiefe? Wie tief kann sie singen?

AN GIULIO RICORDI

[S. Agata, 10. Juli 1871]

Sie kennen das Buch der *‹Aida›* und wissen, daß man für die Amneris eine Künstlerin braucht, die das Wesen der Hochdramatischen haben und die Szene beherrschen muß. Wie soll man von einer Beinahe-Debütantin diese Qualität erhoffen? Die Stimme allein, sei sie noch so schön (was sich übrigens in einem Saal oder im leeren Theater schwer beurteilen läßt), genügt für diese Partie nicht. Die sogenannte Vollendung des Gesanglichen kümmert mich wenig; ich liebe es, die Partien singen zu lassen, wie ich es will; aber ich kann keine Stimme geben, keine Seele, nicht das gewisse Etwas, das man Funke nennen sollte – es wird gewöhnlich mit dem Satz umschrieben: «Den Teufel in sich spüren.» Ich habe Ihnen gestern meine Meinung über die Waldmann geschrieben und ich bestätige sie Ihnen heute. Ich weiß ganz gut, daß es nicht so leicht sein wird, eine Amneris zu finden, aber davon sprechen wir in Genua. Doch damit nicht genug: Sie haben mir bis jetzt noch nicht gesagt, ob die Bedingungen angenommen sind, die ich in meinen unterschiedlichen Briefen gestellt habe.

Halten Sie daran fest, mein lieber Giulio, daß ich nicht darum nach Mailand komme, um in meiner Eitelkeit eine meiner Opern aufführen zu lassen; sondern um eine wahrhaft künstlerische Aufführung zustande zu bringen. Um das zu erreichen, müssen die Mittel vorhanden sein. Bitte also, antworten Sie mir klipp und klar, ob außer der Sängertruppe

1. der Dirigent bestimmt ist;
2. ob die Chorführer verpflichtet sind, wie ich sie angegeben habe;
3. ob auch das Orchester nach meinen Angaben zusammengesetzt ist;
4. ob Pauken und große Trommel ausgetauscht werden; gegen Instrumente von viel stärkerem Klang, als sie vor zwei Jahren hatten;
5. ob die Normalstimmung beibehalten wird;
6. ob das Orchester diese Normalstimmung angenommen hat, um ein Distonieren zu vermeiden, wie ich es sonst gehört habe;
7. ob die Instrumente diesmal so aufgestellt werden, wie ich das schon im vergangenen Winter in Genua in einer besonderen Skizze angegeben habe.

Diese Aufstellung des Orchesters ist von viel größerer Wichtigkeit als man gemeinhin annimmt, für die Farbenmischung der Instrumente, für den Klang, für die Wirkung. Solche kleinen Verbesserungen sollen uns dann den Weg zu anderen Neuerungen bahnen, die eines Tages sicherlich kommen. Darunter besonders, daß die Zuschauerlogen von der Bühne verschwinden – der Vorhang muß bis an die Rampe. Sodann: das unsichtbare Orchester. Der Einfall ist nicht von mir, sondern von Wagner; er ist glänzend. Es scheint heutzutage unmöglich, daß man Frack und weiße Krawatte unter ägyptischen, assyrischen, Druiden-Kostümen dulde; daß man zudem den Orchesterkörper, ein Stück Idealwelt, sozusagen mitten ins Parkett hineinsetze, völlig in die Welt der Klatscher und Zischer. Dazu das Mißliche, daß Harfen, Kontrabässe, der Dirigent selbst in das Bühnenbild hineinragen.

Antworten Sie mir klipp und klar mit ja oder nein! Wenn man nicht zusagen kann, was ich verlange, ist es zwecklos, weiter zu verhandeln.

AN PAUL DRANETH BEY

Exzellenz! [Genua, 20. Juli 1871]

Ihr geschätztes Schreiben vom 17. wurde mir nach Genua nachgesandt.

Mir scheint, daß vor der Übersendung des Librettos der *‹Aida›* zu entscheiden wäre, wer die Partie der *Amneris* übernimmt. Wie ich Ihnen schon einmal zu sagen die Ehre hatte, sind und waren weder die Sass noch die Grossi Mezzosoprane. – Sie sagen, daß die Grossi die *Favorita* und *Fedes* im *Profeta* [*‹Le Prophète›* von Meyerbeer] gesungen hat . . .; auch die Alboni sang einmal die *Gazza-Ladra* [*‹Die diebi-*

Kostümfigurine des Königs («le Pharaon») für die Kairoer Uraufführung von ‹Aida› von Henry de Montaut.

sche Elster› von Rossini], ich glaube, die *Sonnambula*, und sogar die Partie des Carlo V in *Ernani*!! Aber wozu? Dies bedeutet lediglich, daß Sänger und Direktionen manchmal keine Skrupel haben, die Werke der Autoren zu mißhandeln oder mißhandeln zu lassen.

Es sei mir gestattet, etwas über die Geschichte dieser *‹Aida›* zu sagen . . .

Ich schrieb diese Oper für die letzte Spielzeit, und es war nicht meine Schuld, daß sie nicht aufgeführt wurde. –

Ich wurde gebeten, die Aufführung um ein Jahr zu verschieben, und ich stimmte ohne Schwierigkeiten [zu haben] zu, obwohl es für mich höchst nachteilig war.

Seit dem 5. Janaur habe ich darauf hingewiesen, daß die Partie der *Amneris* für Mezzosopran geschrieben wurde . . . und später bat ich, sich auf keinen Dirigenten festzulegen, ohne mich im voraus zu verständigen. So hoffte ich immer, Mariani zu bekommen. –

Während ich mitten in diesen Verhandlungen stand, wurde ein anderer Dirigent engagiert, und man hat nie daran gedacht, einen *Mezzosopran* zu engagieren!! Warum das? – Und warum hat man bei einer für einen BESTIMMTEN ZWECK geschriebenen Oper nicht zu allererst daran gedacht, alle Kräfte zu beschaffen, die für ihre Aufführung vonnöten waren? Mir kommt es höchst merkwürdig vor, daß dies nicht getan wurde, und Eure Exzellenz möge mir zu sagen erlauben, daß dies nicht der Weg ist, eine gute Aufführung und einen Erfolg zu erzielen.

Ich habe die Ehre und verbleibe Ihr sehr ergebener

AN PAUL DRANETH BEY

[Genua, 2. August 1871]

Exzellenz, wiewohl der Grossi etliche Stellen in der Partie der Amneris ein wenig zu hoch liegen könnten, beharre ich bei dem, was Ihnen Herr Ricordi mündlich mitgeteilt hat: vertrauen Sie dieser Künstlerin die Partie der Amneris an und sehen Sie lieber von dem Wagnis ab, es mit einer neuen zu versuchen; Sie werden schwerlich eine finden, die so gut wäre, wie man sie braucht.

Wie ich Ihnen früher schrieb, ist das Textbuch in Paris und zur Stunde in den Händen von Mariette Bey.

Im vergangenen Jahr habe ich mir die Freiheit genommen, zwei Bestellungen für *‹Aida›* in Auftrag zu geben, weil keine Zeit war, erst zu schreiben und die Antwort aus Cairo abzuwarten:

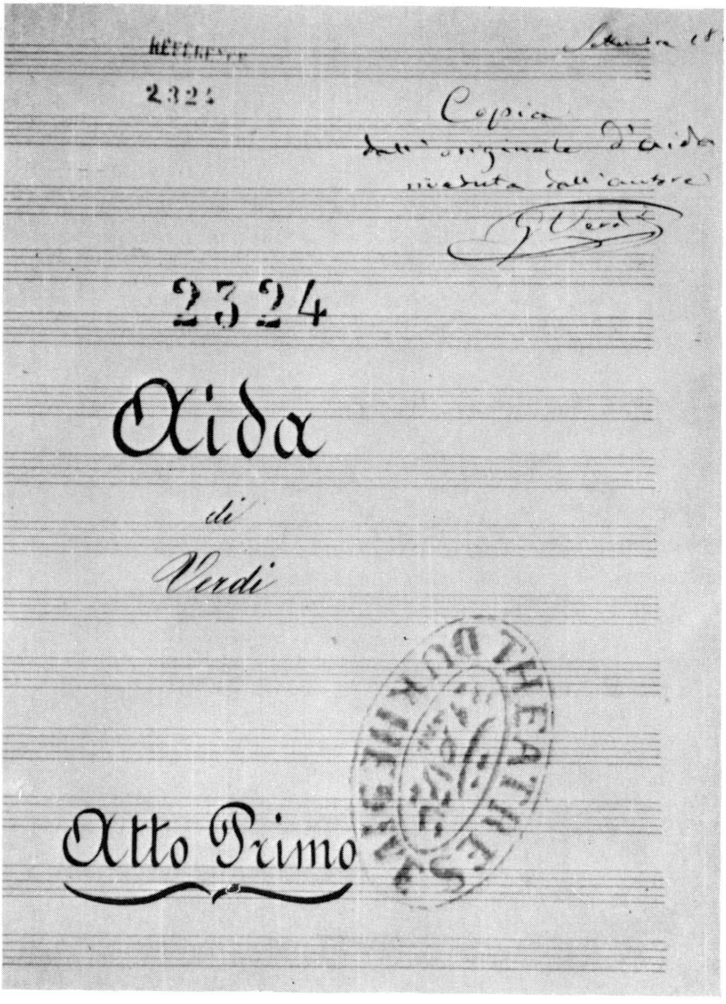

Die erste Seite jenes handschriftlichen Partitur-Exemplars, das Verdi zur Einstudierung an die Oper in Kairo sandte, mit dem Eigentumsstempel des Kairoer Opernhauses und einem handschriftlichen Vermerk Verdis, nach dem es sich um eine «vom Autor durchgesehene Kopie des Originals von ‹Aida›» handelt.

1. habe ich Herrn Ricordi aufgetragen, alle Partien, die Chor- und Orchesterstimmen der *‹Aida›* für Cairo ausschreiben zu lassen;

2. habe ich bei Pelitti sechs gerade Trompeten von altägyptischer Form bestellt, wie sie jetzt nicht gebräuchlich sind und daher eigens angefertigt werden mußten.

Wenn Sie es für richtig halten, daß ich für diese Bestellungen aufkomme, so werde ich die Kosten auslegen und Euer Exzellenz werden sie mir vergüten, sobald wir zu der Honorierung der Partitur kommen. Andernfalls können Sie sich direkt an Ricordi und Pelitti wenden und mit diesen alles auf gleich bringen.

Ich habe die Ehre zu zeichnen als Euer Exzellenz ergebener Diener.

AN GIULIO RICORDI

Lieber Giulio, [St. Agata, 7. September 1871]

Ich werde am Abend des 18. oder am Morgen des 19. in Mailand sein, um am 20. oder 21. wieder hier zu sein. Ich bin sehr glücklich, daß der Bürgermeister sich zu dieser kleinen *Reform* im Orchester entschlossen hat, die Vorteile in der Aufführung und der Wirkung ergeben wird. Empfehlt mich ihm und dankt ihm für mich.

Das Libretto ist gut [gedruckt], aber wenn Ihr so einen breiten Rand laßt, kommt es mir etwas zuviel vor. Mir hätte auch gefallen, daß es, wie Ghislanzoni wollte, außerhalb keine Verse mit kleinen Buchstaben gäbe, um Strophe oder Metrum anzudeuten. Eine Augenweide von schönster Wirkung sind die Seiten 29, 35, 36 und andere usw. usw. Macht es damit im übrigen, wie Ihr meint . . .

Noch eine Bemerkung *sotto voce*: auf Seite 40 steht diese Strophe:

Morir! si pura e bella [Sterben! so rein und schön
. . . .
. . . .
. . . .
Troppo t'amai Zu sehr liebte ich dich
troppo sei bella . . . . Zu schön bist du . . .]

Gewiß werden unsere Primadonnen wunderschön sein, aber wenn es später jemals eine gäbe, die es nicht wäre? Dann könnte das Publikum scherzen, und das täte mir leid, weil der Moment zu bedeutend ist.

Ob Ghislanzoni diese [Worte] ändern könnte? Es ist leicht, sie zu ändern, aber ich möchte es so, daß eine gewisse Kadenz, die da ist, nicht verloren geht.

Kostümfigurine der Amneris für die Kairoer Uraufführung der Oper von Henry de Montaut.

Auf Seite 41 würde ich in sehr deutlichen und von den anderen zu unterscheidenden Buchstaben

GESÄNGE UND TÄNZE
DER PRIESTERINNEN IM TEMPEL

bezeichnen.

Am Anfang des 3. Akts, wenn Aida auftritt, nehmt die 4 Zeilen weg:

Astri del cielo azzuri	[Ihr blauen Sterne des Himmels,
copritevi d'un vel, m'avvolgi o notte	bedeckt euch mit einem Schleier, umhülle mich, o Nacht,
nel lugubre tuo manto	in deinem dunklen Mantel,
cela a tutti il mio duol,	verbirg vor allen meinen
cela il mio pianto.	Schmerz, verbirg meine Tränen.]

Sie verlängern das Rezitativ und sagen nichts. – Ich habe den Vertrag [zwischen Ricordi und der Scala] gelesen, und der Impresa bleibt tatsächlich nichts anderes übrig, als sich ein par Meter Strick zu kaufen, um ... Seid also so entgegenkommend wie möglich, ohne die Gewähr einer guten Aufführung jemals aus dem Auge zu verlieren.

Ich will mit der Impresa nichts zu tun haben, aber das Haus Ricordi kann versprechen, daß ich an den Proben der ‹*Aida*› teilnehmen werde.

Ich will nichts für meine Mitarbeit an der *mise-en-scène* [Inszenierung], denn die Summe, welche die Impresa zu zahlen hat, soll für die *erste Leihgebühr* der Oper gehalten werden.

Die Bühnenmusik ebenso wie früher, aber gut ausgewählt; dazu 6 oder 8 gerade Trompeten [‹*Aida*›-Trompeten].

Ein andermal habe ich schon erwähnt, daß an der Scala die folgenden Choristen genügen würden, vorausgesetzt, daß sie gut ausgewählt sind:

12 Erste Soprane
12 Zweite Soprane
12 Altistinnen
12 Erste Tenöre
12 Erste Bässe
12 Zweite Bässe ...

abgesehen von der Verstärkung mancher Stellen in besonderen Fällen, wie in dieser Oper, die 8 weitere Bässe für den Priesterchor erfordert ...

Addio, addio
G. Verdi

AN GIULIO RICORDI

Lieber Giulio, [St. Agata, 13. Oktober 1871]

Hier ist der an den Bürgermeister zu übergebende Brief; begleitet ihn mit Eurer Redekunst. – Ich habe das nicht geschrieben, aber Ihr könnt ihm mündlich sagen, daß ich immer bereit bin, das eiserne Pferd zu besteigen, wann immer es nötig wäre. –

Und Ihr, verliert keine Zeit für die sechs *‹Aida›*-Trompeten, die Flöte, die Pauken, die große Trommel usw. usw. Gebt acht, daß ich alles mit meinen eigenen Augen sehen will; und ich will lange vor Beginn der *‹Aida›* Proben sehen und hören. Ich komme, wenn Ihr mich einladet, zur zweiten Orchesterporbe der *‹Forza del Destino›* und dann werde ich das Orchester, den Chor, die große Trommel und die Pauken hören, und außerdem will ich die [*‹Aida›*-]Trompeten und die neue Flöte hören. –

Gebt gut acht, daß ich mich nicht mit den üblichen Worten «wir werden es tun, es wird getan werden» usw. zufrieden geben werde. Nein, nein – – *Ich erkläre jetzt ganz laut*, daß ich die *‹Aida›-Proben nicht beginnen werde*, wenn *die obenerwähnten Dinge nicht fertig sind.* – – –

Also verliert keine Zeit, solange es Zeit gibt.

Die Stolz ist gestern abgereist. Sie wird auch gut für die zartesten Stellen sein . . .

Morgen schicke ich weitere Korrekturen.

P. S. Ich erwarte Nachricht von Capponi. – Schade, daß die Waldmann nicht studieren konnte, wie ich es gewünscht hätte.

AN GIULIO RICORDI

Lieber Giulio, [*Vermutlich* St. Agata, 15. Oktober 1871]

[. . .] Wenn Pandolfini eingetroffen ist, bittet Faccio, ihm seine Partie zu zeigen. Es kann sein, daß er sie nicht mag, weil sie kurz ist und keine Arien hat . . . aber ich weiß nicht, was ich da sagen soll. Es kann nicht anders sein und muß so bleiben wie es ist. Wenn Pandolfini aber intelligent ist und einen *Charakter* darstellen möchte – Amonasro ist ein Charakter, vielleicht der feinste, wenn auch der kürzeste. Jedenfalls möchte ich nicht belästigt werden. Ich ziehe es vor, einen mittelmäßigen Künstler guten Willens statt schlechte Launen auf Proben zu haben. Diese schlechten Launen führen stets zu schlechten Aufführungen. Sie paralysieren alles. Sprechen wir von Anfang an also ganz unumwunden und, wenn er nicht zufrieden ist, findet mir einen anderen. [. . .]

AN GIULIO RICORDI

Lieber Giulio, [St. Agata, 26. Oktober 1871]

Nun, konnte man diese verdammte A-Flöte machen, wie ich bereits gefragt hatte? *Non possumus* ist nicht nur das Motto der Priester, sondern aller Faulpelze und Dummköpfe! O, man irrt sich da nie! Wenn einer in ähnlichen Fällen «man kann es nicht» sagt, könnt Ihr sicher sein, daß er ein Arschloch ist . . . Warten wir also das Ergebnis der As-Flöte ab; auf jeden Fall sollte uns die in B bereits von Nutzen sein.

Ich bin froh, daß Ihr ein gutes Cello gefunden habt; tut das auch im Fall der Bratschen. Achtet auf den Chor, achtet auf alles. Sagt der Direktion, sie solle nicht am *bout de chandele* [Ende der Kerze] sparen; und macht eindeutig klar, daß ich, wenn in den Massen nicht alles gut ist, in Genua bleibe. Uomo avvisato . . .

AN GIULIO RICORDI

Lieber Giulio, [St. Agata, 31. Oktober 1871]

Ich habe vier Kostümentwürfe erhalten, die ich Euch sende; ich werde Euch auch die anderen senden, sobald sie ankommen. Obwohl Du Locle mir schreibt «mit all seiner gelehrten Forschung hat Mariette recht wenig getan, was uns zwang, die Arbeit selber zu tun», denke ich, daß sie sehr schön sind. Was denkt Ihr davon?

Ich habe die Flöte erhalten und versucht, aber der Spieler war so verwirrt und zitternd, daß ich nur sehr wenig herausfand. Es schien mir jedoch, daß der Klang der mittleren und tiefen Noten besser als bei üblichen Flöten ist und daß man einen Klageton hört, der mir garnicht mißfällt . . . Es ist bestimmt fast unmöglich, das dritte Loch zu schließen, wegen der Entfernung, und eine Klappe wird vonnöten sein. Ich habe bemerkt, daß ein paar Noten in der As-Flöte zu hoch werden; zum Beispiel wird das D

fast einen halben Ton (B) zu hoch. Aber das ist Sache des Fabrikanten.

Zusammenfassend:

1. Die As-Flöte hat viel mehr Klangfülle und Stärke in den tiefen und mittleren Noten als übliche Flöten.

2. Wenn sie nicht schwer zu machen ist und wenn jeder Spieler sie spielen kann, würde ich sagen, daß drei Flöten angefertigt werden sollten, um im *Heiligen Tanz* und im letzten Finale verwendet zu werden.

Ihr könnt dem Fabrikanten sagen, daß in St. Agata niemand sein Geschäft stehlen wird und daß er sein *Patent für die Erfindung* bekommt. Das gehört jedoch mir ... aber ich überlasse ihm allen Ruhm ... und auch anderen Ruhm, solange er mir gute Instrumente macht.

Vergeßt die [*‹Aida›*-]Trompeten nicht, die ich selber sehen und hören will.

Vergeßt die Bratschen und Celli nicht. Vergeßt den *Priesterchor* nicht.

Noch ein P. S. Versucht den Klang der As-Flöte sehr vorsichtig, denn wenn sie nicht wirklich klangvoller als die anderen wäre, würde es sich nicht lohnen ...

AN CAMILLE DU LOCLE

Lieber Du Locle, [St. Agata, 7. November 1871]

Ich habe eine erste Sendung von vier Ägyptern erhalten und jetzt erhalte ich den zweiten von weiteren sechs, für die ich Euch aufrichtig danke.

Das Verhalten dieser braven Beys ist merkwürdig, höchst merkwürdig, und Mariette überrascht mich sehr!! Mir scheint, es sollte sie interessieren, daß – da es sich um ein Theater wie die Scala handelt – alles gut gemacht würde und daß es eine gewisse Übereinstimmung, wenn nicht in der musikalischen Interpretation, zumindest in der Inszenierung gäbe. Wenn sie das nicht wollen, macht es nichts! Wir schaffen es ohne sie. Inzwischen tut Ihr mir wirklich einen Gefallen, wenn Ihr mir weiterhin den Rest der Kostümskizzen schicken könnt; und sagt dem Zeichner, er möge die Arbeit fortsetzen . . .

Was mich betrifft, wird die ‹*Aida*› Ende Januar an der Scala gegeben, ob sie vorher in Kairo aufgeführt wurde oder nicht. [. . .]

AN GIULIO RICORDI

[Turin, 12. November 1871]

Ich bin also nach Turin entkommen und habe mein gutes Notenpäckchen mit. Schade! Wenn ich ein Klavier und ein Metronom hier hätte, ich schickte Ihnen noch diesen Abend den dritten Akt. Wie ich Ihnen schrieb, habe ich durch einen Chor und eine Romanze der Aida einen anderen Chor ersetzt, der im vierstimmigen Kanon gearbeitet war, in der Art des Palestrina. Ich hätte da beinah ein Bravo von den Perücken verdient, hätte hoffen dürfen (aber was wird bloß Faccio sagen!), eine Stelle als Kontrapunktlehrer an irgend einem Konservatorium zu bekommen . . . Aber dann drückte mich das Gewissen wegen dieses Arbeitens à la Palestrina, wegen der Harmonik, wegen der ägyptischen Musik!

. . .

Nun, es ist schon einmal mein Geschick! Ich werde es in der Musik nie zum Wissenschaftsmenschen bringen – für immer Pfuscher bleiben!

AN GIULIO RICORDI

Lieber Giulio, [Genua, 9. Dezember 1871]

Als ich heute früh Euren Brief erhielt, könnt Ihr Euch mein Erstaunen nicht vorstellen, daß ich auch einen von Filippi* erhielt, in dem er mir mitteilt, daß er auf Einladung des Vizekönigs nach Kairo geht. – Ahhhhh! . . .

Ich schreibe seinen Brief und meine Antwort für Euch ab, die man zur rechten Zeit und am rechten Platz vielleicht veröffentlichen sollte. Hier ist sein Brief:

* *Vgl. S. 202 im vorliegenden Band.*

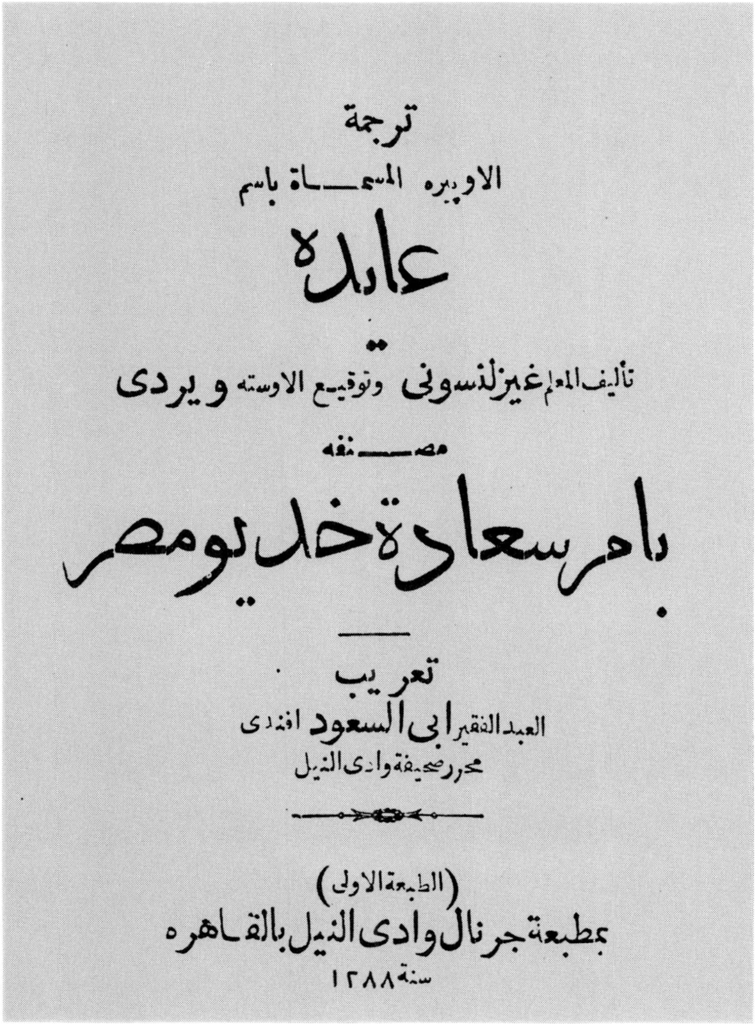
ترجمة

الاوبيره المسماة باسم

عايده

تأليف المعلم غيزلنسونى وتوقيع الاوسته ويردى

مصنفه

بامر سعادة خديو مصر

تعريب

العبد الفقير ابى السعود افندى

محرر صحيفة وادى النيل

(الطبعة الاولى)

بمطبعة جرنال وادى النيل بالقاهره

سنة ١٢٨٨

Titelseite des ersten ‹Aida›-Librettos in arabischer Sprache, das 1871 zur Uraufführung in Kairo gedruckt wurde.

Antonietta Pozzoni (1846–1914) sang bei der Uraufführung der ‹Aida› in Kairo die Titelpartie und verbuchte damit einen Erfolg. Verdi hatte sie zuvor in Florenz als Violetta (in ‹La Traviata›) gehört und war davon sehr angetan: Sie sei «eine schöne Gestalt, eine gute Schauspielerin» und habe «eine große Seele, echte Anlagen für einen Künstler», urteilte Verdi über sie. Später wechselte sie ins Mezzo-Fach und sang 1875 in Rom die Amneris.

Mailand, 8. Dezember 1871
Via Bilgi 21

Verehrter Maestro! Der Vizekönig von Ägypten hat mich freundlichst eingeladen, der ersten Aufführung der *‹Aida›* beizuwohnen und ich habe angenommen, weil die große Bedeutung dieses künstlerischen Ereignisses die lange und beschwerliche Reise aufwiegen wird.

Ich müßte eine Pflicht zu versäumen glauben, wenn ich mich Ihnen nicht zur Verfügung stellte für alles, was Sie dort unten benötigen sollten. – Ich reise Sonntag von hier ab usw. usw. . . . Wenn Sie irgend einen Auftrag haben, wird es eine Ehre für mich sein, ihn mit peinlicher Gewissenhaftigkeit auszuführen und Ihnen, wenn Sie wollen, auch Informationen über den Gang der Proben zu geben, denn ich hoffe, einigen der letzten beizuwohnen.

Wenn dieser Brief Sie rechtzeitig erreicht, können Sie mir antworten oder auch durch Ricordis bestellen lassen, was immer Sie benötigen sollten.

Sehr beglückt von der mir gebotenen Gelegenheit, die Premiere Ihres Werkes zu hören, zeichne ich in Verehrung
Ihr sehr ergebener
Filippo Dr. Filippi

Antwort

Genua, 9. Dezember 1871

Verehrter Herr Filippi,
Es wird Ihnen sonderbar, recht sonderbar scheinen, was ich Ihnen zu sagen habe; aber verzeihen Sie, wenn ich Ihnen nicht alles veschweigen kann, was mich bewegt.

Sie in Kairo? Das ist eine der mächtigsten Reklamen, die man sich für *‹Aida›* vorstellen kann! – Mir scheint, daß die Kunst auf diese Weise nicht mehr Kunst ist, sondern ein Gewerbe, eine Vergnügungsreise, eine Jagd, irgend etwas, hinter dem man herläuft, dem man, wenn nicht Erfolg, wenigstens um jeden Preis Publizität geben möchte! Was ich dabei fühle, ist Ekel und Erniedrigung! – Ich erinnere mich stets mit Freude der Zeit meiner Anfänge, als ich fast ohne Freunde, ohne einen Menschen, der von mir gesprochen hätte, ohne Vorbereitungen, ohne jeden Einfluß mit meinen Werken vor das Publikum trat, bereit, mich den *Schüssen* zu stellen, und überglücklich, wenn es mir gelingen konnte, hie und da einen günstigen Eindruck zu erwecken. – Und jetzt – wieviel Pomp für eine Oper!!! Journalisten, Solisten, Choristen, Direktoren, Professoren usw. usw. Alle müssen sie ihre Steine zum Gebäude der Reklame tragen und damit einen Rahmen aus elenden Nichtigkeiten formen, die das Verdienst einer Oper nicht im geringsten vermehren, sondern ihren wahren Wert, falls sie den hat, sogar vermindern. Das ist beklagenswert . . . tief beklagenswert!!!

Ich danke Ihnen für Ihr liebeswürdiges Angebot für Kairo. Vorgestern schrieb ich an Bottesini über alles, was die *‹Aida›* betrifft. Ich wünsche dieser Oper nur eine gute und vor allem intelligente gesangliche, instrumentale und szenische Aufführung. Ansonsten *à la grâce de Dieu*, denn so habe ich meine Laufbahn begonnen und so will ich sie enden.

Reisen Sie gut und seien Sie stets von meiner Ergebenheit überzeugt.
G. Verdi

Hört, mein lieber Giulio! Ich fühle mich in diesem Augenblick so angewidert, so angeekelt, so verstört, daß ich die Partitur der *‹Aida›* ohne einen Seufzer tausendmal ins Feuer werfen könnte. – Tun wir's? . . . Es ist gerade noch Zeit! Der Vertrag ist noch nicht unterschrieben, und wenn Ihr alles vernichten wollt . . . Aber wenn diese arme Oper trotzdem bestehen muß, um Himmels willen keine Reklame, kein Drum und Dran, das für mich die erniedrigendste Erniedrigung ist.

O, alles, was ich in Bologna gesehen habe und jetzt aus Florenz höre, ekelt mich an! Nein, nein . . . ich will keine *Lohengrinate* . . . Lieber das Feuer!!

Habt Ihr schon mit den Proben begonnen? – Achtet auf alles, was ich Euch gesagt habe! – Und probiert die Stolz schon? Grüßt sie. – Aber Capponi wird nicht da sein? . . . Für welche zweite Oper hat man sich entschieden? . . . Wählt gut, weil sie sehr wichtig ist – –

Morgen (heute habe ich keine Zeit mehr) schreibe ich bezüglich der Chöre – – Addio, addio

G. Verdi

AN OPPRANDINO ARRIVABENE*

Lieber Arrivabene, [Mailand, 9. Februar 1872]

Letzte Nacht ‹*Aida*›** war ausgezeichnet; die Ausführung der Ensembles und der Einzelpartien war sehr gut; die Regie ebenso. Die Stolz und die Pandolfini, exzellent. Die Waldmann, gut. Fancelli, eine herrliche Stimme und sonst nichts. Die anderen gut, das Orchester und der Chor hervorragend. Was die Musik betrifft, wird Dir Piroli noch davon berichten. Das Publikum reagierte zustimmend. Ich will vor Dir keine Bescheidenheit heucheln, aber diese Oper ist sicherlich nicht eine meiner schlechtesten. Die Zeit wird ihr später den Platz zuweisen, den sie verdient . . .

* *Der berühmte italienische Schriftsteller und Kritiker Opprandino Arrivabene (1807–87) war einer von Verdis engsten Freunden, und dies fast fünfzig Jahre lang. Selbst einem Grafengeschlecht entstammend, zählte er zu den wichtigsten Mitgliedern des Intellektuellenkreises um die Gräfin Clarina Maffei. Er schrieb für den L'Indicatore Lombardo, die erste italienische Wochenzeitschrift, später für die Rivista Europea, deren Artikel von den bedeutendsten Köpfen Italiens verfaßt wurden.*

** *Verdi bezieht sich auf die europäische Erstaufführung von ‹Aida› am 8. Februar 1872 an der Mailänder Scala, die nur sechs Wochen nach der Kairoer Uraufführung stattfand. In Mailand sangen unter der Leitung von Franco Faccio Teresa Stolz (Aida), Maria Waldmann (Amneris), Giuseppe Fancelli (Radames) und Francesco Pandolfini (Amonasro).*

Drei Fotografien der Sopranistin Teresa Stolz (1834–1902) im ‹Aida›-Kostüm der Mailänder Erstaufführung. Von 1867 an, als sie in der ersten italienischen Aufführung von ‹Don Carlos› als Elisabeth Triumphe feierte, war die aus Böhmen stammende Sängerin die bevorzugte weibliche Protagonistin Verdis. Als sie, wohl um Verdis Sympathie nicht zu verlieren, mit ihrem langjährigen Lebensgefährten, dem Dirigenten Angelo Mariani, brach, gab es viele Spekulationen und Gerüchte, daß ihre Beziehung zu Verdi über das rein Künstlerische hinausreichen könnte. Giuseppina Verdi jedenfalls litt einige Jahre sehr unter der engen Freundschaft zwischen ihrem Mann und der Stolz. Die Partie der Aida soll ihr Verdi auf den Leib geschrieben haben. Sie sang die Aida im ersten Jahr an fünf verschiedenen Opernhäusern zum erstenmal. Später befreundete sie sich auch mit Giuseppina und wurde nach deren Tod 1897 Verdis treueste Gefährtin bis zu seinem Tod. Sie überlebte ihn nur um knapp zwei Jahre.

AN GIULIO RICORDI*

Lieber Giulio, [Parma, 6. April 1872]

Ich habe Euren Brief und eine Kopie des Vertrags erhalten. Ich wollte wissen, ob ich eine geschlossene Generalprobe verlangen könnte. Darüber steht nichts darin!

Ich habe die Bühnenmusik mit den sechs Trompeten gehört und die spielen schon recht gut. Ich denke, es wird besser sein, als in Mailand.

Auch die Requisiten besser als in Mailand.

Die Bühnentechnik für die letzte Szene *idem*.

Capponi besser, noch besser. Das Schlechteste werden wir in den kleineren Rollen haben und, ich fürchte, auch im Chor.

Pantaleoni, na ja! Er könnte es schaffen und hätte es besser schaffen sollen.

Das Orchester mag die *Fülle* und *Größe* des Mailändischen nicht haben, aber es wird vielleicht besser spielen. Vielleicht ist es [hier] disziplinierter und weniger eingebildet.

Ich finde immer wieder, daß der dritte Akt dramatisch genommen der beste ist. Ich will lediglich die Instrumentation jener furchtbaren *cabaletta* überarbeiten, die so viel Ratschläge, so viel Weisheit, und so viel Wohlwollen Eurer Kritiker hervorrief. Wir werden die Stimmen hier revidieren, weil das eine Kleinigkeit ist.

Kaum hier eingetroffen, erhielt die Stolz die Nachricht vom Tod ihrer Mutter! Also probt sie bis jetzt noch nicht . . .

P. S. Achtet gut darauf, daß in den Gesangsstimmen unter anderem die zwei Zeilen des zusätzlichen Rezitativs für Aida im letzten Duett noch nicht revidiert worden sind und auch nicht die letzte Strophe für Amneris.

AN CLARINA MAFFEI

[. . .] [St. Agata, 18. Mai 1872]

Ich hasse alle Tyranneien, und besonders die häuslichen. Jetzt sind die *Großen Gärtner*, die *Großen Köche*, die *Großen Kutscher* die wahren

* *Den folgenden Brief schrieb Verdi zwei Wochen vor der Erstaufführung von ‹Aida› in Parma. Auch in Parma sangen Teresa Stolz und Maria Waldmann die weiblichen Hauptpartien.*

Tyrannen eines Hauses. Bei denen dürft Ihr keine Blume in Eurem Garten mehr anrühren, kein einfaches Ei mit Salat essen, Eure Pferde nicht gebrauchen, wenn es regnet oder wenn die Sonne zu sehr scheint. Usw. usw. usw. . . . Nein, nein: unter den Tyrannen im Hause genüge ich allein, und ich weiß recht wohl, welche Mühe mich das kostet!!! Zudem bin ich ein Tyrann, der immer damit endet, das zu tun, was er nicht will . . . Wollt Ihr ein Beispiel davon? Ich schreibe Opern . . . das ist etwas, was ich weniger als alles andere machen will!! – *Quelle blague!!* [. . .]

AN FRANCO FACCIO*

[St. Agata, 25. Juni 1872]

Ausgezeichnet, ausgezeichnet! Man darf nicht zaudern, man darf nicht nachgeben, wenn es um die Kunst geht. Ich schätze Eure Behandlung des Orchesters in Padua hoch. Fürchtet nichts. Die Leute, auch die abgefeimtesten, respektieren am Ende immer das energische Handeln, wenn es gerecht ist. Dank für die guten Nachrichten; fahrt fort, mir solche zu geben, und laßt uns hoffen.

Ich verlasse Euch. Verzeiht die Kürze dieses Briefes, aber ich habe viel zu tun und fühle mich nicht einmal allzu wohl. Das sind magere Entschuldigungen, aber findet sie, ich bitte Euch, gut. Immer Euer getreuer

P. S. bei der Inszenierung der *‹Aida›* in Parma ließ ich das Podest der letzten Szene weiter vorn aufbauen als in Mailand. Das ist ein Irrtum: Wenn das Theater in Padua auch kleiner als die Scala ist, halte ich es für gut, die Entfernungen beizubehalten wie sie in Mailand waren. Man wird den Tempel besser sehen und den Gesang der Liebenden mysteriöser und (erlaubt dieses Wort) poetischer finden. Ich habe das

* *Franco Faccio (1840–91) war der Dirigent der europäischen Erstaufführung von ‹Aida›, die nur sechs Wochen nach der Kairoer Uraufführung an der Mailänder Scala stattfand. Später dirigierte Faccio auch die Premiere der revidierten Fassung von ‹Simone Boccanegra› (1881) sowie die Uraufführung von ‹Othello› (1887). Er war eng mit Boito befreundet und kannte ihn schon seit seiner Jugend. Faccio versuchte sich zunächst als Opernkomponist, hatte dann aber als Dirigent mehr Erfolg (ab 1872 an der Scala) und rückte in den siebziger Jahren zum führenden Dirigenten Italiens auf. Auf dem Höhepunkt seines Ruhms starb er einundfünfzigjährig an den Folgen vererbter Syphilis in der Irrenanstalt von Monza.*

Die Mezzosopranistin Maria Waldmann (1844–1920) im Kostüm der Amneris in der ersten Mailänder ‹Aida›-Produktion im Februar 1872. Nach anfänglicher Skepsis wurde die gebürtige Wienerin bald Verdis bevorzugte Amneris und sang die Rolle auch in Parma, Padua, Neapel, Kairo, Wien, Paris und zahlreichen anderen Häusern. Unter Verdis Leitung sang sie auch den Mezzo-Part bei der Uraufführung seines Requiems. Verdi war sehr betrübt, als sie im Alter von 34 Jahren beschloß, ihre glänzende Karriere aufzugeben und Gemahlin eines italienischen Herzogs, also Herzogin zu werden: Duchessa Massari von Ferrara.

der Signora Stolz gesagt, ich habe es Giulio gesagt, ich habe es Magnani und Mastellari gesagt. Ich wiederhole es für Euch und bitte, es so zu machen, weil ich es für die bessere Wirkung halte.

AN VINCENZO TORELLI*

[29. August 1872]

Ich habe versucht, einige von unseren Theatern in die Höhe zu bringen und da einigermaßen anständige Aufführungen zu geben; bei den vier Theatern, an denen ich Aufführungen leitete und geradezu beherrschte. Theatern, denen seit Jahren alles, aber auch alles mißlungen war, so daß sie regelmäßig das letzte Quartal schuldig blieben, rannten nun auf einmal die Leute ins Haus und die Einnahmen wurden sehr groß. Du wirst einwenden: Was gehen denn Dich die Einnahmen an? Höre, sie gehen mich an, weil das beweist, daß die Theater interessant geworden waren; sonach konnten sie lernen, es in Hinkunft richtig anzufangen. Du weißt, daß ich in Mailand und in Parma persönlich mittat. In Padua** nicht, aber ich schickte die Choristen aus Parma hin, den gleichen Bühnenmaler, den gleichen Maschinenmeister, Requisiten und Kostüme ganz gleich wie in Parma. Ich schickte ihnen Faccio, der das Werk in Mailand dirigiert hatte. In täglichen Briefen hin und her erörterten wir alles Nötige und die Oper kam gut heraus, das Theater war voll, es gab hohe Einnahmen.

Der Unternehmer kam gestern bis hierher, um mir zu danken, und war mir doch sicherlich keinen Dank schuldig.

Ebenso hielt ich es jetzt mit der *‹Forza›* in Brescia. Ich blieb hier, überwachte aber alles . . . dieselbe Truppe wie in Mailand, der gleiche Chor und so weiter, abermals Faccio. Und so waren nach der achten Aufführung alle Spesen herein und alles weitere ist jetzt reine Einnahme. Auch hier gibt es volle Häuser und alles ist zufrieden. Du wirst vielleicht wieder sagen: das treffen auch andere . . . Nein und wieder

* *Der Journalist Vincenzo Torelli (1806–84), später Sekretär des Teatro San Carlo in Neapel, war einer der wichtigsten Förderer Verdis in Neapel, obwohl er einigen Werken Verdis sehr kritisch gegenüberstand. Er war ein Mann mit eigenen Ansichten, der Feinde hatte, den Verdi aber respektierte. Giuseppina Strepponi nannte ihn einmal eine «bittersüße Sauce», der aber «zu sehr viel Gutem fähig» sei.*

** *Die ‹Aida›-Premiere in Padua dirigierte Franco Faccio am 3. Juli 1872, wieder mit Teresa Stolz als Aida und Maria Waldmann als Amneris.*

nein – sie treffen es nicht. Wenn sie damit zustande kämen, gäbe es nicht so schamlos schlechte Aufführungen.

Jetzt werde ich mich um Neapel kümmern. Dort geht es etwas schwerer. In Neapel ist's wie in Rom; sie glauben, weil sie da einmal einen Palestrina, Scarlatti, Pergolese gehabt haben, von diesen Dingen mehr zu verstehen als die übrige Welt . . .

Und dabei haben sie die Orientierung verloren und kennen sich jetzt kaum noch aus. Sie treiben es wie die Franzosen, die auch immer nur sagen: wir – wir – wir . . .

Verzeih dieses Gerede, das Dir nicht viel wird sagen können. Aber ich möchte gerade unser Theater ein wenig auf Glanz herrichten – und es ließe sich machen . . .

AN VINCENZO TORELLI

Lieber Torelli, [St. Agata, 13. September 1872]

Haltet Ihr mich für so verrückt und für so einen geringen Künstler, daß ich, wenn ich die Wahrscheinlichkeit einer guten Aufführung der ‹*Aida*› im Rom sähe, nicht sofort mein Einverständnis geben würde?

Ich wiederhole Euch, daß es jetzt zu spät ist, in Rom zu tun, was man in Mailand, Parma und Padua tat.

Ich lasse Mailand und Parma beiseite und will Euch nur von Padua sprechen. Für diese Stadt verlangte ich oder, besser gesagt, ließ ich verlangen:

1. Den und den als Sänger . . . . Ja
2. Den und den als Dirigenten . . . . Ja
3. Für den Chor alle zusätzlichen Chorsänger, die ich auch in Parma beifügen ließ . . . . Ja
4. Den und den als Bühnenbildner . . . . Ja
5. Den und den als Bühnenmeister . . . . Ja
6. Die Requisiten von Parma . . . . Ja
7. Die Kostüme von Parma . . . . Ja
8. Den und den Choreographen der Tänze . . . . Ja

usw. usw. usw. . . .

Man tat alles, was ich verlangte, und dann ließ Faccio, stark von mir unterstützt, nach der ersten Probe weiter nichts als die erste Geige, das erste Cello und die erste Flöte auswechseln. Drei prätentiöse alte Herren aus vergangenen Zeiten . . . derlei gibt es überall – hauptsächlich in Rom.

Ich wiederhole, daß es zu spät ist, in Rom etwas Gutes zu machen, und selbst wenn man [gute Leute] *finden* könnte, möchte ich für alles Gold der Welt nicht den *Haß* auf mich laden, *Tizio, Cajo, Sempronio* [Meier, Müller, Schulze] usw. usw. abzulehnen. Wenn man etwas Gutes machen will, muß man am Anfang damit anfangen, und als man *‹Aida›* aufführen wollte, hätte man mich gleich (hier ist der *Anfang*) nach den nötigen Kräften fragen müssen. Es gehört mehr dazu, als von den Zeitungen «*erstes* Theater, *erste* Truppe, *erstes* Orchester, *erste* Chöre, herrliche Inszenierung!!!!!!!» ausposaunen zu lassen. Ich kenne alle diese *ersten* nur zu gut und kenne seit langem Jacovaccis feierliche Phrase: «Ich habe das erste Ensemble der Welt.» Das ist eine Phrase, weiter nichts als eine Phrase.

Als ich den *‹Trovatore›* auf die Bühne brachte (immer mit Jacovaccis Phrase), konnte ich nur zwei gute Sänger bekommen, höchst kümmerliche Chöre, ein schlechtes Orchester, die erbärmlichsten Dekorationen und Kostüme. Als ich mit dem *‹Ballo in Maschera›* kam, hatte ich (immer mit der üblichen Phrase) nur zwei gute Männer, den Rest wie beim *‹Trovatore›*.

Trotz des Erfolges konnte ich nicht umhin, ihm nach der dritten Vorstellung zu sagen: «Siehst du, Hund von einem Impresario, wenn ich ein gutes Ensemble gehabt hätte, was für ein Erfolg [wäre das gewesen]!» Wißt Ihr, was er mir da geantwortet hat? «Eh, eh! Was, was wollt Ihr mehr! Das Theater ist jeden Abend voll. Nächstes Jahr werde ich die guten Frauen finden, so wird die Oper noch einmal gut für das Publikum sein. Dies Jahr eine Hälfte, die andere Hälfte später! . . .» Ihr werdet wohl verstehen, daß der Künstler dieser Antwort eines Krämers nicht beistimmen konnte.

Ihr seid zu intelligent, um nicht zu verstehen, daß ich tausend Gründe habe. Die Zeit wird kommen, wenn diese arme *‹Aida›* den Händen der . . . ausgeliefert werden muß. Aber bis dahin will ich sie, da sie in Neapel gegeben werden muß, noch einmal (ich hoffe es wenigstens) so aufgeführt haben, wie es sich gehört.

AN GIUSEPPE PIROLI

Lieber Piroli, [Neapel, 23. November 1872]

Sagt mir, ob es eine Konvention zum Schutz des künstlerischen und literarischen Eigentums zwischen Deutschland und Italien gibt. Es handelt sich darum, *‹Aida›* auf deutsch im großen Theater in Wien zu geben. Ich würde sie dort inszenieren und möchte wissen, ob ich nach unseren Gesetzen zu den sogenannten *droits d'auteurs* berechtigt bin.

Ihr werdet gehört haben, daß das hiesige Theater zugrunde geht. Das ist ganz natürlich ... Wißt Ihr, warum? Weil der Zuschuß von 250 000 Lire, den die Stadtverwaltung gibt, nicht einmal für die ersten Ausgaben genügt: und wenn ein kleines Unglück passiert (wie die Krankheit der Stolz), steht der arme Impresario Kopf. Bei der Schlußabrechnung, wenn die Impresa Chor und Orchester und die 40- oder 50 000 Lire (weiter nichts!) an Steuern an die Regierung bezahlt hat, bleiben ihr von dem Zuschuß nur etwa 30 000 Lire übrig!!! Nun frage ich Euch, ob man allein mit den Einnahmen und 30 000 Lire alle Künstler, das Ballett, Dekorationen, Technik usw. usw., Kostüme, Inszenierungen von drei großen Balletten (das erste allein kostet 80 000) und fünf Opern, darunter ein paar höchst kostspielige, wie ‹*Don Carlos*› und ‹*Aida*› bezahlen kann? – O, die Regierung hat recht viel Schuld! Die Künste in Italien verkommen zu lassen, ist wie die Sonne zu verdunkeln! So viel macht das aus! Die Regierung hätte wenigstens konsequent sein und alle Künste verkommen lassen sollen, wie sie diese Musik verkommen ließ! ... Warum gibt sie Geld aus für Akademien für Zeichnung und Malerei usw. usw.? Es wäre besser, diesem Volk, das *hauptsächlich, in hohem Grade* stets ein künstlerisches sein wird, einen tüchtigen Schlag zu versetzen, um es zu einem nichtssagenden Volk von Schwätzern und am Ende auch von Dummköpfen zu machen! ...

Verzeiht; und möge Gott unsere Regierenden besser erleuchten ... um es wenigstens, wenn nicht anders, schlechter zu machen ... um uns Hungers sterben zu lassen ... Wir sind auf dem besten Wege dazu! ... Aber Ihr, werdet Ihr sagen, Ihr sterbt doch nicht Hungers? ... O nein! Aber Gott weiß, daß ich das bestimmt nicht der Regierung zu danken habe, die ich glücklicherweise nicht brauche. Nein, nein, ich danke ihr gar nichts ... Aber nein ... ich danke ihr ein paar *Kreuze* und ein paar Säbelhiebe, die mir aber nicht geschadet haben! ...

Addio!

G. Verdi

Kostümfigurine der Aida von R. Casnedi, vermutlich für die Mailänder Erstaufführung der Oper im Jahre 1872.

AN GIULIO RICORDI

Lieber Giulio, [Neapel, 12. Dezember 1872]

Ich bin sehr erstaunt, keine Antwort auf einen meiner Briefe erhalten zu haben, in dem ich Euch bat, mir die Zeichnungen und Anzahl aller Requisiten für ‹*Aida*› zu schicken. – Es scheint unmöglich! Was dieses arme Theater in Neapel betrifft, kümmert sich niemand darum und *[unentzifferbar]* alles geht schief! Und dabei könnte dies ein großes Theater werden, weil diese Gegend noch orchestrale Elemente hat, die weit besser als in Mailand sind. – – Vielleicht ging mein Brief verloren oder Ihr vergaßet ihn oder hattet keine Zeit, die Auskunft zu geben, um die ich Euch bat. Resümieren wir: Ich brauche

Die Liste aller Requisiten.
Die Anzahl.
Das Maß.
Was Höhe und Umfang des *Gottes Vulkan* war.

Schickt mir also eine Bleistift-Zeichnung aller dieser Requisiten und schreibt unter jede einzelne:

Die Zahlen,
Höhe,
Länge usw.

Man sagt, die finanzielle *Krise* des hiesigen Theaters sei vorbei. Wir werden sehen, ob sie es ist. – Andere werden kommen 1. weil dieser Impresario (wie übrigens alle Impresarios) nicht weiß, wie man Produktionen *herausbringt* und 2. weil die Krankheiten, besonders die der Stolz, wirklich fatal gewesen sind.

Fragt Faccio sofort, ob es ihm möglich wäre, nach Ancona zu gehen, falls sie die ‹*Aida*› aufführen sollten. –

Wir müssen die Frage Deutschland, Berlin usw. absolut und sofort entscheiden. Ihr hattet sehr Unrecht, als Ihr hier ward, nicht ein paar Worte [darüber] an die Stolz und die Waldmann zu richten. Antwortet auf alles telegrafisch, weil keine Zeit zu verlieren ist.

P. S. Sagt mir auch, ob es die zusätzlichen vier oder sechs Chorstimmen gibt. Ihr habt mir auch darüber gar nichts mehr gesagt!!!!

Kostümfigurine der Amneris, vermutlich für die italienische Erstaufführung von ‹Aida› an der Mailänder Scala, von R. Casnedi.

AN TITO RICORDI

Lieber Tito, [Neapel, 3. Januar 1873]

Wenn die Wiener Angelegenheit für Dich mager ist, so ist sie für mich bestimmt ein Knochen, und ein ziemlich harter Knochen zu nagen. Ich füge noch hinzu, daß, wenn «die ursprüngliche Idee (wie Du schreibst), ‹*Aida*› auf deutsch zu geben, Giulios war» usw. . . . dann wird die Geschichte zu demütigend und wenig würdevoll, weil wir es waren, die den Herren ‹*Aida*› angeboten hätten und nicht sie, die sich darum bemühten.

Ich will nicht mehr lange auf die Frage der *Droits d'auteurs* zurückkommen. Ich verstehe sehr wohl, daß sie Dir nicht behagen können, weil ich sie verlangen würde, wie es mir zusteht, und Du nur einen kleinen Anteil an den Leihgebühren und dem Druck hättest, der, wie Du sagst, so wenig bringt, daß Dein Gewinn gering wäre.

Von dem Ruhm und der sogenannten *gerechten Sache*, von der Du am Ende Deines Briefes sprichst, laß uns um Himmels willen nicht reden. – Du siehst, wie ich von der Presse in all diesen Jahren behandelt worden bin, in denen ich mir so viel Mühe gemacht, Geld ausgegeben und sehr viele Strapazen ertragen habe! Blöde Kritiken und noch blödere Lobhudeleien; keine einzige Idee von künstlerischem Niveau; nicht einer, der meine Absichten hätte begreifen wollen . . . Albernes Zeug und Torheiten die ganze Zeit und hinter dem allen eine gewisse, ich weiß nicht was – Mißgunst gegen mich, als hätte ich ein Verbrechen begangen, indem ich ‹*Aida*› schrieb und gut aufführen ließ. Nicht einer schließlich, der wenigstens die konkrete Tatsache einer ungewöhnlichen Aufführung und Inszenierung begriffen hätte. Nicht einer, der mir gesagt hätte «Hund, ich danke dir»; und Du wirst Dich entsinnen, wie ich bei der Abreise von Mailand mit dem Bürgermeister und der Direktion des Theaters verblieb. Sprechen wir also nicht mehr von dieser ‹*Aida*› die, wenn sie mir auch einen Haufen Geld eingebracht hat, mir andererseits unendlichen Ärger und sehr große künstlerische Enttäuschungen bereitet hat! Hätte ich sie nie geschrieben oder hätte ich sie nie veröffentlicht! Wenn sie nach den ersten Vorstellungen in meiner Mappe geblieben wäre und ich sie nur unter meiner Leitung hätte aufführen lassen, wann und wo es mir gefiel, dann wäre sie nicht so eine Weide für böswillige Neugierde und die Analysen Eurer Kritiker und stümperhafter Lehrer gewesen, die von der Musik nur die Grammatik kennen, und auch die nur schlecht.

Die Spekulation hätte etwas verloren, aber die Kunst unendlich gewonnen.

Addio also und getreu
herzlichst G. Verdi

AN LÉON ESCUDIER*

[Neapel, 18. Januar 1873]

Was zum Teufel läßt Euch behaupten, ich hätte einen Brief vom Kaiser von Österreich bekommen, um in Wien die *‹Aida›* zu inszenieren!! Das ist zu stark!! Viel zu stark, und es wäre gut, es zu dementieren.

Hier ist die Geschichte, wie sie war: Die Direktion des Theaters in Wien (Herbeck kam, um *‹Aida›* in Mailand und, ich glaube, auch in Parma und Padua zu hören) hat seit sechs oder sieben Monaten Ricordi sehr nachdrücklich gebeten, *‹Aida›* auf deutsch zu geben, und auch gebeten, daß ich mich nach Wien begäbe, um die Oper zu inszenieren und an den ersten drei, vier Abenden zu dirigieren. Zuerst wollte man die Oper in der Karnevalszeit geben, aber mit meiner Verpflichtung in Neapel war es mir unmöglich, nach Wien zu gehen. Die dortige Direktion erbat die Oper daraufhin für das Frühjahr, was mir nicht gefiel, weil die Aufführung zur Zeit der Ausstellung stattgefunden hätte. Trotzdem liefen die Verhandlungen immer weiter, und Ricordi schickte eigens Faccio nach Wien, um das Theater zu prüfen und zu sehen, ob es dort geeignete Kräfte für die Aufführung der *‹Aida›* gäbe. Nachdem ich alles erwogen und berechnet hatte, sagte ich schließlich Ricordi, daß ich nicht nach Wien gehen würde; und Ricordi hielt es für gut, die Oper ohne meine Mitwirkung nicht zu geben. Das ist die ganze wahre Wahrheit! – Niemand hat mir direkt geschrieben. Ich habe der Direktion in Wien nichts aufgedrängt, aber die Direktion selbst hat die Oper und meine Mitwirkung verlangt. Das ist alles. Was mich bei all dem freut, ist, daß sie dort (wo sie einen großen Direktor haben) verstehen, daß die Mitwirkung des Autors der Interpretation

* *Der namhafte französische Musikverleger, Opernproduzent und Regisseur Léon Escudier (1821–81) stand lange Zeit in engem Kontakt zu Verdi. Mit seinem Bruder Marie setzte sich Escudier nachhaltig für die Aufführung und Verbreitung der Opern Verdis in Frankreich ein: Sie produzierten den ‹Ernani› und den ‹Trovatore› zum erstenmal in Frankreich. 1876 übernahm Léon Escudier gegen Verdis Rat das Théâtre Italien in Paris und brachte dort noch im gleichen Jahr die französische Erstaufführung von ‹Aida› heraus, unter Verdis Leitung. Später dirigierte Verdi auch sein Requiem in Escudiers Theater. Als Escudier schließlich in den finanziellen Ruin steuerte und Verdi Tantiemen schuldig blieb, ging ihre Freundschaft schnell in Brüche.*

und dem Erfolg der Oper nützen kann. Recht verschieden von Euch Franzosen, die Ihr glaubt, daß jeder armselige Musiker eine Oper interpretieren kann. Das ist der Grund, warum meine Opern niemals [in Frankreich richtig] aufgeführt worden sind und auch niemals sein werden (Ihr könnt das Halanzier im Hinblick auf die ‹*Aida*› sagen), solange Ihr diese verdrehten Ideen und diese Dummköpfe von Direktoren habt.

Um nicht zwei Rechnungen zu machen, warte ich, bis Peragallo Euch das Geld der *Droits* von der Provinz gibt; dann machen wir nur eine Rechnung und nur eine Sendung.

Addio, addio. Grüße an alle auch im Namen Peppinas. Immer Euer getreuer G. Verdi

AN GIULIO RICORDI*

Lieber Giulio, Dienstag [*Vermutlich* Neapel, 25. Februar 1873]

Ich bedauere, daß die Kostümentwürfe verloren gegangen sind ... Wie zum Teufel habt Ihr sie verloren? ... In Eurem vorletzten Brief sagtet Ihr mir, Ihr würdet mir die fertigen Kostüme schicken, und ich habe überhaupt nichts erhalten ... Von allen Kostümentwürfen tut es mir besonders leid, den des Offiziers des Königs zu vermissen. Er war sehr schön – wirklich einer der schönsten in ‹*Aida*›. Wir haben einen anderen genommen und ein paar Änderungen gemacht, aber ich bin nicht zufrieden ...

Wenn Zamperoni das fertige Kostüm schicken würde, wäre ich sehr zufrieden.

Wie schmutzig die ägyptischen Trompeten sind. Sind sie nie geputzt worden? ... Und sie waren in einer Weise verpackt, daß es ein Wunder ist, sie bei ihrer Ankunft nicht zerbrochen erhalten zu haben ...

AN CAMILLE DU LOCLE

Lieber Du Locle, [Neapel, 27. Februar 1873]

Die Orchesterproben für ‹*Aida*› haben noch nicht begonnen. Sobald

* *Die folgenden vier Briefe Verdis beziehen sich auf die ‹Aida›-Erstaufführung in Neapel, die am 30. März 1873 im berühmten Teatro San Carlo stattfand. Die Stolz und die Waldmann sangen wieder die weiblichen Hauptpartien, Regie führte Verdi selbst.*

Der Anfang der für die Mailänder Erstaufführung von ‹Aida› nachkomponierten Arie «O cieli azzurri» (Akt III) im Autograph der Partitur. Diese zusätzliche Arie komponierte Verdi für «seine» Mailänder Aida Teresa Stolz, für die er sehr große Sympathien hegte.

die erste Probe vorbei ist, werde ich Euch schreiben oder telegrafieren und dann könnt Ihr so gut wie sicher sein, daß die Oper zehn Tage später aufgeführt wird.

Plant Ihr wirklich zu kommen, um ‹*Aida*› zu hören? Dann erwartet aber keine Aufführung wie die in Mailand. Außer den beiden Frauen werdet Ihr hier weder die Künstler noch den Chor noch alles Übrige gleichwertig finden. Das Orchester ist jedoch gut und wird es bestimmt der Mailänder Aufführung gleichtun. Was die Inszenierung betrifft, werden wir tausend Meilen weit von der in Mailand entfernt sein. Das bedeutet einem Franzosen sehr viel. Ihr, die Ihr an den Luxus der Opéra gewöhnt seid, werdet Euch mit unserer Schäbigkeit schwerlich begnügen. Was mich angeht, hätte ich in Mailand gewiß gern die Requisiten und Dekorationen, die sie in Parma hatten, gehabt, aber mit dem Übrigen war ich zufrieden. Ich habe einen schönen Rahmen sehr gern, aber ich lasse ihn mich nicht gern vom Bilde ablenken. Und darum bin ich nicht zu enthusiastisch über die Pracht der Opéra. [. . .]

AN CLARINA MAFFEI

[Neapel, 9. April 1873]

[. . .] Der Erfolg der ‹*Aida*› war, daß Sie es nur wissen, ehrlich, entschieden und nicht vergiftet durch Wenn und Aber, durch die schrecklichen Redensarten von Wagnerei, Zukunftsmusik, unendlicher Melodie und dergleichen. Das Publikum hat sich seinem Eindruck hingegeben und es hat applaudiert. Das war alles. Es hat applaudiert und hat sich sogar zu einer Begeisterung hinreißen lassen, die ich nicht gutheißen kann: aber schließlich – es hat seinen Empfindungen Ausdruck gegeben, schranken- und bedenkenlos. Und wissen Sie, warum? Weil es bei mir keine kritischen Apostel gegeben hat, keinen Kometenschweif von Komponisten, die von Musik nichts verstehen, als was sie einem Mendelssohn, Schumann oder Wagner abgucken konnten: keinen aristokratischen Dilettantismus, der aus der Mode in Begeisterung gerät über Dinge, von denen er nichts versteht. Und das Ergebnis von alledem sind dann die Irrungen, die Ratlosigkeit der jungen Leute. Soll ich das näher ausführen? Denken Sie sich zum Beispiel heute einen jungen Mann vom Charakter eines Bellini: seiner Sache nicht eben sicher, durch das bißchen Unterricht erst recht des Halts beraubt, ganz allein seinem Instinkt überlassen und nun noch aufgehußt von Leuten wie Filippi, von den Wagnerianern: er hätte dann doch gar kein

Vertrauen mehr zu sich selber und wäre verloren. Amen, Amen . . . Wir reisen heute abends nach S. Agata. Wenn Sie diesen Brief bekommen, sind wir schon dort. Und wann kommen Sie? Wir erwarten Sie mit offenen Armen!

AN OPPRANDINO ARRIVABENE

[. . .] [St. Agata, 16. April 1873]

Wer immer Dir einen so spröden Bericht über die Aufführung der *‹Aida›* in Neapel gab, hat Dir nicht die Wahrheit gesagt. Nichts ist vollkommen, aber diese Aufführung war im ganzen besser als die in Mailand und Parma. *Orchester* den beiden anderen überlegen. *Chor* nur dem Mailänder unterlegen. *Kostüme* wie in Mailand und besser als Parma. *Bühnenbild, Requisiten, Technik* wie in Parma. Das Sängerensemble ist fast immer das gleiche. Alles in allem mehr Leben und größere Wirkung. Du irrst Dich, wenn Du an die beträchtlichen Ausgaben für die Soße dieser Partitur glaubst. Vor allem bleibt zu entscheiden, ob sie nur eine Soße ist und ob es in den früheren Opern einen *Braten* gab. So bleibt auch der Verdienst dieser oder jener Sänger festzustellen, und was man unter *Melodie* unter *Harmonie* usw. versteht und unter all dem anderen Scheißkram, der keinerlei Bedeutung hat. Wenn Dir z. B. einer sagen sollte, daß die Alten nicht gewußt hätten, was *Melodie* ist, und allen voran Palestrina; daß es im *‹Barbiere di Siviglia›* außer «Ecco ridente in cielo» keine Melodie gebe . . . Solfeggien ja, Melodie nein . . . würdest Du das für eine große Lästerung halten? . . .

AN GIULIO RICORDI

[Paris, 6. September 1873]

Was die *‹Aida›* betrifft, bin ich dafür, sie jetzt populär zu machen. Nach fünf Erfolgen scheint mir die Strenge jetzt allzugroß. Man darf die Dinge nie *übertreiben*. Und jetzt könnten Eure Forderungen, wenn sie überspannt sind, zu *Übertreibungen* werden. Die Szenen, die es in Triest gab, waren nicht schön. Seid darum jetzt etwas nachgiebiger mit *‹Aida›*, laßt sie aufführen, wo es Euch am besten scheint (jedoch mit einigen unvermeidlichen Vorsichtsmaßnahmen), und an vielen Bühnen gleichzeitig. Wenn sie an einem Ort durchfällt, steht sie an einem anderen wieder auf, wie es im vergangenen Karneval mit der *‹Forza›* geschah. Zum Beispiel gebt *‹Aida›* ruhig in Mailand und Neapel (und wißt, daß ich nicht an zwei Erfolge glaube), aber gebt sie an weiteren drei oder vier Bühnen. Es ist recht, daß danach Florenz kommt usw. usw.... Macht es also leichter (bis zu einem gewissen Punkt) und *tyrannisiert* diese armen Impresarios nicht zu sehr, die schon nicht mehr wissen, wo ihnen der Kopf steht.

Ich erhalte einen Brief vom Präsidenten [des Theaters] in Triest, der mich zur *Premiere der ‹Aida›* einlädt!!! Gott im Himmel, gelte ich denn als ein Scharlatan, ein Bajazzo, der sich gern zur Schau stellt wie ein *Tom Thumb*, eine *Miss Baba*, ein *Orang-Utan* oder was noch!! Ich Armer! Ich Armer!

Impresarios und Direktionen verstehen noch immer nicht, daß ich bei *‹Aida›* deshalb dreimal mitgewirkt habe, weil ich sicher war, sie besser aufführen zu lassen, als es die anderen konnten. So viele Leute glauben (das ist eine alte *blague*, mit der aufgeräumt werden sollte), daß es Menschen gibt, die besser interpretieren und ausführen können, als der Autor es vermag. Dummköpfe sind das alle tausendmal! . . . Bei Gott, für mein Teil habe ich noch niemals Wirkungen gefunden, die ich mir nicht vorgestellt hatte!! . . . Verflucht sei das Theater!

AN TITO RICORDI

[Genua, 1. März 1874]

Lieber Tito, lies dieses kleine Artikelchen im Neapler *Pungolo* . . . Wie kommt es denn, daß man an etlichen Abenden die *‹Aida›* auf diese Art aufführt und das Haus Ricordi sich mit dazu hergibt? Und Dein Vertreter läßt das so weiter gehen?

Ich stelle auf Grund unseres Vertrages in aller Form das Begehren, daß die Unternehmung in Neapel zum Ersatz des Schadens und aller verletzten Rechte herangezogen werde; und diese Rechte werden dem Komponisten zuzusprechen sein. Der Verleger hat seine Leihgebühr eingehoben und leidet keinen Schaden. Aber die Kunst ist hier herabgewürdigt worden; es ist meine Pflicht, ihre Ansprüche zu vertreten . . .

Es gibt keine Konzession, kein Nachgeben in dieser Sache! Ich kann zum Schluß nur immer wieder sagen: es ist mehr als merkwürdig, daß der Vertreter des Hauses Ricordi eine solche Schmach duldet.

Leb wohl! In Eile. Dein.

AN TITO RICORDI

Lieber Tito, [Genua, 8. März 1874]

Ich beabsichtige ganz und gar nicht, die Affäre von Neapel hingehen zu lassen.

Es konnte für Clausetti keine Überraschung sein, daß *‹Aida›* an mehreren Abenden verstümmelt wurde.

Auf jeden Fall liegt die Schuld entweder bei Clausetti oder Musella. Sie muß mit einem ordentlichen *Prozeß* vergolten werden; das verlange ich *formell* als *Autor* des *Hauses Ricordi.*

Es ist für mich keine Geldangelegenheit, es geht um die Würde der Kunst. Hätte ich mich so sehr um das Geld gekümmert, dann würde mich niemand gehindert haben, nach der *‹Traviata›* alljährlich bei höchsten Einkünften eine Oper zu schreiben; statt dessen habe ich seit jener Zeit – *es ist 21 Jahr her!* – das Theater so gut wie verlassen, denn ich habe nur noch zwei Opern für Italien geschrieben.

Wenn ich es vor vier Jahren über mich gebracht habe, für *‹Forza del Destino›* nach Mailand zu kommen, war es wiederum um der Kunst willen. Ich wußte, daß die Scala seit vielen, vielen Jahren die Opern furchtbar schlecht ausführte und aufführte (ich sah das selbst eines Abends bei *‹Don Carlos›*); daraufhin sagte ich mir, verzeih die Eitelkeit, «versuchen wir mal, ob es einem gelingen kann, eine des Theaters würdige Vorstellung zustande zu bringen», und beschloß, nach Mailand zu gehen, um die *‹Forza›* zu inszenieren.

Damals schien es ein Resultat zu geben, aber ich hätte es nicht für möglich gehalten, daß ich mit allen möglichen Sticheleien dafür bezahlen mußte ... Es macht nichts! Kommen wir wieder zur Sache. Ich wiederhole, daß die *‹Aida›*-Affäre in Neapel ein Verbrechen an der Kunst ist und bestraft werden muß! – Verlier also keine Zeit und erhebe sofort scharfen Protest.

Addio, addio.

Herzlichst G. Verdi

AN TITO RICORDI

[Genua, 11. März 1874]

Lieber Tito, ich verstehe nichts, aber auch gar nichts von dieser ganzen Sache in Neapel!

Wie? Der Vertrag mit Musella wäre derart nachlässig abgefaßt worden, daß er in gewisser Hinsicht das Recht gehabt hätte, zu tun, was er getan hat?

Und Du hast obendrein eine Erklärung von Musella angenommen?

Und – und ich? Was wird da aus mir? Ein Arbeiter, Taglöhner, der seine Ware dem Verlagshaus übergibt und den das Haus ausbeutet, wie es ihm gefällt und beliebt! Aber das ist nicht der Sinn dessen, was ich will. Ich habe erst unlängst gesagt: hätte ich Geschäftsmann sein wollen, es hätte mich niemand daran hindern können, nach der *‹Traviata›* Jahr für Jahr eine Oper zu schreiben und mir ein Vermögen zu machen, dreimal so groß wie das, was ich habe! Ich hatte andere Absichten mit meiner Kunst (Beweis die Mühe, die ich mir mit meinen letzten Opern gegeben habe) und ich hätte auch etwas erreicht, wenn ich nicht auf Widerstände oder mindestens auf Gleichgültigkeit gestoßen wäre, mit allem und bei allen!

Ich will einen Unterschied machen zwischen Tito Ricordi und dem Verleger, und so bitte ich Tito Ricordi, mir offen zu sagen, wie die Dinge stehen. Haben sich die Geschäftsführer des Verlags um meine Rechte nicht bekümmert, so will ich trotzdem den Tito Ricordi nicht den Fährlichkeiten eines Prozesses aussetzen. Aber erlaube mir, Dir noch einmal zu sagen, daß das Verlagshaus mit mir ganz und gar rücksichtslos umgegangen ist.

Leb wohl! Leb wohl!

AN EMILIO USIGLIO*

[Genua, *Vermutlich* 26. Januar 1875]

Zu allererst muß ich sagen, daß man bei allem, was *‹Aida›* betrifft, mit Ricordi zu verhandeln hat, weil er allein der Besitzer und absoluter Herrscher darüber ist. Es geht nicht darum, daß ich diese Romanze wichtig nehme, die Sie mich herab zu setzen bitten (wie ich auch keinerlei anderes Stück der *‹Aida›* wichtig nehme), aber es geht um ein künstlerisches Prinzip, das mich für mein Teil jedwede Änderung ablehnen läßt.

Unglücklicherweise ist dies seit vielen, vielen Zeiten eingebürgerter Gebrauch, aber es ist ein verwerflicher Gebrauch, dem ein für allemal Einhalt geboten werden sollte. Dies sollte in erster Linie die Künstler angehen, nicht – wenn man so will – aus Respekt für eine bestimmte

* *Emilio Usiglio (1841–1910) italienischer Dirigent, leitete zwischen 1873 und 1881 die ersten Aufführungen von ‹Aida› in Ancona, Perugia, Florenz, Rom, Ferrara und Modena.*

Oper oder einen bestimmten Komponisten, sondern aus Ehrfurcht vor der Kunst, der wahren Kunst.

Ich kenne Nicolini und verstehe nicht, wie diese Romanze seiner Tessitur hoch liegen kann. Um einen halben Ton heruntergesetzt, wird sie absolut zur Tessitur eines Baritons und, wenn man die As herausnimmt, könnte sie jeder Bariton singen. Ich verstehe sehr wohl, daß der Klang in den beiden letzten Takten des B heruntergesetzt auf ein A voller, schneller und biegsamer wäre; aber lohnt es sich, für eine wirkungsvolle Note alles andere durcheinander zu bringen?

Ich verstehe andererseits, daß es schwer ist, das B zu lassen wie es geschrieben steht, aber diesem Übel habe ich selber abgeholfen, indem ich für Capponi diese drei Noten dazuschrieb

Es gibt keine Ouverture zu *‹Aida›*. Vielleicht haben Sie gehört, daß ich bei einer der Proben für *‹Aida›* in Mailand das Orchester ein Stück spielen ließ, das nach einer Ouverture aussah. Auch da war das Orchester gut, bereitwillig und folgsam, und das Stück hätte gelingen können, wenn es solid konstruiert gewesen wäre.

Aber das hervorragende Orchester hob die anmaßende Nichtigkeit dieser angeblichen Ouverture nur stärker heraus. [. . .]

AN ANTONIO GHISLANZONI

Lieber Ghislanzoni, [Genua, 24. März 1875]

Ich freue mich sehr, Eure Zeilen zu erhalten und danke Euch von ganzem Herzen für Eure Glückwünsche. Ich wäre auch höchst zufrieden gewesen, wenn Ihr mir etwas von Euch erzählt hättet, von Euren Arbeiten und den Dramen, die Ihr gegenwärtig schreibt. Was mich betrifft (man hat Euch getäuscht) mache ich nichts, nichts, nichts. Sie haben alle gut reden, wenn sie sagen «schreibt». Und dann? . . . Glaubt Ihr, daß die Genugtuung für uns sehr erfreulich ist, (vom Erfolg oder Mißerfolg ganz abgesehen) einen Haufen Scheiße zu hören? [. . .]

AN GIULIO RICORDI*

Lieber Giulio, [Genua, 25. März 1875]

Aufführung!!!

Nicolini hat sein Stück immer ausgelassen . . .!! Aldighieri mehrmals das Duett im 3. Akt!! Sogar das zweite Finale wurde eines Abends gestrichen!!!!!!! Außer der Transposition der Romanze änderte man ein paar Takte. Eine mittelmäßige Aida!! Ein *Sopran* für Amneris! Und dazu noch ein Dirigent, der sich herausnimmt, die Tempi zu ändern!!! [. . .] Wir brauchen keine Dirigenten und Sänger, um neue Wirkungen zu entdecken; und für mein Teil erkläre ich, daß noch keiner nie, nie, nie jemals *alle* Wirkungen, die ich im Sinne hatte, herauszuholen gewußt und gekonnt hat . . . *niemand!!* Nie, nie . . . Weder Sänger noch Dirigenten!! – Aber jetzt ist es Mode, auch die Dirigenten zu *beklatschen*; und das bedauere ich nicht allein wegen der wenigen, die ich achte; noch mehr bedauere ich, den Dreck im Theater von einem zum anderen endlos überliefert zu sehen. Früher mußte man die Tyranneien der Primadonnen ertragen, jetzt wird man auch die der Dirigenten ertragen müssen.

Also? Ihr, die Ihr mir vom *Schreiben* sprecht!! Von Kunst usw. . . . Ist das Kunst?

Ich schließe damit, Euch zu bitten, dem *Hause Ricordi* zu sagen, daß ich die obenerwähnten Mißstände nicht billigen kann; daß das *Haus Ricordi* meine drei letzten Partituren zurückziehen kann, wenn es will (und das würde mir große Freude machen), aber daß ich nicht erlauben kann, daß man darin Änderungen macht. Geschähe, was da wolle, aber ich wiederhole noch einmal: *ich kann's nicht erlauben . . .*

AN GIULIO RICORDI

[St. Agata, 4. April 1875]

[. . .] Nach 25 Jahren Pause an der Scala bin ich in der *‹Macht des Schicksals›* nach dem ersten Akt ausgepfiffen worden. Nach der *‹Aida›* endloses Geschwätz, daß ich nicht mehr der Verdi des *‹Maskenballs›* sei (jenes *‹Maskenballs›*, der das erstemal in der Scala ausgepfiffen

* *Verdi bezieht sich in diesem Brief auf eine ‹Aida›-Aufführung in Rom, wo die Oper am 17. Februar 1875 zum erstenmal gegeben worden war, unter der Leitung von Emilio Usiglio.*

wurde); eine Entschädigung sei nur der 4. Akt (so d'Arcais); daß ich nicht für die Sänger zu schreiben verstünde; daß nur im 2. und 4. Akt einiges Erträgliche sei (im dritten nichts), und daß ich noch dazu ein Nachahmer Wagners wäre!!! Ein schönes Ergebnis, wenn man nach 35 Jahren als Nachahmer enden muß!!!

Sicher ist, daß mich diese Schwätzereien nicht um Haaresbreite von meinem Ziel abbringen, wie sie mich niemals davon abgebracht haben, denn ich habe immer gewußt, was ich wollte; aber nun ich dort bin, wo ich jetzt stehe, sei es hoch, sei es niedrig, kann ich wohl sagen: wenn es so ist, macht, was ihr wollt; und wenn ich Musik machen will, kann ich sie ja in meinem Zimmer machen, ohne die Urteile der Gelehrten und der Dummköpfe anhören zu müssen.

Ich kann Ihren Ausspruch: «Die völlige Rettung des Theaters und der Kunst liegt bei Ihnen» nur für einen Scherz nehmen. O nein! Zweifeln Sie nicht daran, es wird nie an Komponisten fehlen, und auch ich will das wiederholen, was Boito in einem Trinkspruch an Faccio nach der Aufführung seines ersten Werkes sagte: «. . . Und vielleicht ist der schon geboren, der den Altar zertrümmern wird.» . . . Amen!

AN LEON ESCUDIER*

[St. Agata, 20. Januar 1876]

[. . .] Wenn Ihr es für besser haltet, die Kostüme in Paris machen zu lassen, habe ich nichts einzuwenden. Was mich persönlich betrifft, wäre ich mit den Mailänder Kostümen zufrieden gewesen, erstens wegen der geringeren Kosten und auch, weil alle Künstler, die *‹Aida›* in Pariser Kostümen in Kairo gesungen haben, berichten, daß die Mailänder Kostüme theatralischer und charakteristischer sind . . . Im übrigen paßt auf, *nicht zu viel des Guten zu tun*, was in Paris das allgemeine Laster ist: man achtet sehr auf die Kostüme und weniger auf das Übrige.

[. . .] Die sechs *Trompeten* müssen auf der Bühne gespielt werden, während [die Spieler] marschieren. Achtet darauf, daß es diese Trompeten nicht gibt, daß sie extra zu fabrizieren sind; aber es wäre besser, sie von Ricordi auszuleihen, der sie zusammen mit der Partitur zu liefern gewöhnt ist. [. . .]

* *In den folgenden drei Briefen Verdis geht es um die Pariser Erstaufführung der Oper, die Léon Escudier am 22. April 1876 im Théâtre Italien, das er kurz zuvor übernommen hatte, veranstaltete. Siehe auch Fußnote zum Brief Verdis vom 18. Januar 1873, S. 187.*

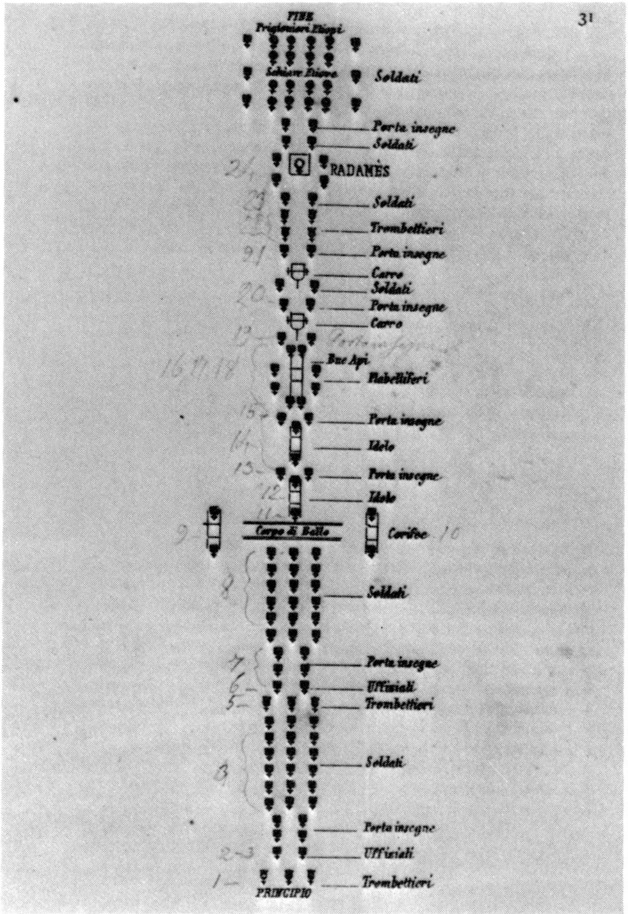

Eine Seite aus der sogenannten «disposizione scenica» zu ‹Aida›, einer Art Regiebuch der Mailänder Erstaufführung, die Giulio Ricordi im Auftrag Verdis ausarbeiten und drucken ließ, damit sämtliche späteren ‹Aida›-Produktionen sich daran hielten. Daß dieser Versuch Verdis, Regie und Szenerie der ersten Aufführungen ein für allemal zu zementieren, auf die Dauer nicht durchführbar sein würde, war ihm wohl selber klar, dennoch hat sich gerade bei ‹Aida› die historistisch-naturalistische Szenerie des Anfangs am längsten, bis heute, gehalten. Die Zeichnung zeigt die Aufstellung sämtlicher am Triumphmarsch beteiligter Gruppen.

AN LEON ESCUDIER

[St. Agata, 12. März 1876]

[. . .] Ich weiß, daß Ihr jetzt fast ausschließlich mit der Inszenierung beschäftigt seid. Das ist gut, aber ich möchte nicht, daß es zuviel wird. Ich bin ein Feind der Exzesse und nicht immer ein Bewunderer Eurer Inszenierungen, weil sie zu überladen sein können. Es ist möglich, daß Ihr abscheulich fandet, was in Mailand gemacht wurde; aber ich wäre damit vollständig zufrieden gewesen.

Genug davon, macht's wie Ihr meint; aber ich erlaube mir, Euch zu sagen, daß ich eine von Podesten und maschinellen Vorrichtungen überfüllte Bühne, wie es bei den Malern der Opéra immer der Fall ist, nicht zulassen würde; daß die letzte Szene ein unterirdisches Gewölbe sein muß und keine *Grotte*, wie es in Kairo gemacht war; und daß es schließlich eine gute Bühnenmusik mit Bühnenmusikern geben muß, die es nicht unter ihrer Würde halten, vor dem Publikum zu erscheinen; daß das Orchester vollzählig sein muß; und paßt gut auf die Choristen, besonders die Frauen auf. Das ist nötiger als eine minutiöse Inszenierung, die, selbst wenn sie das Auge befriedigt, die Mängel einer schlechten musikalischen Aufführung nicht vertuschen kann. [. . .]

AN TITO UND GIULIO RICORDI

Aida [Paris, 28. April 1876]

1. Vorstellung Einnahme	ca. 18,000 fr.
2. Vorstellung Einnahme	ca. 17,700 fr.
3. Vorstellung Einnahme	17,796 fr.

Die Einnahmen wären auf 20,000 gekommen und vielleicht sogar noch mehr, wenn Escudier den Mut gehabt hätte, den sogenannten Pressedienst völlig aufzuheben. Laut der Einnahmen war es also ein Erfolg. Die Presse hat die Frauen etwas übel behandelt, besonders die Stolz, war aber im übrigen äußerst günstig. Selbstverständlich habe ich hier, wie in Deutschland, erst seit drei, vier Jahren gut zu komponieren gelernt; aber wenigstens haben sie mich nicht des Wagnerismus bezichtigt, wie es seinerzeit die italienische Presse, besonders die Mailänder, so wohlwollend tat.

Bei all dem ist mir klar, daß Escudier das Italienische Theater nicht wieder aufrichten wird; und es könnte in Zukunft auch sein Vermögen verschlingen. Inzwischen ist mein Ziel hier wie in Italien nicht erreicht. [. . .]

AN GIULIO RICORDI

Lieber Giulio, [Genua, 12. März 1878]

«Habe nichts beanstandet, halte es aber für gut, Sie zu benachrichtigen»!! So sagt Ihr in Eurem Telegramm. Es wäre jedoch besser gewesen, *mich nicht zu benachrichtigen und zu beanstanden . . .*

Die Patti* sagte tatsächlich ein paar Worte über die *‹Aida›* zu mir. Aber das war in meinem Haus . . . ich wollte keine Diskussionen haben und unterbrach sie mit genau diesen Worten: «*‹Aida›* geht mich nichts mehr an . . . einigt Euch mit den Herren in Mailand.» Jetzt höre ich, daß es um einen Strich im dritten Akt geht. Dieser arme dritte Akt, der nach dem ersten Urteil der Mailänder nichts taugte, ist ausersehen zu leiden! . . . Und trotzdem gibt es da nichts zu streichen, nicht einmal die häßliche *cabaletta* im Duett des Tenors und Soprans. Sie entspricht der Situation und muß oder müßte bleiben; wenn nicht, macht man ein *Loch* in der Leinwand. Ihr wißt, daß ich der größte Feind von *Strichen* und *Transpositionen* bin. Besser führt man die Opern nicht auf; und wenn die Patti diese Rolle anstrengend fand, warum macht sie sie? Wozu braucht sie die *‹Aida›* zu singen? Und, wie ich ihr selber mehrfach gesagt habe . . . «wozu eine neue Oper, wenn Ihr so viele alte zur Auswahl habt?» Die Patti hat keine neuen Opern, weder *‹Aida›* noch andere nötig. Hat die Welt sie nicht vorher bewundert? Und ich selber hatte die *Taufe* des Publikums nicht nötig, um zu verstehen, was für eine wunderbare singende Schauspielerin sie schon mit 18 Jahren war, als ich sie zum ersten Mal in der *‹Sonnambula›*, in der *‹Lucia›*, im *‹Barbiere›* und *‹Don Giovanni›* hörte! Sie war damals die, die sie jetzt ist, abgesehen von ein paar Veränderungen der Stimme besonders in der tieferen Lage, die damals ein bißchen leer und kindhaft war und jetzt wunderschön ist. Aber das Talent, der Instinkt für die Bühne, der Gesang dieselben, dieselben, dieselben, dieselben.

Aber um zu uns zu kommen, jetzt muß man keinen Klatsch aufkommen und [die Dinge] laufen lassen. Aber ich erkläre, daß mir dies sowie die *Messe* im Dom und anderes ganz und garnicht paßt. Ich erkläre

* *Adelina Patti (1843–1919), in Madrid geborene italo-amerikanische Koloratursopranistin, war eine der letzten ganz großen Primadonnen des 19. Jahrhunderts. Sie debütierte mit 16 Jahren in New York als ‹Lucia di Lammermoor› und begeisterte von da an mehr als fünfzig Jahre das Publikum aller führender Opernhäuser der ganzen Welt. Sie verdiente schwindelerregende Summen und war bereits zu der Zeit, als sie Verdi in Sant'Agata besuchte, ein Weltstar, eine Kultfigur. Zum letztenmal stand sie 1914, im Alter von 71 Jahren, auf der Bühne.*

weiterhin, daß ich von jetzt ab auf Telegramme dieser Art nicht antworten werde und daß . . . für jetzt sage ich weiter nichts. [. . .]

P. S. Ihr glaubt an eine *vollständige Aufführung*? Aber bedenkt, daß Ihr in einer Atmosphäre lebt, die täuscht . . . *Die Scala!* Ein großes Wort! Aber dahinter zu blicken!! Wenn ich bedenke, daß Ihr den ersten Bühnenbildner und den ersten Techniker hattet!! Und die sind nicht mehr da.

AN CAMILLE DU LOCLE

Lieber Du Locle, [Genua, 9. Dezember 1891]

Als ich gestern abend hier ankam, fand ich Euren sehr lieben Brief vom 3. Dezember vor.

Ricordi hat mir tatsächlich von diesem Anspruch des Mariette Sohnes erzählt. – Ich falle aus allen Wolken!

Ihr wißt, wie die Dinge liefen; und ich glaube, auch Ihr werdet Euch erinnern, daß Ihr selber mir vier kleine Druckseiten ohne Namen des Autors übergabt und mir sagtet, der Khedive habe die Oper nach diesem Sujet gewünscht, weil es ägyptisch ist; und ich nahm an, daß der Autor jener kleinen Seiten der Khedive selber sei. Von Mariette Bey habe ich nur gewußt, daß er mit den Kostümen usw. usw. beauftragt war. – Das ist alles. Ich kann Euch nichts anderes sagen und verstehe nicht, welche Ansprüche dieser Mariette stellen könnte.

Und jetzt, wo wir in unserem Winterquartier sind, gebe ich mich der Hoffnung hin, Euch hier manchmal auf der Durchreise oder während Eures Aufenthaltes zu sehen. Ihr würdet mir und Peppina, die Euch vielmals grüßt, [damit] eine große Freude machen.

Ich hoffe darauf und drücke Eure Hand.

Der gelernte Jurist Filippo Filippi (1830–87) war, obwohl kein ausgesprochener Musikexperte, einer der einflußreichsten und am meisten gefürchteten Musikkritiker Italiens. Als einer der ganz wenigen Rezensenten von internationalem Ruf folgte er der Einladung des ägyptischen Vizekönigs und machte sich auf die lange Reise nach Kairo, um dort am Heiligabend 1871 der Uraufführung von ‹Aida› beiwohnen zu können. Verdi, der Filippi nicht mochte, tobte, als er davon erfuhr. Filippis Kritik fiel aber sehr wohlwollend aus. Er beschränkte sich allerdings nicht nur darauf, über die Aufführung zu berichten, sondern versuchte auch, das exotische Ambiente in Kairo einzufangen.

Filippo Filippi

Generalprobe und Uraufführung von Verdis ‹Aida› in Kairo

... Als ich bei der vorletzten Gesamtprobe sah, wie wenig die Inszenierung vorbereitet war, konnte ich mir nicht vorstellen, daß es möglich sei, zum Sonnabend eine gute Generalprobe ins Werk zu setzen und am Sonntag die erste Aufführung zu wagen. Aber ein höherer Wille befahl das Wunder ... und das Wunder geschah. Der Vizekönig hatte sagen lassen, daß er am Dienstag einen längeren Ausflug nach Oberägypten antrete, und daß er der ersten Vorstellung von *‹Aida›* beizuwohnen wünsche. Und wie er sagte, so geschah es. Die Probe am Sonnabend war in der Tat für alle eine heroische Leistung: es genügt, mitzuteilen, daß sie von sieben Uhr abends bis drei ein halb Uhr morgens dauerte und zwar in Gegenwart der Abonnenten, die fast alle bis zuletzt Stand hielten, sogar die Damen in den Logen und der Vizekönig selbst, mit seiner ganzen Suite.

Diese Generalprobe war entscheidend für den Erfolg; denn da die Abonnenten anwesend, die Räume des Theaters erleuchtet waren, und die Künstler sich im vollen Kostüm befanden, so unterschied sie sich von der ersten Vorstellung nur durch die Länge der Zwischenakte, welche durch die noch mangelhaften Vorbereitungen bedingt wurde. Wie bei der Hauptvorstellung, so gab es auch hier Beifall, Ovationen und Rufe der Begeisterung. Während der Zwischenakte war die Unterhaltung äußerst lebhaft, man bewunderte gegenseitig das große Werk und war innig erfreut darüber, daß dem Theater in Kairo die hohe

Der berühmte und gefürchtete italienische Kritiker Filippo Filippi (1830–87) war einer der wenigen international renommierten Beobachter bei der Kairoer Uraufführung von Verdis ‹Aida› am Heiligabend 1871.

Ehre vorbehalten geblieben war, einer so schönen, großartigen Komposition das Leben zu geben. Jedes Stück vom Vorspiel an bis zu dem Schlußduett wurde applaudiert, und bisweilen konnten die Zuschauer ihre Ungeduld so wenig zügeln, daß sie sogar während des Spiels in Beifallsrufe ausbrachen. Die den ersten Teil des ersten Aktes schließende Hymne enthält einen starken, aufgehaltenen Akkord, dem ein allgemeiner Beifallsausbruch folgte. Ärgerlich über die unzeitige Unterbrechung wandte Bottesini sich gegen das Publikum und rief im reinsten mailändischen Dialekt: «L'è minga fenii» (es ist noch nicht aus)!

Als wir um 3½ Uhr Nachts, nach Beendigung der Probe das Theater verließen, waren wir alle entzückt und freuten uns, die neueste Musik des großen Meisters gehört zu haben .. Die höchste Genugtuung empfand jedenfalls der Khedive; er vermochte vor Freuden kaum an sich zu halten und wünschte, daß man unverzüglich in seinem Namen an Verdi telegraphiere, um ihm zu danken und Glück zu wünschen.

Die Aufregung des ägyptischen Publikums bezüglich der ersten Vorstellung von ‹*Aida*› war so groß, daß bereits vierzehn Tage vorher sämtliche Billets vergriffen waren und in den letzen Tagen bei den Händlern und Spekulanten mit Gold aufgewogen wurden. Wenn ich sage: ägyptisches Publikum, so spreche ich speziell von den Europäern; denn die Araber, selbst die reichen, machen sich nicht viel aus dem Theater: sie ziehen das klägliche Getön ihrer Cantilenen und die einförmigen Schläge ihrer Tambourins allen Melodien der Vergangenheit, Gegenwart und Zukunft vor. Es ist ein wahres Wunder in den Theatern Kairos einmal einem Turban zu begegnen.

Am Sonntagabend war das Theater lange vor Beginn der Vorstellung bis auf den letzten Platz gefüllt. Die Logen waren in großer Zahl von Damen besetzt, und keine derselben störte die Aufmerksamkeit durch unzeitiges Geschwätz oder durch das Rauschen ihrer Kleider. Im Allgemeinen fand ich sie sehr hübsch und elegant, namentlich was die Griechinnen und die Fremden der höheren Stände betrifft, die in Kairo sehr zahlreich vertreten sind; doch muß ich aus Liebe zur Wahrheit hinzufügen, daß man neben den schönsten und mit bestem Geschmack gekleideten auch jeden Abend koptische und israelitische Gesichter mit seltsamen Coiffüren und in den unmöglichsten Kostümen erblickte. Die Farbenzusammenstellungen sind so schreiend, daß man, wenn man sich absichtlich darauf legte, sie nicht geschmackloser erfinden könnte. Die Frauen des vizeköniglichen Harems sind für Niemand sichtbar; man hat die drei ersten Logen rechts im zweiten Rang für sie reserviert, und ein dichter Vorhang von weißem Musselin schützt sie vor indiskreten Blicken . . .

Ernest Reyer (1823–1909), französischer Komponist und Musikkritiker beim renommierten Journal des Débats war, wie Filippi, persönlich vom Khedive zur ‹Aida›-Premiere nach Kairo eingeladen worden, obwohl er als ausgesprochener Gegner Verdis galt. In Ägypten war dies vielleicht auch nicht bekannt. Am 12. Januar 1872 erschien im Journal folgende Kritik (gekürzt):

Louis Etienne Ernest Reyer

Verdis ‹Aida› in Kairo

... Wenn die Oper Verdis mittelmäßig gewesen wäre, so hätte ich es ohne Umschweife gesagt; aber sie hat Erfolg gehabt, und sie verdiente denselben. Ich freue mich, die gute Nachricht zu verbreiten und den Meister, für den ich, wie man weiß, nie große Bewunderung empfunden, noch jemals besondere Sympathien gehegt habe, zu beglückwünschen...

Denen, welche seine Fortschritte in der Musik leugnen, hat Verdi soeben das Gegenteil bewiesen. Freilich der alte Verdi besteht noch fort; er findet sich auch in *‹Aida›* wieder mit seinen Übertreibungen, seinen brüsken Gegensätzen, seinen stilistischen Nachlässigkeiten und seinem Ungestüm. Aber daneben lernen wir auch einen andern, vom Germanismus beeinflußten Verdi kennen, der in äußerst gewandter Weise mit einer Wissenschaftlichkeit und einem Takt, die man nicht bei ihm vermutet hätte, alle Kunstgriffe der Fuge und des Kontrapunktes ausnutzt, der mit seltenem Scharfsinn die Töne bindet und die alten melodischen Formen, selbst die, welche ihm besonders eigen waren, durchbricht. Mit liebevoller Hingabe pflegt er abwechselnd die großen Solopartien und die langen Tonsätze. Er findet die neuesten, oft auch die seltsamsten Harmonien, die überraschendsten Modulationen; er verleiht der Begleitung mehr Interesse, oft sogar mehr Bedeutung als der Melodie selbst; kurz, wie Grétry von Mozart sagt, er setzt bisweilen die Statue in das Orchester und läßt das Piedestal auf der Bühne. Ich habe die Richtigkeit dieses Ausdruckes nie recht begriffen, aber er ist so allgemein anerkannt, daß ich ihn ohne Bedenken anwende.

Man möge mir hier nicht etwa einwerfen: «Verdi lebt in der vollkommensten Abgeschlossenheit; er bleibt bei jedem neuen Werk, jedem neuen System gegenüber vollständig teilnahmslos.» Noch vor einigen Jahren versicherte man mir, daß er niemals den *‹Don Juan›* gelesen

Titelseite der französischen Zeitschrift Le Monde Illustré vom 3. April 1880, mit Verdi als Dirigent der ersten ‹Aida›-Aufführung an der (großen) Pariser Oper. In dieser ersten französischen Aufführung der Oper in Paris debütierte der junge Bariton Victor Maurel als Amonasro. Später war er Verdis erster Jago und der erste Falstaff.

habe. Das kann möglich sein, aber seitdem hat er ihn eben gelesen und auch noch manches Andere. Ich bin überzeugt, daß die Werke Richard Wagners ihm sehr vertraut sind und ebenso diejenigen Berlioz'. Er muß auch die Partituren Meyerbeers ein wenig studiert und sich über Gounods Art und Weise, die auch nicht zu der ersten besten gehört, orientiert haben. Als er den *‹Don Carlos›* schrieb, waren seine Studien bezüglich dieser verschiedenen Methoden vielleicht nur skizzenhaft; heute aber sind sie weit vorgeschritten, wenn nicht gar vollendet. Und wenn er in seiner neuen Weise fortfährt, so wird Verdi, an Stelle einiger Enthusiasten, deren Begeisterung etwas erkalten dürfte, sehr viele bekehren und zahlreiche Anhänger gewinnen, selbst in Kreisen, in denen er bis jetzt nicht gerade mit großer Wärme beurteilt wurde.

Es handelt sich hier freilich nicht um eine Umwandlung, wie sie sich bei Gluck, Rossini oder Meyerbeer vollzog, der nach Margarita d'Angiù oder dem Crociato, seinen *‹Robert der Teufel›* zur Welt brachte, aber es ist doch etwas mehr als eine einfache Schwenkung, und diejenigen, welche die schroffe Natur und den unbändigen Charakter des italienischen Meisters kennen, werden in den Anwandlungen und Tendenzen, welche in der Partitur *‹Aidas›* zu Tage treten, bedeutend mehr und Besseres sehen, als vage Besprechungen für die Zukunft.
(Journal des Débats, 16. Januar 1872)

Andrew Porter*

Die ersten Aufführungen 1871–1880

Die Kairoer Uraufführung von *‹Aida›* fand am 24. Dezember 1871 statt. Die erste Aufführung an der Scala folgte sieben Wochen später, am 8. Februar 1872. In einem Brief an seinen Freund Arrivabene gab der Komponist in lakonischen Phrasen seiner Genugtuung Ausdruck: «Ich will vor Dir keine Bescheidenheit heucheln, aber diese Oper ist sicherlich nicht eine meiner schlechtesten. Die Zeit wird ihr jenen Platz zuweisen, den sie verdient. Mit einem Wort, es scheint für mich ein Erfolg zu sein, der das Theater füllen wird.» Verdi selbst beaufsichtigte die nächste Produktion, die im April in Parma über die Bühne ging. Im Juli leitete Franco Faccio, der Dirigent der Mailänder Erstaufführung, die erste *‹Aida›* in Padua. Im März 1873 überwachte Verdi wiederum die erste Produktion in Neapel. In all diesen Inszenierungen wurden die Partien von Aida und Amneris von den Interpreten der Scala, Teresa Stolz und Maria Waldmann, gesungen; Giuseppe Capponi, der schon für die Scala-Aufführungen vorgesehen war, aber krank wurde und ersetzt werden mußte, sang den Radames in Parma und in Padua. Francesco Pandolfini, der erste Mailänder Amonasro, sang die Partie am 3. Juli 1872 auch in Padua. Die Stolz, die Waldmann, Capponi und Adriano Pantaleoni (Amonasro in Parma) sangen gemeinsam die erste *‹Aida›*-Aufführung in Ancona, am 3. Mai 1873. Verdi wollte zunächst alle Aufführungen an Häusern verbieten lassen, die nicht das geeignete Ensemble oder nicht die orchestralen, chorischen und szenischen Voraussetzungen bieten konnten – und so bestand er darauf, der Anspruch auf künstlerische Seriosität müsse bei einer «modernen Oper», die sich ausdrücklich gegen die altmodische absetze, in allen Details «Punkt für Punkt» zum Zuge kommen. In mehreren Briefen formulierte Verdi nun seine Überzeugung, daß er mit *‹Forza›*, *‹Don Carlos›* und *‹Aida›* eine neue Art von Oper komponiert habe, Werke, deren Präsentation von einem einzigen leitenden Kopf überwacht werden sollte, der dann für jedes Detail, ob szenisch oder musikalisch,

* *Eine Zusammenfassung der wichtigsten ‹Aida›-Aufführungen der ersten Jahre gibt der 1982 im Rahmen einer Schallplattenedition (Claudio Abbados ‹Aida›-Gesamtaufnahme bei der Deutschen Grammophon) publizierte Aufsatz des englischen Musikschriftstellers Andrew Porter (geb. 1928), den wir hier auszugsweise, in der Übersetzung von Attila Csampai, wiedergeben (vgl. den ersten Teil derselben Studie, abgedruckt auf S. 90 des vorliegenden Bandes).*

Kostümfigurine der Pharaonentochter Amneris für die Pariser ‹Aida›-Produktion des Jahres 1880 von Eugène Lacoste, datiert Oktober 1879.

verantwortlich sein sollte – da bei diesen Opern jede Kleinigkeit wichtig und Bestandteil eines größeren Zusammenhangs sei.

Aber noch im Jahre 1873 verfügte er eine «generelle Freigabe», und von da an begann der Triumphzug der *‹Aida›* durch die ganze Welt. Ein offizielles «Inszenierungsbuch» wurde veröffentlicht, mit Bühnen- und Positionsskizzen, mit Vorschriften für jede Bewegung und jede Geste, bis zur Placierung der Chor-Subdirigenten, und mit praktischen Hinweisen wie jenen, wie man Gas-Stichflammen, die möglicherweise Amneris in Brand setzen könnten, schnell wieder löscht, wenn sie, in ihrem langen Trauergewand, in der Schlußszene die Bühne betritt. Keine kleinste Abweichung von diesen offiziellen Aufführungsvorschriften oder auch von den genehmigten Kostümentwürfen, heißt es in der Schrift, würde geduldet werden. *‹Aida›* erreichte Buenos Aires im Oktober 1873 (mit der Aida der Uraufführung Antonietta Pozzoni-Anastasi) und New York im November (dirigiert von Emanuele Muzio). Die gesamte New Yorker Produktion wurde anschließend in Philadelphia, Chicago, Milwaukee und Boston gezeigt. Im April 1874 erklang die Oper zum erstenmal in Wien (mit Amalie Friedrich-Materna als Aida, die später Bayreuths erste Brünnhilde und dann auch erste Kundry war) und im selben Monat in Berlin (mit Mathilde Mallinger, die Wagners erste Eva war, in der Titelrolle sowie Marianne Brandt, Bayreuths Alternativ-Kundry, als Amneris; den Radames sang Albert Niemann, Wagners Tannhäuser in Paris und Bayreuths erster Siegmund; den Amonasro Franz Betz, der erste Hans Sachs). Verdi dirigierte die Oper im Juni 1875 in Wien selbst, mit der Stolz und der Waldmann, und im Jahr darauf noch einmal in Paris, im Théâtre Italien, wieder mit der Stolz, der Waldmann und Pandolfini als Amonasro. Die Londoner Premiere war ebenfalls 1876, am Covent Garden, mit Adelina Patti als Titelheldin. Die Metropolitan Opera brachte *‹Aida›* 1886 heraus, mit Therese Herbert-Förster als Aida und Marianne Brandt als Amneris. Es wurde in deutsch gesungen, wie man alles an der Met zwischen 1884 und 1891 deutsch sang. Dann sang Lilli Lehmann die Aida in italienisch (mit Jean de Reszke als Radames). An der Met wurde *‹Aida›* zur meistgespielten Oper.

Die Liste ließe sich beliebig fortsetzen. Eine wichtige Produktion, die man nicht verschweigen sollte, ist die *‹Aida›*-Premiere an der Pariser Oper, die im März 1880 stattfand – als die Oper etwa ihre 150. Aufführung erreicht hatte. Verdi kam eigens nach Paris, um die Produktion zu überwachen und selbst zu dirigieren. Ein halbes Jahrhundert hatte er darauf gewartet, in Paris einen durchschlagenden, einen uneingeschränkten Erfolg zu verbuchen. Nun, endlich, hatte er ihn.

Kostümfigurine des Königs für die erste ‹Aida›-Aufführung an der Pariser Oper von Eugène Lacoste, datiert Januar 1880.

Kostümfigurine einer Harfenspielerin (Komparserie) für die ‹Aida›-Neuinszenierung an der Pariser Oper im März 1880, von Eugène Lacoste, datiert November 1879.

Nach der Premiere schrieb er an die Gräfin Maffei: «Ich glaube, vor zwölf oder vierzehn Jahren schrieb ich Ihnen, daß *‹Don Carlos›* kein Erfolg war. Nun sage ich Ihnen mit derselben Offenheit, und unbescheiden, daß *‹Aida›* ein Erfolg ist.» So war es eben, und so war es schon immer gewesen. Verdi war nicht ein Mensch wie Wagner, der bereit war, seinen Weg zu gehen, was immer das Publikum denken mochte über seine Werke. In *‹Don Carlos›* hatte er die Grand'Opéra Meyerbeers zu einem Gipfelpunkt geführt, daß erst ein ganzes Jahrhundert vergehen mußte, bevor das Publikum ihm begeistert folgen konnte, und bei diesem Aufstieg war er gestrauchelt: mehr als einmal hat er die Oper umgearbeitet, ohne aber jemals eine definitive Version herzustellen. In *‹Aida›* zielte er weniger hoch, was den Opernstoff betrifft. Er wählte einen Gegenstand innerhalb «seines» Rahmens, aber einen, der es ihm gestatten würde, seine neuen musikdramatischen Kräfte stärker zu entwickeln als jemals zuvor; und er komponierte ein Meisterwerk. Vielleicht kann man es – wenn diese Bezeichnung gestattet ist – ein begrenztes Meisterwerk nennen: *‹Othello›* und *‹Falstaff›* lagen ja noch in der Ferne (obwohl die Saat für *‹Othello›* bereits 1879 ausgestreut wurde und schon zu keimen begann). Währenddessen brachte die Pariser *‹Aida›*-Produktion von 1880 die Krönung seiner Karriere. Das meiste von dem, für das er sein Leben lang gekämpft hatte, war nun sicher errungen.

III. Zur Rezeption der Oper im 20. Jahrhundert

Oskar Bies (1864–1938) Anmerkungen zu ‹Aida›, niedergelegt 1913 in seinem außergewöhnlichen und nach wie vor konkurrenzlosen Gesamtversuch über das «unmögliche Kunstwerk Oper» (‹Die Oper›, Berlin 1913), zählt zu den wenigen literarischen Glücksfällen, in denen es jemandem gelang, musikalische Zusammenhänge bildhaft, plastisch, sinnfällig werden zu lassen, ohne auch nur einmal das abstrakte Fachvokabular zu Hilfe zu nehmen, und – es ist auch eine tiefe Verneigung des Wagnerianers Bie vor Verdis «später Ernte».

Oskar Bie

Die Wahrhaftigkeit des alten Stils

Zu Verdis ‹Aida›

Wir nahen uns der *‹Aida›*. Es ist Spätsommer geworden, die Farben schieben sich vor, die Gegenstände scheinen sich zu vereinzeln, der Mutterboden ist schon halb vergessen und alles trägt den satten Reichtum seines Daseins in sich selbst, die aufgenommene Erde, die eingesaugte Luft, das verinnerlichte Licht, reif und saftig hängen die Früchte. Das köstliche, flirrende, zarte, feinverästelte Ensemble des *‹Maskenballs›* liegt zurück. Regionen der Erdteile spannen sich. Eine gewaltige Repräsentation wird vorbereitet für alle Kultur, der der Nil Vater war. Man erwartet in Kairo einen heroisch glänzenden Opernzug, eine Manifestation aller Virtuositäten. Was wird dieser Verdi geschaffen haben, auf dem das Auge der Welt ruht? Und sein Werk erscheint, ohne jede große und pompöse Gebärde, ohne jede Eitelkeit und Pose – er schüttet die unendlich reiche Ernte aus, die er in diesen Jahren gesammelt. Die erste wundervolle Ernte seines schönen Herbstes.

Ein Text wird ihm gegeben, wie ihn ein Primaner macht: die Liebe des ägyptischen Feldherrn zur gefangenen Äthiopin und ihr gemeinsamer Tod, ohne jede seelische Vertiefung, ohne jede dramatische Doppelseitigkeit, in einem primitiven Nebeneinander von Szenen. Meyerbeer hätte ein Prunkstück daraus gemacht, ihm ist es nicht mehr möglich. Er kann nicht mehr Rieseneffekte losdonnern, er ist musikalisch zu weise geworden, künstlerisch zu feinfühlig. Das Nuritalienische genügt ihm längst nicht mehr, das Nurfranzösische hat er nie gewollt, das Nurdeutsche wäre ihm fremd und abstrakt. Aber überall hat er Kräfte und Säfte gezogen und auch der neuen nordischen Musik sein Ohr geliehen. Man nannte damals gern jede harmonische Besonderheit oder jede melodische Formlosigkeit Wagnerisme, man hörte auch hin und wieder, beim Erscheinen des Kriegsboten, beim Beten der Aida, ‹*Lohengrin*›-Anklänge. Aber, wenn es wirklich war, war es nur äußerlich. Verdi hat das Deutsche viel weniger unmittelbar nachgeahmt als das Italienische und Französische. Er hatte seine eigene Mischung gefunden, die nicht so sehr von einem Stil ausging, als von der Quelle seiner musikalischen Erfindung. Er war ein Weltmann der Musik geworden und ein Herrscher an Phantasie. Über den törichten ‹*Aida*›-Text senkte er, je weniger er dramatisch ergiebig war, desto reicher den Segen seiner Töne, und nicht viel früher, als in Paris Bizet zukunftsfroh die Spieloper zu einem Lebensdokument erhöhte, verfeinerte er die heroische Oper zu einem geklärten Bekenntnis trächtiger Vergangenheit.

Die Melodien der ‹*Aida*› sind ganz aus dem Gesange erfunden, wenn sie sich noch sehr der instrumentalen Linie zu nähern scheinen. Das Orchester tritt als Melodieführer durchaus zurück, und selbst als Fondmaler ist es bescheiden. Die Begleitungen sind selten klischiert, sie haben einen starken selbständigen Rhythmus und ein eigenes agogisches Leben. Sind sie Füllung, so durchbrechen sie sich gern in sorgfältiger Arbeit, Flöten, Fagotte, Celli, Bratschen ornamentieren in belebtem Relief die Mittelstimme. Das ganze Orchester individualisiert sich, sicherlich nicht ohne nordischen Einfluß, und die Partitur der ‹*Aida*› ist oft mehr Drama als die Bühne. Um eine tragisch dunkle Farbe aufzusetzen, dort, wo im Gerichtsakt Radames vor Amneris tritt, wird das einzige Mal die Baßklarinette benutzt. Die Charaktere der Singenden stehen im Ensemble einander nicht so scharf gegenüber, denn es interessiert sie viel mehr, wahr zu sein als künstlich. Die Mitte zwischen Gesang und Orchester, Drama und Melodie ist dadurch bewundernswert getroffen. Die Melodie findet zwischen Schönheit und Ausdruck einen reizenden Weg. Im Dramatischen verschmäht der Chor nicht seine kurzen Einwürfe, im Musikalischen schwelgt er in breiten Weisen. Kurze melodische Phrasen geben einigen Zeilen einen gedrängten musikalischen Inhalt, ein andermal dehnen sich Strophen in Lieder aus. Es gibt kein leeres Rezitativ mehr, keine selbstsüchtige Koloratur, nichts Uniformes, nichts Billiges. Die überlieferte Gelenkigkeit von Dur und Moll wird der Melodie stets zu einem Erlebnis, die italienische Phrase wird niemals schablonisiert, sie ist auch dort, wo sie ihre Herkunft bekennt, empfunden und neu geboren.

Motive ziehen sich hinüber, nicht doktrinär, aber doch bewußt, so bewußt, wie viele kleine eingestreute Wendungen hier eine motivische Sprache, einen Vorklang, einen Nachklang bilden. *‹Aida›* hat das Motiv einer verlorenen, süßen Träumerei, die Priester eine diatonische, fugierte Feierlichkeit, Amneris eine breite, sehnsüchtig gebundene Melodie, die sie sich niemals ganz zu singen entschließt, sondern immer nur in den Streichern anhört, und ein Agitatomotiv, das ihre Angst um Radames begleitet und bis in sein Liebesduett mit Aida seine Schatten wirft.

Das originelle, schwebende Aidamotiv ruft alle Künste der Harmonisierung, die unter seine Klarinettenmelodie sich immer wieder anders ordnen, enger, weiter, je nach der Situation, mit der ganzen Vielgliedrigkeit, die ihr Zauber in dieser Oper ist: bis in die aparte Akkordierung der Trompetenensembles und des prachtvollen Kriegsgesanges mit seinem Flaggenschluß. Ein Modulationsschwung herrscht, der das romanische Ohr ebenso anstrengen wie das deutsche entzücken mußte. Gab einst die Melodie den südlichen Sinnen alle Form der akustischen Bewegung, so ist jetzt die Harmonie weit über alle Architektur in ein üppiges Schlinggewächs auseinandergegangen. Ein Zeichen der Zeit: schon stützt sie nicht immer von unten die Melodie, schon hängt sie sich von oben an ihr herunter.

Sollte ich ein Beispiel geben für die ganze Reife dieser Kunst, ich würde die Soloszene der Aida im ersten Akt wählen, die sie mit der Wiederholung der abklingenden Chorphrase *ritorna vincitor* beginnt, um nach einer wunderbaren Folge von ausdrucksvollen Rezitativen, arienlosen Melodien, lyrischen Ausbrüchen, ganz Gesang und doch niemals Parade, in jenen traurigsüßen, veratmenden Tönen *pietà del mio soffrir* zu enden, deren Verlassenheit die Celli in einsame Höhe führen.

Sollte ich an einer Stufenleiter ähnlicher Aufgaben zeigen, wie sich

Kostümentwurf (des Radames) von Multzer für eine Pariser ‹Aida›-Produktion um die Jahrhundertwende.

diese Kunst von der Opernparade alten Stils zu einer inneren Wahrhaftigkeit entwickelt hat, ich würde die Duette nennen. Zuerst käme das Duett der unglücklich liebenden Amneris mit Radames im Gerichtsakt: es sind wahre Herrlichkeiten von Melodien, männlich ernste, weiblich hingebungsvolle, die sie da beide singen, aber man wird nicht übersehen zu bemerken, daß sie sich am Anfang, so verschieden ihre Stimmung ist, nach guter Sitte darin teilen. Aida und ihr intriganter Vater Amonasro vermengen sich nicht in ihrem Duett, setzen Phrase gegen Phrase, in einer unruhigen Dramatik, die freilich im einzelnen Gebilde noch ein wenig den altmodischen Griffel zeigt. Ganz neu, rein und zweisprachig ist das Duett der Rivalinnen Aida und Amneris, von den blühendsten lyrischen, melodiesüßen, harmonietriefenden Zeilen der Amneris eingeleitet, von der Katastrophe *tu l'ami* auf Kontrabässen wirksam unterbrochen, dann spannend auf den fernen Kriegschor gesetzt und, wie in einem Zirkel der Gefühle, von Aida mit derselben einsamen Wendung beschlossen, die ihre Soloszene endigte. Amneris nimmt sich eine leichte Violinmelodie, Aida eine schwere Bläsermelodie: sie stehen unversöhnlich gegeneinander, es ist der Abschied des alten italienischen Duetts in diesem Stück, das aus dem Zwiespalt der Charaktere einen doppelten Wohllaut von Musik gewinnt. Aber die Liebe vereint die Seelen und die Melodien, und die gute Sitte wird dann ein wahres Leben. Im ersten Duett von Radames und Aida schwingt er ein stolzes heldisches Motiv und fügt ein anderes dazu, auf Trompetenrhythmik, feurig verschmilzt er sie ineinander. Aida setzt ihm ihre heimatliche Welt entgegen, ein schillerndes Orchester, bunte Harmonien, äthiopische Romantik. In einer neuen Phrase, *assai vivo*, gärend, überschäumend, finden sich beide zusammen, um sein Heldenthema in einem glänzenden Unisono aufzunehmen. Und bald klingt ihre Sterbemelodie herüber, die sie in ihrem zweiten Duett gemeinsam erleben: die alte Form wird die ewige Form, aber sie ist so wahr, als sie schön ist.

Doch keine Grammatik oder Syntax erklärt diese neue Sprache. Im Kampfe mit der Grobheit des Historizismus in der Oper wurde sie fein, im Reichtum der göttlichen Phantasie wurde sie klingend. Wie dieser zarte Schluß eine Große Oper ins Ätherische auflöste, so leitete sie statt einer Kavalkade des Orchesters das lieblich verschämte Vorspiel ein, das ein silbernes Gedicht aus drei Motiven formt. Statt mit einer soldatesken Protzerei tritt Radames mit einem Liebeslied vor den Hörer *celeste Aida*, deren F aus Trompeten über Holzbläser in Violinen leuchtend übrig bleibt, um eine schwärmerische Melodie, von tiefen Flöten gefärbt, von Solostreichern überzittert, in weiches B-Dur

Kostümentwurf (der Amneris) von Multzer
für eine Pariser ‹Aida›-Produktion.

zu leiten. Weiche Töne und farbige Töne! Der seltene Fall tritt ein, daß ein Italiener exotischen Kolorismus in Instrument und Gesang verwendet, um die Reflexe der Landschaft zu verfeinern. Der Nil glitzert in den Flageoletten der Celli, vom Funkeln der Streicher umspielt, von Flöten vergoldet, und ferne Stimmen schwanken zwischen den Tonarten um ein mystisches G. Oboen singen bunte Vogellieder aus Äthiopien und in wunderlichen Gängen verliert sich Aidas Stimme, dunkeläugig im Zauberwald schwerer Tongehänge und zitternder Spiegelungen. Rote Schatten liegen über der Tempelszene. Der Gesang der Priesterinnen brütet in chromatischer Enge von kühnstem, ethnologischem Schnitt, die Priester setzen dumpfe erzene Akkorde darunter, ein Tanz schleicht im Atem der Bläser, die seltsame Reigen mit fremdgeborenen Streichern schlingen, ein Gebet, in fugierter Staffelung, erhebt sich auf Posaunenachteln, die die Quinten nicht scheuen, und sein Feuer wächst und leuchtet hoch über die roten Schatten, in einem grellen Es-Dur-Akkord zum Himmel schlagend.

Diese Tempelszene ist eines der gewaltigen Ensembles, die die prunkenden Säulen dieser Oper sind neben den vielen kleineren *pezzi d'assieme*, fünf Szenenensembles, aber nicht so sehr Prunk, als wundervollste musikalische Kunst, nicht so sehr Säulen, als Fruchtbäume von erquickender Fülle. Das Repräsentative wird nicht geleugnet, aber die Kunst nimmt es auf ihr ganzes Gewissen.

Der Tempelszene in ihrer Dumpfheit entspricht am Schluß die Tempelszene des süßesten Opfertodes. Dem Frauenchor am Hofe der Amneris entspricht der Männerchor des Gerichts. Und in der Mitte steht das gewaltige zweite Finale.

Der Amnerisfrauenchor, reizend zweigespalten, ist ganz auf feine Modulation und liebenswürdige Silhouette gestellt. Die wiederholten innig-schönen Sequenzenrufe der liebenden Königstochter unterbrechen ihn. Ein Mohrentanz von prickelnd leichtfüßiger Harmonisation ist eingeschoben.

Die Gerichtsszene, von Kontrabässen mit Posaunenstößen eingeleitet, bewegt sich in psalmodischen, hieratisch erstarrten Unisoni und Soli. Die tonlose große Trommel malt das Schweigen des Verklagten. Amneris bricht wieder in eine dreimal wiederholte Phrase aus, jedesmal um einen Halbton gehoben.

Das große Festfinale, mit mehrfachen Chören, mit starker Bühnenmusik, kann man in seiner Anlage zeichnen wie einen Grundriß: königliches Thema 1, lyrisches Thema 2, die Priesterfuge 3, der Fanfarenaufzug 4, das farbige Ballett 5. Es kombinieren sich 1 und 3, um zu 2 in ff zu führen +3 +5. Episoden der Handlung: das Amnerismotiv,

Kostümentwurf einer ägyptischen Tänzerin von Multzer für eine Pariser ‹Aida›-Produktion.

Violinen unter Pickelakkorden, über durchbrochenen Klarinetten; es ist die Krönung des Radames. Die Gefangenen kommen unter Motiv 3. Die kleine dramatische Szene des demütigen Amonasro schließt und führt über. Es entwickelt sich das zentrale Ensemble in F. Thema 1 beginnt von vorn. Eine letzte endesfrohe Weise setzt sich an. Thema 3 nimmt sich wieder auf und führt über eine Stretta zum Orchesterschluß in Thema 4. Das ist der Grundriß, gerade und klar wie ein Verwaltungsgebäude. Aber, was da verwaltet wird, wer kann es in Worte fassen, diese Ernte reifster Phantasie, diese bogenweiten Rhythmen, entzückenden Arabesken, melodischen Girlanden, harmonischen Traubengehänge, diese edle Pracht des Orchesters und aller musikglücklichen Stimmen, den Geistreichtum der enharmonischen Fanfarengruppen in as und h, die schwere Süße des F-Dur-Gesanges. Es blieb das grandioseste Finale aller italienischen Musik, und dennoch das beste.

Die Posaunen, die Trompeten haben sich aus dem Orchester entfernt. Eine selige verklärte Ruhe ist übrig. Aida tritt zu Radames in das Gefängnis in todesergebener, monotoner Rezitation über dunklen Schlägen der großen Trommel mit tiefen Klarinetten. Ihr Gefühl hebt sich, von Flöten begleitet, bald von Streichern versüßt. Ein Tänzerisches geht durch die Luft, mit Bläsern zu Radames' Gesang, mit Streichern zu Aida, kindliche Engelreigen im Himmel, den sie erwarten. Der irdische brütende Tempelchor mischt sich noch einmal hinein. Da führt sie das Flageolett in das überirdische Ges-Dur, in dem sie jene Melodie finden, die sie weit, weit über jede Erinnerung ihrer Heimat in ungeahnte, neuerschaute Gefilde der Musik trägt: sie entzücken sich in ihr aneinander, feiner und leichter schwingen die Flügel der Streicher, der schwärende Duft des Tempelgesanges bleibt zurück, vier Violinen, zärtlich umschlungen, schweben ihrem Andenken nach und alles schließt in einem pppp, das der wahre Triumph dieser heroischen Oper ist.

Kleines Zwischenspiel mit Noten und Banknoten

Das Honorar für die ‹Aida› …

… war geradezu astronomisch: 150000 Franc, das höchste je gezahlte Honorar für eine Oper. Die Banque de Rothschild sollte dafür garantieren.

Da ist es schon eine Ironie des Schicksals, daß die Uraufführung zur Eröffnung des Suezkanals nicht stattfinden kann; die Kostüme und Dekorationen werden in Paris angefertigt, aber die Stadt wird gerade von den Deutschen belagert.

Ein Deutscher ist es auch, der indirekt bewirkt hat, daß Verdi aus Ärger über die Diskussionen über den Führungsanspruch der deutschen oder der italienischen Oper beinahe die ‹*Aida*› zurückgezogen, ja die Partitur vernichtet hätte: Richard Wagner.

Am 24. Dezember 1871 findet die Premiere doch noch in Kairo statt, aber den triumphalen Jubel kann Verdi als Weihnachtsgeschenk nicht entgegennehmen: Weil er Seereisen nicht verträgt, ist er zu Hause geblieben.

Reichlich viele Aufregungen für 150000 Franc. Wer mit weniger zufrieden ist, wird sich anstatt für eine Partitur für einen Pfandbrief entscheiden. Der ist nervenschonender und garantiert im voraus den Erfolg.

Der ‹Zauberberg›, den Thomas Mann (1875–1955) selbst als eine «hermetische Geschichte» bezeichnet hat, gilt als der letzte, große europäische Bildungsroman in der langen Tradition des 18. und 19. Jahrhunderts.

1912 begonnen, konnte Thomas Mann jedoch erst 1924, nach dem Ende des Ersten Weltkrieges, dem eigentlichen und unwiderruflichen Jahrhundertende, sein «Wilhelm Meisterchen», Hans Castorp, «des Lebens treuherziges Sorgenkind», für sieben Jahre an die sieben Tische des Davoser Lungensanatoriums «Berghof» schicken. Zunächst kommt der gesunde, hanseatische Patriziersohn, ein ‹Mann ohne Eigenschaften› wie sein Wesens- und Zeitverwandter aus Kakanien, Robert Musils Ulrich, nur auf Besuch zu «denen da oben». Aber der Zauberberg und all seine faszinierenden und schillernden Bewohner nehmen ihn wie gefangen. Castorp will und kann nicht mehr zurück ins «Flachland».

Er lernt das Panorama europäischen Geistes und abendländischer Kultur kennen, erhält dialektisch-enzyklopädische Unterweisung in den «Humanoria» von seinen beiden Mentores, dem kalten, zynischen Jesuiten Leo Naphta und dem schwärmerisch-idealistischen Freimaurer Ludovico Settembrini.

Hans Castorp, der in allen Fakultäten dilettierende Schüler, lernt bald das Leben als hermetischen «Prozeß unaufhörlicher Zersetzung und Wiederherstellung» kennen. Der Preis für diesen Adel des Geistes ist freilich hoch: Hans Castorp muß am Körper krank werden. Schließlich jedoch wird der «Siebenschläfer» auf dem Berg von einem Donnerschlag aus dem Flachland geweckt, der das «Weltfest des Todes» einläutet. Am Ende des Buches entschwindet Castorp dem Blick des Erzählers und des Lesers auf einem infernalisch tobenden, apokalyptischen Schlachtfeld, auf den Lippen Schuberts wunderherrliches Lied vom Lindenbaum, das im siebten Kapitel des Buches als «etwas exemplarisch Deutsches» charakterisiert wurde, hinter dessen volkstümlich-lebensvollem Wesen die dekadente «Sympathie mit dem Tode» stehe.

Im selben Abschnitt dieses siebten Kapitels, das mit «Fülle des Wohllauts» überschrieben ist, macht Hans Castorp Bekanntschaft mit der Musik, genauer mit reproduzierter Musik. Das Sanatorium hat ein Grammophon «Marke Polyhymnia» angeschafft, einen Schrein, ein «Instrument wie eine Stradivarius», mit einem Konvolut von zwölf mal zwölf Platten, das für Castorp schon beim ersten Hören «Passion, Bezauberung, Liebeslast» bedeutet. Nach einer Initiationsnacht, in der er allein einen Teil der Platten verschiedenster Art hört, ist er völlig von dieser «Geistermusik» infiziert und entwickelt einen zeremoniösen Ritus, nach dem er seine «Vorzugsplatten» hört. Dazu zählen neben Ausschnitten aus

Bizets ‹Carmen›, «Valentins Gebet» aus Gounods ‹Faust› und eben Schuberts ‹Lindenbaum›.

An erster Stelle seiner Lieblingsplatten jedoch steht das letzte ‹Aida›-Finale. In dieser doppelbödigen, zugleich einfühlsamen und zynischen Beschreibung der Musik Verdis gibt Thomas Mann eine überaus scharfsichtige Deutung der Ästhetik der Oper überhaupt.

Er konfrontiert ironisch-unerbittlich den idealischen Gehalt der Situation der beiden eingeschlossenen Liebenden Radames und Aida mit der «gemeinen Gräßlichkeit» der Realität des Sterbens, des Todes und der Verwesung. So dekuvriert Mann zwar die Aura des Schöngesangs, gleichzeitig aber zeigt er die «siegende Idealität der Musik» Verdis, die es vermag, die häßliche Wirklichkeit zu transzendieren.

Irmelin Bürgers

Thomas Mann

Hans Castorp hört seine Lieblingsplatten

Aus dem *‹Zauberberg›*

Eine kleine Gruppe von Platten bot die Schlußszenen des pompösen, von melodiösem Genie überquellenden Opernwerks, das ein großer Landsmann des Herrn Settembrini, der Altmeister der dramatischen Musik des Südens, in der zweiten Hälfte des vorigen Jahrhunderts aus solennem Anlaß, bei Gelegenheit der Übergabe eines Werkes der völkerverbindenden Technik an die Menschheit, im Auftrage eines orientalischen Fürsten geschaffen hatte. Hans Castorp wußte bildungsweise ungefähr Bescheid damit, er kannte in großen Zügen das Schicksal des Radames, der Amneris und der Aida, die ihm auf italienisch aus dem Kasten sangen, und so verstand er so ziemlich, was sie ihm sangen – der unvergleichliche Tenor, der fürstliche Alt mit dem herrlichen Stimmbruch in der Mitte seines Umfanges und der silberne Sopran –, verstand nicht jedes Wort, aber doch eines hie und da mit Hilfe seiner Kenntnis der Situationen und seiner Sympathie für diese Situationen, einer vertraulichen Anteilnahme, die wuchs, je öfter er die vier oder fünf Platten laufen ließ, und schon zur wirklichen Verliebtheit geworden war.

Zuerst setzten Radames und Amneris sich auseinander: Die Königstochter ließ den Gefesselten vor sich führen, ihn, den sie liebte und sehnlich für sich zu retten wünschte, obgleich er um der barbarischen Sklavin willen Vaterland und Ehre hingegeben hatte, – während allerdings, wie er sagte, «im Herzensgrunde die Ehre unverletzt geblieben» war. Diese Intaktheit seines Innersten bei aller Schuldbeladenheit jedoch half ihm wenig, denn durch sein klar zutage liegendes Verbrechen war er dem geistlichen Gerichte verfallen, dem alles Menschliche fremd war und das bestimmt kein Federlesen machen würde, wenn er sich nicht im letzten Augenblick dahin besann, der Sklavin abzuschwören und sich dem königlichen Alt mit dem Stimmbruch in die Arme zu werfen, der dies, rein akustisch genommen, so vollkommen verdiente. Amneris gab sich die inbrünstigste Mühe mit dem wohllautenden, aber tragisch verblendeten und dem Leben abgewandten Tenor, der immer nur «Ich kann nicht!» und «Vergebens!» sang, wenn sie ihm mit verzweifelten Bitten anlag, der Sklavin zu entsagen, es gelte sein Leben. «Ich kann nicht!» – «Höre noch einmal, entsage ihr!» – «Vergebens!» Todwillige Verblendung und wärmster Liebeskummer vereinigten sich zu einem Zwiegesang, der außerordentlich schön war, aber keine Hoffnung ließ. Und dann begleitete Amneris mit ihren Schmerzensrufen die schauerlich-formelhaften Repliken des geistlichen Gerichtes, die dumpf aus der Tiefe schollen und an denen der unselige Radames sich überhaupt nicht beteiligte.

«Radames, Radames», sang dringlich der Oberpriester und führte ihm in zugespitzter Form sein Verbrechen des Verrates vor Augen. «Rechtfertige dich!» forderten im Chore alle Priester.

Und da der Oberste darauf hinweisen konnte, daß Radames schwieg, erkannten alle in Einstimmigkeit auf Felonie.

«Radames, Radames!» fing der Vorsitzende wieder an. «Du hast das Lager vor der Schlacht verlassen.»

«Rechtfertige dich!» hieß es abermals. «Seht, er schweigt», durfte der stark voreingenommene Verhandlungsleiter zum zweitenmal feststellen, und so vereinigten auch diesmal alle Richterstimmen sich mit der seinen in dem Wahlspruch: «Felonie!»

«Radames, Radames!» hörte man den unerbittlichen Ankläger zum drittenmal. «Dem Vaterlande, der Ehre und dem Könige brachst du deinen Eid.» – «Rechtfertige dich!» scholl es aufs neue. Und: «Felonie!» erkannte endgültig und mit Schauder die Priesterschaft, nachdem sie aufmerksam gemacht worden, daß Radames absolut stillschwieg. So konnte denn das Unausbleibliche nicht ausbleiben, daß der Chor, der stimmlich gleich beieinander geblieben war, dem Missetäter für Recht verkündete, sein Los sei erfüllt, er sterbe den Tod der Verfluchten, unter dem Tempel der zürnenden Gottheit habe er lebend ins Grab einzugehen.

Die Entrüstung der Amneris über diese pfäffische Härte mußte man sich nach Kräften selber einbilden, denn hier brach die Wiedergabe ab, Hans Castorp mußte die Platte wechseln, was er mit stillen und knappen Bewegungen, gleichsam mit niedergeschlagenen Augen, tat, und wenn er sich wieder zum Lauschen niedergelassen hatte, war es schon des Melodramas letzte Szene, die er vernahm: das Schlußduett des Radames und der Aida, gesungen auf dem Grunde ihres Kellergrabes, während über ihren Köpfen bigotte und grausame Priester im Tempel ihren Kult feierten, die Hände spreizten, sich in dumpfem Gemurmel ergingen . . . «Tu – in questa tomba?!» schmetterte die unbeschreiblich ansprechende, zugleich süße und heldenhafte Stimme des Radames entsetzt und entzückt . . . Ja, sie hatte sich zu ihm gefunden, die Geliebte, um derentwillen er Ehre und Leben verwirkt, sie hatte ihn hier erwartet, sich mit ihm einschließen lassen, um mit ihm zu sterben, und die Gesänge, die sie in dieser Sache, zuweilen unterbrochen von dem dumpfen Getön des Zeremoniells im oberen Stockwerk, miteinander tauschten, oder zu denen sie sich vereinigten, – sie waren es eigentlich, die es dem einsam-nächtlichen Zuhörer in tiefster Seele angetan hatten: in Hinsicht auf die Umstände sowohl wie auf ihren musikalischen Ausdruck. Es war vom Himmel die Rede in diesen Gesängen, aber sie selbst waren himmlisch, und sie wurden himmlisch vorgetragen. Die melodische Linie, die Radames' und Aida's Stimmen einzeln und dann in Vereinigung unersättlich nachzogen, diese einfache und selige, um Tonika und Dominante spielende Kurve, die vom Grundton zu lang betontem Vorhalt, einen halben Ton vor der Oktave, aufstieg und nach flüchtiger Berührung mit dieser sich zur Quinte wandte, erschien dem Lauscher als das Verklärteste, Bewunderungswürdigste, was ihm je untergekommen. Doch wäre er in das Lautliche weniger verliebt gewesen ohne die zugrunde liegende Situation, die sein Gemüt für die daraus erwachsende Süße erst recht empfänglich machte. Es war so schön, daß Aida sich zu dem verlorenen Radames gefunden hatte, um sein Grabesschicksal mit ihm zu teilen in Ewigkeit! Mit Recht protestierte der Verurteilte gegen das Opfer so lieblichen Lebens, aber seinem zärtlich verzweifelten «No, no! troppo sei bella» war doch das Entzücken endgültiger Vereinigung mit derjenigen anzumerken, die er nie wiederzusehen gemeint hatte, und dieses Entzücken, diese Dankbarkeit ihm deutlich nachzufühlen, bedurfte es für Hans Castorp keines Aufgebotes an Einbildungskraft. Was er aber letztlich empfand, verstand und genoß, während er mit gefalteten Händen auf die schwarze kleine Jalousie blickte, zwischen deren Leisten dies alles hervorblühte, das war die siegende Idealität der Musik, der Kunst, des

Der legendäre Tenor Enrico Caruso (1873–1921) als Radames in einer Aufführung der Metropolitan Opera New York im November 1908. Der Dirigent dieser grandiosen Produktion, in der neben Caruso Emmy Destinn, Louise Homer und Antonio Scotti mitwirkten, war Arturo Toscanini.

menschlichen Gemüts, die hohe und unwiderlegliche Beschönigung, die sie der gemeinen Gräßlichkeit der wirklichen Dinge angedeihen ließ. Man mußte sich nur vor Augen führen, was hier, nüchtern genommen, geschah! Zwei lebendig Begrabene würden, die Lungen voll Grubengas, hier miteinander, oder, noch schlimmer, einer nach dem anderen, an Hungerkrämpfen verenden, und dann würde an ihren Körpern die Verwesung ihr unaussprechliches Werk tun, bis zwei Gerippe unterm Gewölbe lagerten, deren jedem es völlig gleichgültig und unempfindlich sein würde, ob es allein oder zu zweien lagerte. Das war die reale und sachliche Seite der Dinge – eine Seite und Sache für sich, die vor dem Idealismus des Herzens überhaupt nicht in Betracht kam, vom Geiste der Schönheit und der Musik aufs triumphalste in den Schatten gestellt wurde. Für Radames' und Aida's Operngemüter gab es das sachlich Bevorstehende nicht. Ihre Stimmen schwangen sich unisono zum seligen Oktavenvorhalt auf, versichernd, nun öffne sich der Himmel und ihrem Sehen erstrahle das Licht der Ewigkeit. Die tröstliche Kraft dieser Beschönigung tat dem Zuhörer außerordentlich wohl und trug nicht wenig dazu bei, daß diese Nummer seines Leibprogramms ihm so besonders am Herzen lag.

Eine der schönsten, wenngleich kürzesten Huldigungen, die für Verdis «Ausstattungsoper» je verfaßt wurden, stammt von einem Komponisten der zeitgenössischen Musik: von dem deutschen Musiktheoretiker und führenden Kopf der «Neuen Musik», Dieter Schnebel, veröffentlicht zuerst innerhalb einer längeren Studie über Verdis Opern («Die schwierige Wahrheit des Lebens – zu Verdis musikalischem Realismus») in der von Heinz-Klaus Metzger und Rainer Riehn herausgegebenen Reihe ‹Musik-Konzepte› (München 1979). Obzwar nur eine winzige Notiz innerhalb einer umfangreichen Arbeit, zählt sie zu den ehrlichsten, entschiedensten und gefühlssichersten Stellungnahmen für Verdis vielgescholtenen Publikumsliebling; und gerade das, was so viele andere Kommentatoren von ‹Aida› als Mangel, als Verlust dieser Oper beklagten, findet Schnebel im Überfluß vor: Harmonie, Ökonomie, Klarheit, Schönheit, Tragik und Utopie.

Dieter Schnebel

‹Aida› – die reine Schönheit

Ist *‹Don Carlos›* Verdis reichstes Werk, so *‹Aida›* sein schönstes. Über Schönheit aber läßt sich nicht reden, man kann sie allenfalls zu preisen versuchen. Die fast phantasmagorisch leuchtende Oper hat einen übersichtlichen Aufbau in ausgewogenen Proportionen (4 Akte, 7 Bilder), ist auch von wohlverständlicher Klarheit. Die Bilder selbst und auch die Handlung sind in der exotischen Ferne und der märchenhaften Zeitlichkeit von anziehender Faszination, und in ihrem Ablauf übt die Pracht der Massenszenen wie auch die zarte Intimität einzelner Szenen einen eigenen Reiz aus. Die Handelnden fügen sich in die fließende Harmonie von Bild und Zeit schmiegsam ein, sind alle doch im Grunde edle Charaktere, ohne extreme Züge und Emotionen. Die groß erhabene Handlung selbst verläuft in weit geschwungenen Spannungsbögen von gleichschwebendem Interesse. Auch die Musik ist von sensibler Ökonomie, strahlt in stets erlesenen Farben, seien sie leuchtend oder pastellhaft; strömt in reicher Harmonik ohne bedrängende Dichte, aber auch ohne karge Dünnstimmigkeit; und die Rhythmen durchpulsen den musikalischen Fluß in vielfältiger Weise. Durch all das aber reiht sich in durchaus rechtem Maß eine Kette schönster Melodien, die ein warmes Humanum umschreiben, welches das menschliche Leben des Einzelnen wie der Vielen in Natur und Welt zur künstlerischen Utopie von tragischer Schönheit wie schöner Tragik hinüberführt.

Eine extreme Position innerhalb der neueren Verdi-Literatur nimmt der italienische Musikwissenschaftler Claudio Casini (geb. 1937) im ‹Aida›-Abschnitt seines 1981 veröffentlichten Verdi-Buches ein: Casini, der derzeit an der Universität von Cagliari lehrt, dürfte einer der ganz wenigen «fortschrittlichen» Autoren sein, die ‹Aida› für ein grundlegend mißratenes Werk halten, da es den Widerspruch zwischen seinen «spektakulären» und «intimistischen» Aspekten nirgends überwinden könne. Darüber hinaus konstatiert Casini in ‹Aida› auch einen unheilvollen Bruch, eine Kontradiktion zwischen der elementar-simplen Dramaturgie der Oper und der überaus entwickelten, bereits zu «Krankhaftigkeit» und «décadence» neigenden Musiksprache Verdis. (Mit freundlicher Genehmigung des Athenäum-Verlags in Königstein entnahmen wir den folgenden Abschnitt aus Casinis Verdi-Buch der im Herbst 1985 im genannten Verlag erschienenen deutschsprachigen Übersetzung des italienischen Originals, die Heinz Riedt besorgte.)

Claudio Casini

‹Aida› – zwischen Spektakel und Intimismus

‹Aida› war die Rückkehr zum reinen und einfachen Musiktheater. Es war die Oper, in der, zumindest in ihrem spektakulären Teil, mit der Form des nicht durchgeführten *divertissements* die Veränderungen der musikalischen Sprache, zugleich aber auch die Krise des Komponisten heranreiften.

Historisch gesehen nahm Verdi in die *‹Aida›* zwei Grundelemente des französischen Musiktheaters auf: die Exotik und die Anlage der *opéra-lyrique*.

Die Exotik war auch in Frankreich, wenigstens seit der *‹Africaine›* von Meyerbeer, also seit 1865, gang und gäbe: der Selbstmord Sélikas im giftigen Schatten des *‹Manzanillo›* im dritten Akt dieser Oper hatte den Orientalismus im Musiktheater festgeschrieben. Doch es gab ihn schon und erfolgreich in der so oft gespielten *‹Lalla Roukh›* von Félicien David (1862–63), in den *‹Pêcheurs de perles›* von Bizet (1863), während er in *‹Mireille›* von Gounod (1864) zur Folklore wurde; und seit *‹Herculanum›* (1859) von David war dieser Orientalismus mit einem antiken oder auch klassizierenden Thema verknüpft.

Diese Tendenz kam gerade dem kleinbürgerlichen Publikum gegen Ende des zweiten Kaiserreichs entgegen: wegen der Möglichkeit einer imaginären Reise, ohne die eigenen vier Wände verlassen zu müssen,

Kostümstudie der Aida, vermutlich für eine ‹Aida›-Aufführung an der Pariser Oper, von De Becque.

und gleichzeitig wegen eines kolonialen Traumdenkens europäischer Suprematie. Dasselbe Publikum hatte im Musiktheater die Verwandlung der *grand-opéra* in die *opéra-lyrique* bewirkt, das heißt den Wegfall des auf Meyerbeer zurückgehenden Heroismus und epischen Tons zugunsten einer großen Theaterwirksamkeit, die noch Platz ließ für die Gefühle und Intrigen eines bürgerlichen Intimismus.

‹Aida› ist nach diesen Modellen konstruiert. Ihren Erfolg heutzutage kann man, abgesehen von monumentalen Aufführungen im Freien, doch als recht fragwürdig bezeichnen, was eben auf dieses kleinbürgerlich-europäische Modell zurückzuführen ist. Anders gesagt, die beiden extremen Aspekte von *‹Aida›*, der spektakuläre und der intimistische, sind voneinander so verschieden, daß sie den Zuschauer verwirren: dieser läßt sich entweder allzu bereitwillig durch den historisch-exotischen Kitsch verzaubern und kann nicht auf das Drama eingehen, oder er geht allzu bereitwillig auf das Drama ein und kann den Rest nicht akzeptieren. Eine solche Dichotomie hat ihre Entsprechung im Aufführungsort der Oper: entweder in einem Amphitheater im Freien mit klarem Verlust des intimistischen Teils oder in einem geschlossenen Theater mit übermäßiger Wirkung des spektakulären Teils.

Die Rückkehr zur Theatralik bei *‹Aida›* erforderte von Verdi eine Freskotechnik mit starken Kontrasten. Darin gibt es Zonen von erlesener Zeichnung und Farbe, die aber ein Schattendasein führen, wenn sie nicht eigens angestrahlt werden.

Die Kontraste beruhen auf Liebe und Eifersucht, Religion und Laizismus, Gläubigkeit und Verrat und sogar auf zwei exotischen Ländern, Ägypten und Äthiopien.

Die geheime Leidenschaft des Radames für Aida weckt die Eifersucht von Amneris und bringt dabei gleichzeitig auch den Gegensatz zwischen den herrschenden Ägyptern und den untergebenen Äthiopiern, hier vertreten durch die Sklavin Aida und ihren Vater Amonasro, den gefangenen König, zutage. Die unbarmherzige klerikale Gewalt setzt sich an die Stelle der weltlichen Gewalt und spricht das Urteil über Radames und Aida. Der Verrat des Radames zugunsten der Äthiopier und deren König Amonasro erfolgt aus Liebe zu Aida und geschieht unbeabsichtigt, ist jedoch ein angemessenes Gegengewicht zur Unterdrückung des besiegten äthiopischen Volkes durch die Ägypter.

Der Prunk des ägyptischen Hofes mit seinen Intrigen und seinem martialischen und religiösen Zeremoniell präsentiert sich schließlich als brillanter und geräuschvoller Kitsch vor der nostalgischen Evokation einer fernen und geheimnisvollen Gegend, jenes Äthiopiens der

Kostümstudie der Amneris, vermutlich für eine ‹Aida›-Aufführung an der Pariser Oper, von De Becque.

«foreste imbalsamate» (nach Balsam duftenden Wälder) und der «cieli azzurri» (blauen Himmel), also dem echt exotischen, imaginären, erfundenen Opernmilieu. Die beiden Milieus folgen eines auf das andere, als zweites Finale und dritter Akt, als Triumphmarsch und Akt am nächtlichen Nilufer.

Der dritte Akt ist der exotische Mittelpunkt der Oper: hier entfaltet sich der Intimismus in den Begegnungen von Amonasro und Aida, Aida und Radames sowie der Offenbarung von Radames' Leidenschaft für Aida durch Amneris. Dieser zentrale Punkt wird noch einmal im Finale der Oper aufgegriffen, wo sich das imaginäre Äthiopien in ein anderes, ebenso imaginäres Milieu verwandelt hat, das unterirdische Gewölbe, in das Radames und Aida gemeinsam kommen.

In allen übrigen Teilen der Oper brachte Verdi die beiden Grundaspekte der Verflechtung, den spektakulären und den intimistischen, immer wieder zusammen, wechselte dauernd von der einen Ebene zur anderen. So kehrte er, verglichen mit dem Punkt, den er mit *‹Don Carlos›* erreicht hatte, zu einer manieristischen Theatralik zurück. Statt der psychologischen Ausforschung, statt der dramaturgischen Komplexität und Vielfalt bediente er sich wieder der melodramatischen Geste zur Definition einer Person, die er dann von Anfang bis Ende der Partitur unverändert in der starren Rolle einer Maske beließ und nicht mehr als facettierte Persönlichkeit darstellte. Radames ist der von Liebe erfüllte Heldentenor; Amneris ist der von Eifersucht sowie dem Gefühl beleidigter Königswürde und Weiblichkeit erfüllte Mezzosopran; Aida ist als Sopran den beiden klassischen Sängerrollen im melodramatischen Paradigma unterstellt, nämlich dem Tenor und dem Bariton, wobei letzterer, Amonasro, als geheimer Lenker der Geschicke seinerseits dem *Villain,* hier der Baßrolle des Hohenpriesters, gegenübergestellt wird.

Wie man sieht, greift hier Verdi auf eine elementare dramaturgische Konzeption zurück, die aus seinen ersten Jahren sein könnte. Die Personen in *‹Aida›* sind so energisch und summarisch ausgedacht wie beim jungen Verdi, jedoch realisiert mit der ganzen Erfahrung eines Komponisten an der Schwelle zu seiner höchsten Reife.

Hier liegt auch der Grund für Verdis Krise nach *‹Aida›* und die lange anschließende Pause in seinem Schaffen. Die musikalische Sprache ist, verglichen mit der elementaren Dramaturgie, an Erfahrungen überladen. Sie ist im spektakulären wie im intimistischen Teil virtuosenhaft: das heißt, sie schreckt nicht davor zurück, sich in einem triumphalen, volkstümlichen, brillanten Aspekt zu zeigen, wie sie es auch nicht unterläßt, sich als äußerst kaptiös, elaboriert und sogar preziös zu

Kostümfigurine der Amneris von Max Rée aus dem Jahre 1924.

zeigen, wobei sie aber gleichzeitig mit raschen Alternativen alle Möglichkeiten verdeckt, die Verdi in der Zwischenzeit entwickelt hatte. Tendiert sie einerseits zu den billigen Effekten eines Triumphmarsches oder charakteristischer Tänze, so weist sie andererseits auch beachtliche Raffinements am Anfang des Nil-Aktes auf; schließt sie einerseits den etwas abgestandenen Schwung des Tenors in «Celeste Aida» (Himmlische Aida) nicht aus, so verwehrt sie sich andererseits auch nicht gegen die wissende Doppelsinnigkeit von Amneris' Eifersucht und selbst nicht gegen eine thematische Arbeit, die um das Wagnersche Vorgehen weiß.

Darüber hinaus erlaubte Verdi der exotische Rahmen, ganz eigenartige, verschlungene und rätselhafte Melodien zu erfinden, die seinem sonstigen linearen und direkten Stil völlig widersprechen, und mit diesen Melodien harmonische und klangliche Verfahrensweisen von experimenteller Kühnheit und unfehlbarer Suggestivität zu verbinden, etwa bei «O cieli azzurri».

Doch eben: all diese komplexe Arbeit verblaßt vor dem Hintergrund der elementaren dramaturgischen Konzeption. Und während Verdis musikalische Sprache in ihren natürlichen Grundlagen abgeschliffen erscheint trotz ihres offenbar einfachen und zugänglichen Äußeren, paßt die Dramaturgie nicht dazu und zeigt im Vergleich zu früher keine Verfremdungseffekte mehr, die allerdings in der Partitur enthalten sind.

Man könnte behaupten, ‹*Aida*› manifestiert einen unheilbaren Bruch zwischen der dramaturgischen Absicht nach Linearität, die an die *opera seria* des Settecento mit ihren starren Konflikten erinnert, und der musikalischen Sprache, die sich in all ihrer Virtuosität, aber auch in ihrer Krankhaftigkeit als Produkt der *décadence* darstellt.

Wie stets bei Verdi führt auch hier das Übermaß an musikalischer Invention gegenüber der dramatischen Konzeption zu einer Art Vergeblichkeit, zu einem Zwiespalt, wobei der Autor weder Dramatiker noch Musiker in seiner gewohnten Dimension ist. Diese Tendenz zur Verselbständigung war in der Phase nach ‹*Ernani*› und ‹*Macbeth*› wie auch in derjenigen nach der Trilogie 1851–1853 und auch in dieser nach ‹*Don Carlos*› stets verhängnisvoll gewesen. Aber bei ‹*Aida*› ist es eine besonders geglückte Fatalität, aus dem einfachen Grund, weil Verdis Meisterschaft sich jetzt selbst genügen konnte, ohne in das pur Professionelle zu verfallen wie früher; vielmehr versetzte ihn diese Meisterschaft in die Lage, selbst Nachlässigkeiten positiv auszuwerten – wie dies der ununterbrochene Publikumserfolg der ‹*Aida*› beweist – und schier mit einem Initiationswissen um seine Musik einer neuen Zukunft entgegenzugehen.

Doch trotz allem war Verdi nicht imstande, diese neue Zukunft, neue Ergebnisse zu sehen. Und im Wissen darüber, daß seine dramaturgische Konzeption und seine musikalische Sprache einen Bruch erfahren hatten, verstummte er.

Das Problem der zeitlichen Fixiertheit von ‹Aida› auf die politischen Realitäten, das kulturelle Klima der Entstehungszeit und die damit zusammenhängende Absorbierung des Musikalisch-Ästhetischen durch das Dekorative ist der zentrale Aspekt des nachfolgenden Aufsatzes, der zuerst 1979 in den Programmheften der Bayerischen Staatsoper erschien, später in den ‹Musik-Konzepten› (Band 10, München 1979) nachgedruckt wurde.

Attila Csampai

‹Aida› – Ende aller Utopie

Während die meisten anderen Opern, die uns heute noch etwas zu sagen haben, dies ihrem antizipatorischen Gehalt, ihrem historisch überschießenden Potential, ihren utopisch-vorausschauenden Kräften verdanken, die meist erst im Laufe ihrer Geschichte herauszureifen begannen, liegt die überzeitliche Bedeutung der *‹Aida›*, Verdis spektakulärster Oper, in ihrer unbedingten und unverrückbar fixierten Zeitlichkeit, die von ihrer Verwicklung mit Tagespolitik, dem Suez-Kanal, dem deutsch-französischen Krieg, herrührt und auch durch ihre opportune Nähe zu den aktuellen kulturellen Tendenzen und Moden, zu Kolonialismus, technischer Revolution, Archäologie und europäisch-imperialem Entdeckergeist bedingt ist. Dies bedeutet aber den fast vollständigen Verlust von Transzendenz und Utopie. Verdis rücksichtslose Zugeständnisse an den Zeitgeschmack verhinderten es dann vollends, daß die transzendierenden Momente, die in der Musik enthalten sind, auf der mit ägyptischen Requisiten vollgestopften Bühne sich noch entfalten konnten, so daß diese Oper als autonomes musikalisch-dramatisches Gefüge, als geistige Wirklichkeit, sich nicht etablieren konnte. Andererseits ist es gerade die spektakuläre, zeitgebundene «Modernität» der *‹Aida›*, die heute ihr wirkliches Alter so deutlich hervortreten läßt und sie für uns zu einem der authentischsten Dokumente des späten 19. Jahrhunderts gemacht hat. Verdi erreicht mit dieser Oper nicht nur den Höhepunkt seiner 30jährigen Opernentwicklung (*‹Othello›* und *‹Falstaff›* gehen andere Wege), sondern – und das ist genial – er erschafft damit auch ein singuläres Musterbeispiel einer Oper, die alle Wesenseigenheiten der «bürgerlichen Oper» in ihrer Endphase, wie sie etwa Adorno in seinem berühmten Essay aufgezählt hat, geradezu idealtypisch realisiert, und damit zugleich auch alle ideologischen und ästhetischen Einwände gegen sich selbst in krasser Selbstbestätigung mitliefert. ‹*Aida*› ist womöglich das affirmativste Zeugnis der spätromantischen Oper, sieht man einmal von Wagners Musikdramen ab, eine Oper, die unentwegt nur sich selbst meint, nur ihrem eigenen handgreiflich sinnlichen Ausdruck frönt, in der es wirklich nur um das geht, was man sieht und hört (also mit den Sinnen betasten kann), in der hinter all dem naturalistischen Schein, dem Monumentalismus der Ausstattung und der leidenschaftlichen musikalischen Expression kein zollbreit Raum mehr bleibt für ein Dahinter, für Bedeutung, Absicht, Hintersinn. Eine Oper also, in der die dargestellten Leidenschaften sich so völlig von jeglicher Zielgerichtetheit, von der Möglichkeit, in Aktion umzuschlagen, gelöst haben, daß es tatsächlich schwierig wird, einen dahinterliegenden, tieferen Sinn zu entdecken, herauszulesen oder herauszuhören. Deshalb haben wir es noch lange nicht mit bloßer *Wirkung ohne Ursache* zu tun, wie Wagner heuchlerisch urteilte, aber doch mit einer Konzeption von Musiktheater, bei der das oberste Ziel die *glaubwürdige Darstellung* selbst ist der Leidenschaften und Passionen der Beteiligten, und nicht die Handlungen und Motive, die sie auslösen.

Darum hat Verdi hier auf der Ebene des Theaters auf eine über das Szenische hinausgehende Dramaturgie der logisch-dynamischen Handlungsführung weitgehend verzichtet und völlig konsequent sein eher statisches Konzept geschlossener Tableaux verwirklicht. Man kann fast sagen, daß Theater im strengen Sinne nicht stattfindet, – das voraussetzt, daß Menschen auf der Bühne agieren, und uns als Handelnde gegenübertreten, sondern wir sehen eine Abfolge von Szenen, die in erster Linie der extensiven Ausstellung von Gefühlszuständen oder -verläufen dienen. Und je weniger eine Figur agiert, wie etwa die Titelgestalt, desto mehr darf sie ihr Innenleben, das die Musik ausdrückt, ausbreiten. Die weitgehende Abwesenheit echter dramaturgischer Motivation, ebenso teleologischer Ausrichtung, macht es eigentlich unmöglich, diese Oper zu interpretieren, zu deuten, von der einen oder anderen Richtung aufzufassen, zumal auch die hier auftretenden Figuren selbst keine ganzheitlichen leiblichen Gestalten mehr sind, um die man herumgehen könnte, um sie von verschiedenen Blickwinkeln zu betrachten, sondern sie sind bereits *Charakterisierungen*, die eher der Vorstellung des Autors, wie sein sollten, entsprechen, als selbst *Charaktere* zu sein.

Der Mangel an transzendierender Substanz hängt auch mit dem entfesselten Ausstattungsnaturalismus der ‹*Aida*› zusammen: Verdi wollte hier mit allen Mitteln den naturgetreuen Schein einer vergangenen Wirklichkeit, die perfekte Illusion antiker Atmosphäre auf der Bühne erzeugen, was ja auch gelang. Damit aber förderte er nicht nur nachhaltig die seit Beginn des 19. Jahrhunderts herrschende Tendenz der Entzauberung und Versachlichung des einst ästhetisch-homogenen Mediums Oper, sondern richtete sich bereits gegen ihr ästhetisches Prinzip, den singenden Menschen, dessen stilisiert-ästhetische Äußerung in zunehmend naturgetreuer Dekoration künstlich und sinnlos erscheinen mußte. Verdi entzog hier also seiner eigenen streng ästhetischen Konzeption *musikalisch charakterisierter* Figuren tendenziell den Aktionsraum und somit die reale Existenzbasis. Obwohl er seine eigene Musik von naturalistischen Einflüssen wie Folklorismen und dergleichen weitgehend bewahrte – Ausnahme: die berühmt-berüchtigte einventilige Aida-Trompete –, trug seine hier betriebene Entästhetisierung der Bühne zweifellos zum schnelleren Untergang der Gattung bei. Andererseits tritt in keiner anderen Oper die heimliche Beziehung der romantischen Oper zum Hollywood-Monumental-Farb-Film so offen zutage wie in *‹Aida›*, sie belegt geradezu exemplarisch Adornos These, wonach die Oper des 19. Jahrhunderts zum «Platzhalter des noch ungeborenen Kinos» wurde. In *‹Aida›* bereitet die Oper tatsächlich schon ihre eigene Grenzüberschreitung vor; denn die Massenhaftigkeit der Mittel und der Monumentalisierung der Dekoration gefährden bereits die konstitutive Einheit des Theaterraums, und drängen ins Freie, nach draußen, zum Originalschauplatz, wo die Trennung von Bühne und Zuschauerraum, von Schein und Wirklichkeit aufgehoben ist, die perfekte Illusion regiert.

Trotz aller Gigantomanie, aller übertriebenen Detailtüftelei, in die Verdi und seine Mitarbeiter bei dieser Oper verfielen, um eine möglichst echt wirkende ägyptische Atmosphäre zu erzeugen: alles Ägyptische bleibt im Bezug auf die musikalische und dramatische Diktion des Werkes äußerliches Beiwerk, reiner Mummenschanz, also ein im Grunde zufälliges Kostüm, in das Mariette, du Locle, Ghislanzoni und Verdi diese einfache romantische Allerweltsgeschichte gekleidet haben. Damit aber blieb ihre europäisch-kolonialistische Aneignung fremden Kulturgutes lediglich auf Kulissen, Schauplätze und Kostüme beschränkt, also auf Äußerliches, was aber völlig ausreichte, um den unstillbaren Kulturhunger des sinnlich ausgedörrten europäischen Opernpublikums nach neuen, fremden, exotischen Stoffen zu stillen. Etwas anderes hatte die Oper des 19. Jahrhunderts ohnehin nicht betrieben, als bürgerliche Sozialproblematik in finstere, vorbürgerliche Zeiten zurückzuverlegen. In *‹Aida›* hüllt Verdi die bürgerliche Oper lediglich in ein neues exotisches Gewand, da sie die eigene europäische Kultur- und Kunstgeschichte schon restlos ausgeschlachtet hatte. Die Geschichte, die uns im ägyptischen Dekor präsentiert wird, könnte im Prinzip überall angesiedelt sein, denn weder sie selbst noch die Musik enthalten oder gehen ein auf irgendwelche spezifisch ägyptischen Probleme. Verdi hätte das Ganze auch ohne weiteres, also ohne entscheidend in Dramaturgie und Musik eingreifen zu müssen, zu den Inkas, den Sumerern, den Babyloniern oder nach Kreta verlegen können – damals ebenfalls recht beliebte Schauplätze. Denn weder Musik noch Text bringen etwas hervor, das Auskunft geben könnte über die Menschen und die Verhältnisse im alten Ägypten. Hätte nicht Mariette Bey, der bedeutende Archäologe und Ägyptologe, den Vorwurf verfaßt, dann hätten seither bestimmt nicht so viele ernstgemeinte Untersuchungen sich mit dem vermeintlich ägyptischen Gehalt dieser Oper beschäftigt. Daß selbst der Khedive, der ägyptische Vizekönig Ismail Pascha, also ein Einheimischer, von der echten ägyptischen Atmosphäre der *‹Aida›* so begeistert war, scheint mir weniger für die Authentizität des Stoffes zu sprechen, als vielmehr für den nachhaltigen Erfolg europäischer Politik in den Kolonien, die diesen auch die eigene Kultur aufoktroyierte. Dagegen hat Verdi nie ein Hehl daraus gemacht, daß er nur eine italienische Oper verfaßt habe, worin das meiste seiner eigenen Phantasie entsprang. Als er einmal gefragt wurde, woher denn die vielen ägyptischen Ideen in seiner Oper kämen, soll er geantwortet haben: «Ich habe mir vorgestellt, es müsse so sein.»

Daß aber die Figuren der *‹Aida›* trotz ihrer dekorativen Aufmachung so seltsam blaß und kraftlos wirken, so sehr ihren Leidenschaften ausgeliefert sind, hängt mit der tragisch-fatalistischen Tendenz des ganzen Stückes zusammen; d. h., daß die Unüberwindlichkeit und Unveränderbarkeit der Situation, in die die Beteiligten von ihrem Schicksal geworfen sind, die *Voraussetzung* und zugleich das *Ziel* ihres emotionalen Ausdrucks bilden. Die auftretenden Konflikte dienen nur noch als dramaturgische Vorwände für die Passions-Entladung der Figuren, ja man kann sogar sagen, daß das Wissen darum, daß man ohnehin nichts verändern kann, das totale Sich-Ausleben der Gefühle erst ermöglicht. Zwar begreift Verdi in allen seinen Opern (mit Ausnahme des *‹Falstaff›*) den Menschen primär als *leidenschaftlich-reagierende Instanz* und nur in zweiter Linie als *tätiges Wesen*, aber in *‹Aida›* führt die Schicksalsergebenheit und die Todessehnsucht des tragischen Liebespaares zu dessen völliger Handlungsunfähigkeit. In den meisten früheren Opern Verdis versuchen die Betroffenen wenigstens solange gegen ihr Schicksal zu kämpfen, bis sie der von außen an sie herantre-

Der berühmte Tenor Giovanni Martinelli (1885–1969) als Radames in einer Aufführung der Metropolitan Opera New York im Herbst 1927. Martinelli war einer der größten ‹tenori di forza› des italienischen Fachs, unter den Nachfolgern Carusos zweifellos der am meisten «heldisch» veranlagte Tenor. Sein Radames klang geradezu rebellisch.

tende Tod eines besseren belehrt; in *‹Aida›* dagegen ist die Titelgestalt schon am Ende des ersten Bildes zu sterben bereit.

Und sie behält recht. Denn schon beim ersten Zusammentreffen der drei Hauptfiguren (im Terzett des ersten Aktes) wird uns ihr Konflikt in seinem ganzen Ausmaß vorgeführt – als unlösbarer Zustand; und alle weiteren Auseinandersetzungen im Verlauf der Oper sind nur effektvolle Variationen desselben tragischen Grundkonflikts. Selbst der spektakuläre Opfertod Aidas und Radames' (der bezeichnenderweise erst nach seiner «Entehrung» nicht mehr leben will) lösen den Konflikt nicht, sondern entziehen ihm nur die reale Grundlage. Deshalb darf man die eindrucksvolle «Pace, pace»-Schlußgeste Amneris' nicht als dessen Aufhebung verstehen, sondern nur als Absichtserklärung, als Selbstbeschwichtigung der schuldig Gewordenen, die allein mit ihrem Gewissen in der Welt zurückbleibt.

Aidas Vater Amonasro ist die einzige aktive Gestalt der Oper, die von sich aus Entscheidungen fällt und Veränderungen herbeiführt. Sein unerwarteter Auftritt im Finale des zweiten Aktes und seine Lauschaktion im Nilakt (mit der ebenfalls überraschenden Schlußwendung) sind die beiden einzigen, wirklichen Ereignisse in dieser Oper. Die Darstellung seines Innenlebens nimmt darum bei ihm, dieser klaren, entschlossenen und auch im Unrecht verantwortlichen Persönlichkeit, auch geringeren Raum ein, denn er setzt seine Interessen ja durch und ist nicht so sehr seinen Passionen ausgeliefert wie die anderen Hauptfiguren. Daß er, ohne zu zögern, das Glück seiner Tochter aufs Spiel setzt, um sein Volk zu retten, spricht eher für seine moralische Integrität als gegen sie. Durch seine Lauschaktion zerbricht er die brüchige Balance des Dreieckskonflikts, der bis dahin mit dem falschen Schein der Unentschiedenheit behaftet war, und er zerstört damit auch alle falschen Hoffnungen auf ein gutes Ende. Unfreiwillig wird auch er mitschuldig am Schicksal Aidas, da all sein Handeln nur Amneris' Interessen unterstützt, die aus eigener Kraft ihr Ziel, das Glück des Liebespaars zu zerstören, wohl nicht erreichen würde.

Die stolze Pharaonentochter löst zwar durch ihre Eifersucht den unheilvollen Konflikt erst aus, aber sie ist dennoch nicht so stark, so initiativ, wie sie sich gebärdet. Das beweist Radames' Schicksal. Zwar ruft sie uns die furiosen Frauengestalten der *opera seria* ins Gedächtnis, Mozarts Elettra etwa, der es ähnlich ergeht, doch Amneris' Zorn ist nicht gerecht, ihr Ausdruck hat die Grenzen des klassisch-modifizierten Affekts längst überwunden. Sie ist zwar ähnlich von ihren Leidenschaften beherrscht wie die verschmähten Liebhaberinnen des 18. Jahrhunderts, aber sie hat die Harmlosigkeit der barocken Damen verloren. Ihre Wut ist krank, bösartig, neurotisch, tödlich. Sie ist unberechenbar, herrisch und – auch in ihrer Liebe – grausam. Und schließlich zieht sie es sogar vor, Radames in den Tod zu schicken, als ihn der verhaßten Rivalin zu überlassen.

Die Mezzo-Sopranistin Ebe Stignani (1903–74) als Amneris in einer Aufführung der Römischen Oper im Jahre 1946. Die Stignani war Amneris, keine andere Sängerin in diesem Jahrhundert traf den Charakter der stolzen Pharaonentochter in Stimme und Ausdruck so wie sie. Sie debütierte mit dieser Rolle 1925 in ihrer Heimatstadt Neapel und sang sie bis zum Ende der fünfziger Jahre, als sie ihren Abschied nahm, an allen großen Bühnen der Welt.

Radames ist einer der schwächsten Helden Verdis. Als erfolgreicher Feldherr gehört er zwar zu den Mächtigsten Ägyptens, aber er bringt dennoch nicht den Mut auf, öffentlich zu seiner Liebe zu Aida, der Sklavin, zu stehen. Zu sehr hat er die rigiden Standesregeln der Herrschenden verinnerlicht. Andererseits reizt ihn, dem die Pharaonentochter zu Füßen liegen würde, gerade das Fremde, das Verbotene an Aida, die, solange sie als äthiopische Sklavin gilt, durch eine besonders große soziale Kluft von ihm getrennt ist und deshalb für ihn das Unerreichbare, die Freiheit, bedeutet. Schließlich aber bleibt es nur beim «Ritual des versuchten Ausbruchs», wie Adorno es treffend nannte, denn bereits die erste Prüfung seiner Liebe kann Radames nicht bestehen. Für seine Ehre, für die Wahrung seiner sozialen Integrität, die Einhaltung seiner moralischen Grundsätze ist ihm kein Preis zu hoch, und er ist bereit, alles dafür zu opfern: seine Liebe, sein Leben und all seine Utopien von einer besseren Welt.

Aida dagegen liebt ohne Einschränkung. An ihr machen sich alle anderen schuldig. Sie steht für die soziale Unterdrückung des Menschen und zugleich ist sie die Allegorie intakter Menschlichkeit, die Verkörperung der unbeschädigten menschlichen Natur, die an der Inhumanität, der Entfremdung, den brutalen Zwängen der bürgerlichen Gesellschaft zerbricht. Aida steht am Ende einer langen Reihe unschuldig-reiner Frauengestalten in Verdis Opern, die alle dafür sterben müssen, daß ihre Liebe, also ihre humanisierenden Kräfte die sozialen Schranken aufzuheben trachteten. Doch während die meisten Vorgängerinnen Aidas noch integraler Bestandteil ihrer Gesellschaft waren, also die unbeschädigte Natur sich noch selbst durchsetzen konnte, so etwa bei Gilda, Leonora oder Violetta, muß in *‹Aida›* die Titelgestalt von außen in eine Gesellschaft eingeführt werden, die anscheinend nicht mehr in der Lage ist, aus sich heraus einen unbeschädigten Menschen hervorzubringen. Durch ihren Opfertod ermöglicht sie Radames, seinen Traum von der Freiheit ins Jenseits hinüberzuretten, während sie im vollen klaren Bewußtsein ihres Handelns freiwillig eine Welt verläßt, in der zu leben nicht mehr lohnt.

In einem Gespräch, das Stuttgarts Chefdramaturg Klaus-Peter Kehr anläßlich der ‹Aida›-Neuinszenierung am Württembergischen Staatstheater im Oktober 1979 mit dem Regisseur Giancarlo del Monaco und dem Bühnenbildner Dominik Hartmann führte, ging es unter anderem um den zuletzt zunehmend diskutierten «Stellenwert» des Ägyptischen in Verdis ägyptischer Oper und um die Frage, ob diese Oper, jenseits von Spektakel, Pomp und Gigantomanie, heute überhaupt noch irgendeinen kritischen Aussagewert besitze.

Giancarlo del Monaco / Dominik Hartmann / Klaus-Peter Kehr

«. . . es könnte auch der Neckar im Sommer sein»

Stuttgarter ‹Aida›-Gespräche

KEHR: *‹Aida›* steht in der Publikumsgunst sehr hoch, wie die Aufführungsstatistiken zumindest bis zum Ende der fünfziger Jahre zeigen, gleichwohl ist *‹Aida›* die Verdi-Oper, die am meisten dem hohlen Pomp der Opernschinken des vergangenen Jahrhunderts verpflichtet ist. Darüber hinaus ist die Dramaturgie des Stückes eher schwach, es entwickelt sich nicht recht . . .

DEL MONACO: Ich würde in der *‹Aida›*, ausgehend vom dritten und vierten Akt, eher eine langsame als eine schwache Dramaturgie sehen, obwohl die Situationen vom Beginn des Krieges bis zum Tod der beiden sehr schnell ineinander folgen. Es geht sehr schnell voran . . .

KEHR: Nach den ersten zehn Minuten aber ist klar, wie die Geschichte läuft. Dann gibt es nur noch die großen Ausbrüche und Leidenschaften . . .

HARTMANN: Kein Charakter hat eine Entwicklung . . .

DEL MONACO: – außer Amonasro, der nun mehr oder weniger *die* Figur ist.

KEHR: Alles andere tritt auf der Stelle.

DEL MONACO: Ja.

KEHR: Und das zweite, was natürlich für den Opern-Nonsens par excellence steht, ist diese Pseudoägyptologie, die hier ausgebreitet wird.

DEL MONACO: Eben die wollten wir abschaffen, bewußt abschaffen.

KEHR: Um was an deren Stelle zu setzen?

DEL MONACO: Nehmen wir an, dieses Stück wäre nicht für den ägyptischen Suezkanal komponiert worden. Nehmen wir an, es wäre ein Stück von Krieg und Tod in einer von Beamten und Priestern als der Macht der Religion beherrschten Gesellschaft, wo außer Krieg und Pflicht nichts möglich ist, wo vor allem die Liebe unmöglich ist – dies ist für uns der Kern der Geschichte. Deswegen haben wir versucht, ich weiß nicht, ob das Wort «surrealisiert» richtig ist, die ganze Welt in eine surreale Atmosphäre zu bringen, ohne uns festnageln zu lassen auf *irgendeine* bestimmte Gesellschaft; wir wollten vielmehr eine Gesellschaft zeigen, in der eine solche Geschichte möglich ist. Nach hundert Jahren *‹Aida›* weiß man: «Aida und Ägypten». Das ist so fest verbunden, obwohl wir wissen, daß die *‹Aida›* nach Eröffnung des Suezkanals stattgefunden hat, also mit dem Suezkanal wenig zu tun hatte. Aber sie ist von dem Bey von Kairo bestellt worden, sie ist in Kairo uraufgeführt worden, sie ist mit Ägypten fest verbunden, aber meiner Meinung nach nur durch die Tatsache, daß sie eine Auftragskomposition für Ägypten war, nicht vom Inhalt her. Ich meine, im dritten Akt ist der Nil komponiert, aber mein Gott, es könnte ruhig auch der Neckar im Sommer sein.

KEHR: Man könnte polemisch sagen, daß die Geschichte der *‹Aida›* doch eigentlich eine ganz banale Dutzendgeschichte ist.

DEL MONACO: Die Geschichte ist banal – ja, ich meine, so banal ist sie auch nicht, sie wurde immer banal realisiert. Wir versuchen, sie nicht so banal zu zeigen, sondern sie als Mittelpunkt in einer Gesellschaft darzustellen, wo nicht einmal diese banale, einfache Geschichte mehr möglich ist. Die Geschichte ist sehr banal, aber da sie unmöglich ist, wird sie sehr wichtig.

KEHR: Noch einmal zurück zu Ägypten, dem von den Autoren vorgeschriebenen Spielort. Ägypten wolltet ihr bewußt nicht machen. Da es nun Ägypten nicht sein soll, welche Funktion wird der Raum in Ihrer Konzeption haben?

HARTMANN: Der ist zunächst mal entarchäologisiert. Sie werden also keine direkten ägyptischen oder vorderasiatischen oder unbedingt dem Mittelmeerraum entsprechende Architektur, Säulen oder derartige Dinge sehen; auch die Figuren nicht als Sphinxe – oder wenn sie da sind, dann sind sie von uns so subjektiv gesehen und so verfremdet, daß sie nicht mehr unbedingt irgendwo ein Touristengefühl von Kairo, Ägypten, Memphis . . .

DEL MONACO: – oder Verona –

1969 erschien in Verona die erste italienische Comic-strip-Fassung von ‹Aida›, in bester Comic-Manier, mit ständig wechselnden Bildausschnitten und Perspektiven, und über weite Strecken unter Zuhilfenahme des Originaltextes der Oper. Der Herausgeber fügte einen «Entschuldigungsbrief» an Verdi bei. Die Abbildung behandelt eine Sequenz aus der ersten Szene des ersten Aktes.

HARTMANN: ... Suezkanal vermitteln. Der Raum ist ein von uns sehr subjektiv ...

DEL MONACO: – emotional, bewußt emotional –

HARTMANN: ... empfundender Spielraum, in dem dies Geschehen, so wie wir es sehen, abrollen kann, und der, glaube ich, recht variabel ist – oder jedenfalls wollten wir ihn recht variabel machen. Dieser Raum läßt natürlich, selbst wenn er nicht direkt Archäologie ist, nirgendwo anklingen, daß er irgendwann mal etwas mit der Frühzeit unserer Geschichte zu tun gehabt hat, aber nicht unbedingt mit Ägypten.

DEL MONACO: Wenn ich da etwas hinzufügen darf: ich glaube, wir haben versucht, das Wort «gigantomanisch» durch das Wort «monströs» zu ersetzen. Gigantisch sind die Sphinxen – aber was versteckt sich hinter dieser Monströsität?! Daß Millionen Menschen geschuftet haben für ein Stück Brot und eine Knolle Knoblauch. Und es sind horrende Monstren, die heute vielleicht den Ägyptern ein paar Dollar bringen, aber immerhin voll von Leiden, Schwitzen, Blut sind. Und hinter dieser Gigantomanie versteckt sich dieses Monströse als seelischer, menschlicher Zustand. Deswegen haben wir versucht, die Pyramide, dieses Dreieck, umzudrehen, um zu sehen, was es hinter der Fassade, hinter der Medaille gibt. Hinter dieser Medaille gibt es Monstren, und diese Monstren sind Bauten der Menschen selbst, die Menschen schaffen sich ihre eigene Umwelt ...

KEHR: *Un*-Welt.

DEL MONACO: «... Unwelt», ja, nicht Umwelt, sondern Unheil, Unwelt. Das Prinzip in ‹*Aida*› ist meiner Meinung nach das gleiche wie in ‹*Don Carlos*›. Philipp baut sich den Escorial, und in diesem Escorial zittert er nicht vor Kälte, zittert er vor Angst. Und die Ägypter, also bitte schön, weg mit den Ägyptern, die Menschen der ‹*Aida*› bauen sich ihre eigene Umwelt, und diese Umwelt ist monströs, ist unmenschlich. Das Ergebnis ist, daß in dieser unmenschlichen Welt selbst das einfachste aller Gefühle, die Liebe, unmöglich ist. Was hier stattfindet, ist eine Auseinandersetzung zwischen Politik, Staatsraison und privaten, sehr banalen Gefühlen – banal eventuell im Vergleich zur Liebe von Cleopatra und Antonio, aber immerhin eine Liebesgeschichte, die vielleicht existiert, vielleicht auch nicht, auf jeden Fall ist sie unmöglich.

KEHR: Also ist der Raum als Symbolraum gedacht?

DEL MONACO, HARTMANN: Ja.

KEHR: Und sehen Sie da Beziehungen zur Musik?

HARTMANN: Ja. Natürlich ist in der verdischen Musik eine gewisse, na ja, wie soll man sagen, Stimmungsmalerei, die etwas auf Vorderasien zielt.

DEL MONACO: Ja, aber statt Stimmungsmalerei würde ich eher atmosphärische Bemühungen sagen. Der Nil wird jetzt komponiert: ... was sind das, Grillen? Sind das Sternchen, Schnuppen oder sind das kleine Fischlein? Ich meine, es gibt eine ungeheuer genialische Atmosphäre, die aber auch Sizilien sein könnte. Es ist die Hitze, es ist die Nacht eines heißen Landes komponiert, versucht, erreicht irgendwie. Aber ich würde nicht sagen, daß diese Musik nur stattfinden kann in Kairo oder in Theben.

HARTMANN: Es ist immer ein larmoyanter, böser Priestergesang drin ...

DEL MONACO: ... ja, der etwas Religiöses hat und gleichzeitig merkwürdigerweise an den gregorianischen Gesang anknüpft.

HARTMANN: Zwischen Gregorianik und sogar ein bißchen moslemischen Muezzin. Es ist viel später als das, was man sich ursprünglich vorstellt.

DEL MONACO: Es ist der Versuch eines genialen Laien, Ägypten zu komponieren und letzten Endes komponiert er eine wunderbare Malerei, eine Atmosphäre, in der im Hintergrund – und das ist sehr wichtig – immer das Böse lauert.

KEHR: Wie wird also dieser Nil auf der Bühne aussehen?

DEL MONACO: Auf keinen Fall feucht.

HARTMANN: Der Nil wird durch aphoristische Details eigentlich und durch eine Atmosphäre hergestellt. Wir haben keinen Fluß; der Fluß ist zwar da, aber ...

DEL MONACO: ... ein symbolistischer Raum. Es kann also kein feuchter Raum sein; das heißt er kann ruhig feucht sein, aber nicht im Sinne des üblichen Realismus. Feucht, weil da die Menschen auch schwitzen, weil die Menschen Angst haben – das kommt ja raus aus Aida und Amonasro. Der dritte Akt ist der einzige Akt, merkwürdigerweise, wo die Leute wirklich Angst haben, wo man sieht, wie ein Feldherr Angst bekommt: wie Amonasro, eine wunderbare Figur, die auch aus einer frühen Verdi-Oper stammen könnte, entsteht. So wie der Ursprung der Befreiung in *‹Nabucco›* «Va pensiero ...» entsteht aus *‹Aida›* ein Amonasro, der sich schreiend und tobend zur Freiheit bekennt. Er als Sklave bekennt sich zur Freiheit und wird am Ende des dritten Akts einfach ermordet, hingerichtet, ermordet auf der Flucht. Deswegen meine ich, ist natürlich der dritte Akt am phantastischsten. In Verdi lauert im Untergrund immer dieses freiheitliche Geschrei, das er als Komponist immer zur Sprache gebracht hat in seinen frühen Jahren, wenn Sie an *‹Nabucco›* denken oder an verschiedene andere Werke. *‹Oberto›* oder viele andere Verdi-Opern – der berühmte «Risorgimento-Verdi», der dann später, als Italien relativ befreit war, plötzlich in den underground gegangen ist. Immer wieder tauchen diese atmosphärischen Risorgimento-artigen Momente auf.

KEHR: Das ist natürlich auch ein Punkt, der für uns heute sehr schwer nachzuvollziehen ist. Wenn man hier an den Triumphmarsch denkt, an diese ungeheure Kraftprotzerei, an Heldentum, an Männlichkeit – und das alles so naiv gesungen: «Ritorna vincitor» usw. usw. –, wie sieht es heute damit aus?

DEL MONACO: Die Menschen sind immer naiv gewesen, und in ihrer Naivität haben sie Unheil angerichtet; der Ursprung des Krieges kommt aus einer naiven, romantischen Einstellung zur Umwelt. Aber jetzt wird alles extrovertiert, hingeblättert, und plötzlich entsteht ein Freiheitskrieg gegen Menschen, die wahrscheinlich mal ein paar Kornfelder geplündert haben, denn der Bote sagt, die haben gerade unsere Kornfelder verbrannt. Ich glaube, die Ägypter haben angegriffen, ich glaube, nicht die Äthiopier. Ich glaube, die Ägypter haben angegriffen genauso wie Hitler mit Polen eine fingierte Attacke angestellt hat, und genauso wie die Römer mit Karthago. Sie wußten nicht, auf welche Art sie loszubekommen, sie haben ein Schiff von den Karthagoern genommen, das angelegt war an einem Strand bei Rom und darin zufällig ein Papyrus gefunden mit Plänen gegen Rom – und genau das gleiche könnte es eben in *‹Aida›* sein. Ich betrachte außerdem diese ägyptische Gesellschaft durch die Priester, und das ist ein wichtiger Punkt für die Beziehung Raum–Mensch, wie wir sie dargestellt haben. Es gibt eine bestimmte Farbe auf diesem Priestergewand und auf dieser gesamten Umwelt. Es gibt zwei Farben, die Farbe der Priester, der Umwelt, und die Farbe des Königs und der Statuen: also Bauten und König sind verbunden, und Religion und Umwelt, es gibt also zwei, das heißt doppelte Räume.

HARTMANN: Dadurch, daß die Priesterfarbe letztlich auch die Raumfarbe bestimmt, ist es auch bei uns keine helle, keine freundliche, eben keine Touristen-*‹Aida›*.

DEL MONACO: Bewußt keine symphatische. Obwohl sie gigantisch bleibt, ist diese Gigantik aber mehr eine psychologische Frage als eine archäologische oder architektonische Frage [. . .]

Ich betrachte die Dramaturgie der *‹Aida›* nicht als genialisch. In dem

Moment, wo wir erkannt haben, daß der Text keine großen Räume gab, haben wir uns an die Musik sehnsuchtsartig angekettet, und wir haben mehr die Musik inszeniert als den Text.

KEHR: Das erscheint mir die einzige Möglichkeit. Wie das im andern Fall aussieht, zeigen die *‹Aida›*-Inszenierungen der letzten Zeit, die allesamt in die Hose gegangen sind.

DEL MONACO: Für mich gibt es eine maßgebende *‹Aida›*-Inszenierung, die ich selbst erlebt habe, und nach dieser *‹Aida›*-Inszenierung hat es für mich keine andere gute mehr gegeben. Das ist die *‹Aida›* von Wieland Wagner, in Berlin 1960 oder 1961 – und hier habe ich versucht anzusetzen.

Geradezu konträr zu den Ansichten von Giancarlo del Monaco (vgl. S. 245 des vorliegenden Bandes), vor allem was den Sinn und den Stellenwert des «Ägyptischen» betrifft, erscheint die Auffassung seines Kollegen Hans Neuenfels, der ‹Aida› im Januar 1981 in Frankfurt inszenierte und bei dieser Gelegenheit mit seinem Produktionsdramaturgen Klaus Zehelein auf die Fragen von Dietolf Grewe antwortete. Aus Platzgründen an dieser Stelle nur ein gekürzter Auszug aus dem längeren Dreiergespräch (vollständig abgedruckt in: Musiktheater-Hinweise. Informationen der Frankfurter Oper. Frankfurt, Januar 1981).

‹. . . Das Ägyptische ist halt die Sehnsucht.›

Hans Neuenfels und Klaus Zehelein zu ihrer Frankfurter ‹Aida›-Inszenierung

DIETOLF GREWE: *‹Aida› ist eine der populärsten Opern, die es gibt. Das Publikum liebt sie ungeheuer, die Sänger singen die Partien sehr gern; eher üben schon einige Dirigenten Zurückhaltung: Nur die Regisseure scheinen diese Oper nicht zu mögen: ich sah das Stück immer nur arrangiert und ausgestattet, nicht inszeniert. Keiner von den Regisseuren, die die Entwicklung des Musiktheaters in den letzten Jahren bestimmt haben, hat sich mit ‹Aida› eingelassen. Hast Du eine Erklärung dafür, warum Deine Kollegen so wenig Neigung zeigen, sich mit ‹Aida› zu beschäftigen?*

HANS NEUENFELS: In *‹Aida›* beweist sich Verdi als ein Musikdramatiker mit klaren gesellschaftlichen und politischen Meinungen. Im Gegensatz etwa zu Wagner versucht er, nicht das Mythologische seiner Zeit zu erfassen, sondern die Phänomene seiner Zeit, einer neuen, einer zivilisatorischen Zeit. Wir haben uns gefragt: Was tut, was versucht diese Musik, die aus dem 19. Jahrhundert kommt? Wir kamen dahinter, daß die Musik ständig eine Art von Einkreisung, von Beschwörung, von Rekonstruktion ist. In der damaligen Zeit befand sich die Archäologie in einem enormen Aufschwung: Archäologie ist ja nicht nur Ausgrabung etwa einer Stadt wie Troja, sondern Ausgrabung einer Zeit, nach der man sich zurücksehnt, die man wiederzufinden versucht, weil man sich in seiner eigenen Zeit unbefriedigt, wir würden heute sagen, frustriert fand. Dieser Aufbruchsversuch in die Vergangenheit wird ständig von Verdi umkreist, beschworen und in Variationen und Spiralen gesetzt; das ist ein wichtiges Thema. Das andere wichtige Thema ist, daß Verdi ganz scharf und entscheidend versucht, wieder seine Beziehung zu Minderheiten, wie das im *‹Troubadour›* bei den Zigeunern der Fall ist, in fast allen seinen Stücken der Fall ist, fast leidenschaftlich zu demonstrieren. Es gibt zwischen den Werken Verdis ganz klare gesellschaftliche Bezüge: Krieg spielt bei ihm immer eine Rolle, Kirche spielt bei ihm immer eine Rolle. Die Priester in *‹Aida›* fordern ständig den Kampf, dann den Untergang der Gefangenen. Ägypten ist ein Priester-Staat, ein Männer-Staat, unter dem zwei Frauen leiden. Die eine, Amneris, ist überfordert, die andere, Aida, wird als Sklavin dort ge- und mißbraucht. Darin bekundet sich doch ganz klar die Verhaltensweise eines Komponisten, für den musikalische Aussagen eben nicht nur l'art pour l'art bedeuten, sondern ganz klare Stellungnahmen zu gesellschaftlichen Problemen.

‹Aida› gehört zu den realistischsten Stücken Verdis überhaupt. Alles ist konkret; auch Sehnsüchte sind nicht etwa bühnenbildmäßig entrückt, sondern müssen immer durch die unmittelbar daneben gezeigte Realität abgegrenzt werden. Menschen sehnen sich also aus Räumen in die Natur hinaus; es ist eben nicht nur Natur da, sondern man sieht den Innenraum und die Sehnsucht nach dem Außenraum. Man sieht Wunschbilder; denn was ist das Ägyptische? Das Ägyptische ist halt die Sehnsucht. Und was ist halt demgegenüber das Wirkliche? Das in Auflösung befindliche 19. Jahrhundert.

KLAUS ZEHELEIN: Es befindet sich in jener Zerriebenheit, in dem was Karl Marx mit «Entfremdung» beschrieben hat; das ist der Verlust des Ausgangs der Sehnsucht.

HANS NEUENFELS: Es gibt einen tollen Satz von Freud, den ich nicht wörtlich zitieren kann, aber immerhin ungefähr: Weil man in Kriegen den Tod so spürt, spürt man auch das Leben. Deswegen in *‹Aida›* immer die Beschwörung des Krieges: Die Farblosigkeit der Existenz ist so groß geworden, daß sie sich nur noch im Kriege realisieren kann. Diese auch begrifflich so schrecklich entleerte Zeit hat ja auch mit unserer auch begrifflich entleerten Zeit warnend zu tun. Das scheint mir eine Brücke zu uns heute zu sein: Die fünf Hauptfiguren des Stückes, Aida, Amneris, Radames, Amonasro, Ramphis, stehen pars pro toto, sie stehen eben nicht nur als melodramatisches Element, sondern als modellhaftes Element. Sie stellen eben keine exotische Karl May-Festspielhaftigkeit dar, sondern sie bedeuten wirklich eine Realität für etwas anderes, ein Modell, das vor dem Hintergrund des Allgemeinwesens steht, das das Kollektiv ist, das wir in der Oper ganz konkret Chor nennen. Das ist das Ornamentale, Raummäßige, Korrigierende. Besonders genial von

Verdi ist eben, daß er den Chor nicht als ein naturalistisches Element von Aktion vordergründig, sondern immer als Raum, als Dimension einsetzt. Das geht schon in die Richtung wie die Verwendung des Chores in der antiken Tragödie, der ja ein Allgemeinweisen ständig kommentiert. Im Triumph-Bild geht es wesentlich um ein Für und Wider. Die Männer sind für die Vernichtung der Gefangenen, die Frauen sind gegen die Vernichtung, bitten um Gnade. Das geht lange hin und her, wird erörtert, wird stellvertretend chorisch diskutiert. Vor diesem Hintergrund agieren die Solisten, die modellhaften Figuren. Das scheint mir für die musikalische wie die inhaltliche Struktur ganz wichtig.

DIETOLF GREWE: *Du spielst das Stück ja in zum Teil sehr kleinen Räumen, was bei ‹Aida› völlig unüblich ist. Außerdem hast Du, wie häufig bei Dir, die vorgegebenen Szenen noch einmal unterteilt, mehr Bilder gemacht, als das Werk vorsieht ...*

HANS NEUENFELS: Das hat mit dem zu tun, was ich mit Realismus meine: *‹Aida›* ist ein äußerst pralles, schnelles Stück, ein Stück von äußerster Klarheit. *‹Aida›* spielt von Verdis Konzeption aus in den Palästen von Memphis. Das heißt: Es spielt nicht irgendwo, es spielt vielmehr sehr präzise in Sälen. Das ist deswegen so ungewöhnlich wichtig, weil es eine sehr spezifische Spannung zum sogenannten Nil-Akt schafft. Im Nil-Akt findet sich die höchste Formulierung von Gesang als Ausdruck von Sehnsucht. Dort wird immer Natur erwünscht, beschworen, ersehnt, ausgegraben, um im archäologischen Begriffsbereich zu bleiben. Daraus erwächst ja im 19. Jahrhundert das Phänomen der gezügelten Natur, etwa in Gestalt des Wintergartens, der nicht mehr unmittelbar mit uns eins sei in der Natur. Diese Entfernung, die wir gegenüber der Direktheit von Natur unmittelbar konkret erfahren, etwa wenn wir erstaunt sind, wenn wir in einen Schneesturm geraten oder bei der Fahrt im Schlauchboot feststellen, daß die Welle höher sein kann, als das bei Neckermann erstandene Produkt verkraftet, diese Irritation ist auch in dieser Oper ständig vorhanden. Der Verlust von Direktheit und Kreatürlichkeit ist ständig präsent; Kreatürlichkeit ist überwuchert von Zivilisation.

KLAUS ZEHELEIN: Deutlich wird das bei den Figuren von Aida und Amonasro: Wir sehen beide ja nie in ihrer eigenen Umgebung, wir hören von beiden nur Schilderungen ihrer Sehnsucht, etwa in Aidas Arie oder in der großen Szene, wo sie Radames zur Flucht bewegen will, nicht zuletzt dadurch, daß sie von der Schönheit ihrer Heimat erzählt. [...]

Die Szene zwischen Radames, Amneris und Aida im ersten Bild der Oper in Hans Neuenfels' Frankfurter Inszenierung von 1981, die sowohl szenisch wie inszenatorisch radikal mit allen bis dahin geltenden Inszenierungsmustern und Aufführungstraditionen brach. Neuenfels' greller Aktualisierungsversuch – er verpflanzte die Handlung in die Art deco-Bürowelt besserer Kreise zu Beginn unseres Jahrhunderts – ließ dann auch Verdis Musik kaum noch Raum für ihre emotionale Entfaltung. Übrig blieb ein nur auf seine sozialkritischen Elemente reduziertes absurdes Theaterstück mit Musik.

DIETOLF GREWE: *Und ihr Vater versucht ja zuvor, sie dazu zu bringen, Radames zur Flucht zu bewegen . . .*

KLAUS ZEHELEIN: Ebenfalls durch eine Beschwörung der Heimat. Und das steht ja für etwas mehr als für Erde im Sinn von Blut und Boden; es steht für die Hoffnung auf die Rückkehr in eine Situation, die in Ägypten nicht zu finden ist. Der Nil-Akt wird gesungen aus einem Raum in diese Hoffnung hinein in die Natur; Äthiopiens ferne grüne Auen, seine lauen Winde werden beschworen.

HANS NEUENFELS: Diese Sehnsucht ist ja auch die Sehnsucht nach der Insel mit dem weißen Strand, die Robinson Crusoe-Utopie, ein trivialer Topos, und die Bedeutung dieses Momentes bei Verdi ist höchst wichtig. Ich habe bisher zwei Verdi-Opern inszeniert, *‹Aida›* ist die dritte, was heißt, daß ich mich insgesamt über ein Jahr meines Lebens in Gestalt von Vorarbeit und Proben mit Verdi beschäftigt habe. Es sind bei Verdi jene Volksmusik-Elemente, die den humanen Gestus seines Werkes darstellen [. . .]

HANS NEUENFELS: Man glaubt immer, Verdis Helden seien Ungeheuer, Dinosaurier, im falsch aufgeblasenen Sinne Stars, die sich in ihrer Einzigartigkeit treffen. Das alles ist nicht wahr. In allen Figuren bricht das Volksmusikmäßige und Volksopernhafte auf eine zärtliche und auch witzige Weise durch, auch in der *‹Aida›*.

DIETOLF GREWE: *Wo etwa ist in der ‹Aida› etwas witzig?*

HANS NEUENFELS: Witzig heißt ja nicht unbedingt belustigend; auf jeden Fall steckt sehr viel Witz und Ironie, allerdings bis zum Zynismus gehend, im Triumph-Bild; auch in dem Verhältnis zwischen Radames und Aida, weil es auf Jugendlichkeit, Träumerei, Utopie beruht und sehr viel Kindlichkeit hat. In der Grabkammer-Szene ist die Musik ja nicht eine dramatische Musik des Sterbens, sondern eine übergehend kindlich-zärtliche Melodie; noch im Augenblick des Sterbens hält dieses zärtlich-kindliche Moment an. Andererseits ist von Verdi ja ganz enorm präzise beobachtet, daß die Menschen in der Grabkammer ersticken: Die Musik hört immer wieder auf und fängt wieder an, der Ton wird unterbrochen, das Moment des nach Luft-Schnappens, naturalistisch gesprochen, ist komponiert. Man ist dünn, zart, vorsichtig mit dem Atem, um nicht zuviel zu verbrauchen. Das Ganze kommt wohlgemerkt von der Physis, nicht vom Intellekt her und gibt dem Allen ein Moment des sowohl Kindlichen wie auch Schrecklichen, von Erstickungstod, aber eben auch von Unschuld, von vogelmäßigem, abgehobenen Nichtbegreifen bis zum Schluß.

DIETOLF GREWE: *Nicht-Begreifen ist ja offenbar für die Radames-Figur überhaupt konstitutiv. Dramaturgisch ist doch für diese Figur entscheidend, daß Radames von vorneherein nicht erkennt, daß seine berufliche Selbstverwirklichung als zum Sieg entschlossener Feldherr und seine persönliche Selbstverwirklichung in der Liebe zu Aida sich ausschließen. Er hat ja die Vorstellung, seinen Sieg der Aida zu Füßen zu legen, sie dadurch zu erringen, ihrer würdig zu werden. Er macht sich aber merkwürdigerweise nicht klar, daß es das Volk der Aida ist, das es zu besiegen gilt. [. . .]*

KLAUS ZEHELEIN: Ich möchte noch einmal auf das zurückkommen, was wir mit der Sehnsucht bezeichnet haben. Verdi war tief resigniert in der Zeit, als er *‹Aida›* schrieb. Er war resigniert über den Einmarsch der Preußen in Frankreich. Er schrieb etwa einen Brief an seinen Librettisten Ghislanzoni, er wolle unbedingt einen Satz im Libretto haben, der sich auf die verlogene Berufung Wilhelms I. auf Gott und Vorsehung beim Sieg über Frankreich ausdrücklich bezog. So gesehen ist Ägypten für Verdi die Metapher einer Resignation, gewiß kein Dekor, aber eine Metapher, die von der Gesellschaft fehlinterpretiert wurde. Für diese Gesellschaft war Ägypten eher eine Metapher für die Pariser Weltausstellung. Der botanische Garten neben einem Tempel von Memphis und einer javanischen Musik-Gruppe. Ägypten, also die Vergangenheit wird als potentielle Riesen-Ware, Möglichkeit einer direkten Absicherung begriffen. Der Traum von einem dreitausendjährigen Reich ist schon faszinierend gerade in einer Zeit der Reichsgründungen – deutsches Kaiserreich, französische Republik, Italien. Nachdenklichen Leuten war aber immer klar, daß alle diese Reichsgründungen in irgendeiner Weise auf Enttäuschungen beruhten.

DIETOLF GREWE: *Wie steht nun das imaginative ‹Aida›-Ägypten, das sicher im Zusammenhang mit dem Exotismus-Phänomen des 19. Jahrhunderts zu sehen ist, zu Richard Wagners vielbesprochenem Mythos?*

HANS NEUENFELS: Wagner schleuderte in einer grandiosen Weise die Ungeheuer seiner eigenen Seele und damit auch des deutschen Wesens heraus, grub sie heraus und stand auch zu ihnen und fand da das Schrecklich-Gigantomanische, während Verdi im Gegensatz dazu ständig das Menschliche, das Unmittelbare, das Knappe, eben nicht Ungeheuerliche beschworen und zu komponieren versucht hat.

DIETOLF GREWE: *‹Falstaff› wäre da die letzte Konsequenz . . .*

HANS NEUENFELS: So ist es. In diesem Spätwerk kommt noch einmal

Der italienische Bassist Ruggero Raimondi (geb. 1941) als Hohepriester Ramphis in der ‹Aida›-Aufführung der Salzburger Festspiele im Sommer 1980, die Herbert von Karajan inszenierte und dirigierte.

alles zusammen: Der Witz und die Menschlichkeit. («Alles ist Spaß auf Erden.») Verdis Vorliebe für Shakespeare ist daraus zu verstehen. Aber das Ungeheuerliche und Unglaubliche (bei Wagner) ist ja auch das Menschliche, denn das Ungeheuerliche ist ja ein Vorgang des ständigen Erschreckens und Außer-Sich-Seins. Nur ist das bei Verdi nicht der Punkt. Die Menschen sind bei Verdi auch außer sich, aber auf Grund ihrer menschlichen Eigenschaften, ihrer Liebe, Leidenschaft, Trauer, Einsamkeit, ihres Unglücks, Schmerzes. Das Ausgraben der Psyche, dessen, was man die Insgesamt-Psyche nennen könnte, die Kollektiv-Psyche, war wohl die Sache Wagners.

KLAUS ZEHELEIN: Das Monströse bei Wagner ist, daß die Psyche bei Wagner plötzlich ein Moment des Außer-Sich-Seins erhält und die Psyche obsessioniert ja auch die Gesellschaft; das ist ja auch sein Lebensweg.

HANS NEUENFELS: Das Triumphmarsch-Bild ist neben dem Nil-Akt das längste Bild in dieser Oper. Bürger, Ägypter, feiern sich endlos selbst. Das bedeutet aber, daß das Bild sich irgendwann narzißhaft spiegelt, was Klaus mit dialektisch meint, und es bricht an einem bestimmten Punkt über sich zusammen. Das ist wie der endlose Ozean, der sich ständig mit Wellen bewirft. Da ist einerseits die Rede von Tod und Untergang und andererseits davon, daß wir, also die Ägypter, die Tollsten und die Größten sind. Da geht die Selbstfeier in den Zynismus, in den Reichsparteitag, in das Gefährliche über. Das meinte ich vorhin mit Witz; das ist von Verdi ganz bewußt gemacht.

DIETOLF GREWE: *Das Triumphmarsch-Bild hat zweifellos etwas Enervierendes. Du bist der Auffassung, daß eben dies von Verdi beabsichtigt ist?*

HANS NEUENFELS: Natürlich! Es kann nicht sein, daß dieses Genie in den Hauptpunkten seines Programms den größten Fehler macht, den es gibt: Krieg zu verherrlichen. Verdi kann nur darstellen, daß Krieg die Gefahr läuft, verherrlicht zu werden. Sonst ist der Begriff des Genies der eines großen und zufälligen Irrtums, und das kann und darf nicht so sein. [. . .]

Alle schließen die Augen vor der dialektischsten aller Stellen, daß da nämlich Gefangene, Kaputte benutzt werden, um die Größe eines anderen Reiches zu demonstrieren. Der große dialektische Satz, daß jeder Sieger, und zwar ausschließlich sich durch den Besiegten definiert, ist in diesem Triumphakt das Wesentliche. Wir sehen in den anderen Bildern, wie sich Ägypter auf den Krieg vorbereiten, geil auf den Krieg sind, ihn erbeten, erflehen und damit auch den Sieg.

Aber im Triumphakt sehen wir nichts anderes als die Spiegelung des Sieges in den Besiegten.

DIETOLF GREWE: *Da gibt es im ersten Akt ja schon eine der genialsten Stellen des Stückes, wo das von allen Radames zugesungene «Als Sieger kehre heim» von Aida aufgenommen und auf ihre Situation bezogen wird.*

HANS NEUENFELS: Da sieht man noch das Kollektiv in einer Spiegelung auf das Individuum bezogen. In der Triumphmarsch-Szene sieht man hingegen zwei Kollektive aufeinander prallen. Ich sage es noch einmal: die Sieger definieren sich nur durch die Besiegten.

[. . .]

DIETOLF GREWE: *Wer sind eigentlich in ‹Aida› die Priester? Wir sprachen davon, daß Ägypten ein Priesterstaat ist. Die Priester spielen auch in anderen Werken Verdis eine große Rolle, etwa in ‹Die Macht des Schicksals›.*

HANS NEUENFELS: Zunächst einmal sind die Priester die Art von Männern, die Verdi haßt . . .

DIETOLF GREWE: . . . *als die Inkarnation des Reaktionären.*

HANS NEUENFELS: Genau! Verdi war ein absolut antiklerikaler Mann. Erst am Schluß seines Lebens hat er sich auf Bitten seiner Giuseppina mit der Kirche wieder verbunden. In all seinen Opern ist die Kirche ein riesiger Negativ-Faktor.

DIETOLF GREWE: *Kirche ist auf jeden Fall in Italien etwas grundlegend anderes als in Deutschland.*

KLAUS ZEHELEIN: Das muß man ernst nehmen! Das heißt: Kirche als Institution, als Kirchenstaat, gegen den sich Verdi zeit seines Lebens gewehrt hat.

HANS NEUENFELS: Er sah darin Lüge, Bigotterie, Einengung, üble Machenschaften.

KLAUS ZEHELEIN: Verdi hat in seiner Heimatstadt bekanntlich ein Krankenhaus gestiftet. Es gibt einen Brief von ihm an den Bürgermeister, der auch Verwalter des Krankenhauses war. Verdi hatte erfahren, daß bei Arzt-Visiten ein Priester dabei war und wies den Bürgermeister an, das sofort abzustellen, weil er dies für schädlich hielt. Wenn das nicht möglich sei, solle das Krankenhaus besser geschlossen werden.

HANS NEUENFELS: Das meinte ich mit Materialismus. Verdi war nicht dogmatisch. Er meinte nur: Erst eine Salbe und dann vielleicht die letzte Ölung.

DIETOLF GREWE: *In diesem Zusammenhang wäre die Frage nach der Bedeutung der Ramphis-Figur in der ‹Aida› zu stellen. Ist dieser*

Oberpriester nicht die Übervater-Figur schlechthin, also im Zusammenhang mit der ganzen, von uns erörternden Vater-Problematik zu sehen?

HANS NEUENFELS: Ramphis ist vor allem der Staatsmann, die graue Eminenz.

DIETOLF GREWE: *Der König ist ja ein Nichts.*

HANS NEUENFELS: Er ist wirklich ein Nichts, er ist wie so oft eine Puppe. Ramphis braucht nichts zu beschleunigen, nichts zu erzwingen: Er ist es, er hat die Funktion, er hat eine ungeheurer klare Ebene, er braucht nicht die Leidenschaften, die die anderen Figuren haben. Er hat die Macht, und Macht braucht sich nicht durch Leidenschaften, Beschwörungen, Traurigkeiten zu demonstrieren. Macht ist so wie sie ist.

Die Auffassung des Frankfurter ‹Aida›-Produktionsteams von 1981, daß das Ägyptische in dieser Oper nicht nur pure Äußerlichkeit, sondern wesentlich sei, eine bewußt gewählte Metapher für die allgemeine bürgerliche Seelenverfassung im 19. Jahrhundert, versuchte der Frankfurter Chefdramaturg Klaus Zehelein in einem Programmheftbeitrag zu untermauern. Klaus Zehelein sieht in ‹Aida› sogar ein hervorragendes Beispiel für den damals in Europa herrschenden Zeitgeist, dessen rückwärtsgewandte, regressive Grundtendenz sich nirgends deutlicher als in Archäologie und Ägyptomanie äußerte, in der bürgerlichen Sehnsucht, in der eigenen Vergangenheit zu graben und «in den Gräbern die Kontinuität der eigenen Existenz» zu suchen. ‹Aida› wäre demnach doch ein reines Zeitstück, substanziell gebunden an den historischen Augenblick seiner Entstehung, ein Stück 1870, mehr nicht.

Klaus Zehelein

Archäologie als Metapher

Jeder Archäologe weiß in seinem Herzen, warum er gräbt. Er gräbt, damit die Toten wieder leben möchten . . .
Der englische Archäologe Geoffrey Bibby, 1956

Der verhängnisvolle Stein schließt sich, führt in die Dunkelheit zurück, in der die letzten Worte das Licht eines anderen Anfangs beschwören.

Der Vorhang fällt, entläßt in eine Wirklichkeit, deren dämmerndes Grau Licht und Dunkelheit nicht zuläßt. Das Taxi wartet.

«Ich ließ die Geschichte der alten Königsgeschlechter vor meinem Geiste vorüberziehen, ich sah die siegreichen Pharaonen mit ihren Kriegern . . . ich sah Priester und Volk in langen Reihen durch die Säulenhallen zu den Göttern wallen; ich sah den Todeszug in Pracht und Herrlichkeit zu den Königsgräbern einherziehen – da hörte ich – ‹Bakschisch, Bakschisch Ya hawage!› mir von allen Seiten entgegenschreien, und ich wurde so plötzlich recht prosaisch an die ekle Wirklichkeit erinnert.»

Diese Erfahrung des deutschen Archäologen Heinrich K. Brugsch, 1854 angesichts der ägyptischen Ausgrabungen Mariettes – des Mannes, der 15 Jahre später den Tagtraum *‹Aida›* für Verdi aufschreiben wird – notiert und ein Jahr später der preußischen Akademie vorgelegt, gehört in den Bereich des Alltäglichen. Und doch ist hier vorinszeniert, was, kunstvoll und mit großem Ernst zelebriert, zumindest für drei Stunden jene Beschwörung leistet, die die vergrabene Vergangenheit mit der ganzen Schwere ihres Verlustes in die Sinne zwingt: Der erste Spatenstich in das noch unberührte Erd-Reich läßt die Zeit vergessen, löst jene fieberhafte Aggressivität des Grabens aus, bis, durch alle aufeinandergetürmten Trümmerschichten hindurch, der in weiter Tiefe gelegene Ur-Boden ermattend erreicht ist – «graben» und «Grab» haben den gleichen Stamm.

Das Leben zum Tode und die Auflehnung dagegen ist der heroische Traum der Kunst, konterkariert von der profan-endgültigen Wiederauferstehung der Toten in Museen und Geschichtsbüchern. Und doch: Was suchte Heinrich Schliemann, was suchte Auguste Mariette in den Gräbern, die sie öffneten? In der Tiefe der Erde, in die sie eindrangen? Dagegen: Was fordert der ans Kunstlicht gezerrte Tut-ench-Amun, der bisher zehn Millionen Menschen in seine Ausstellung trieb?

Dem Mut und der Begeisterung Verdis, diese *‹Aida›* des Franzosen Mariette zu komponieren, ist die Sehnsucht nicht nur des 19. Jahrhunderts eingegraben, deren Wesen die Rückkehr ist, und die Hegel einmal als Bewegung zum «Mittelpunkt» bezeichnete, «in welchem wir uns zuerst versenkt befanden»; Hegel spricht aber von der Sehnsucht als «die Nacht und Einsamkeit des Selbstbewußtseins», dessen Thron die leblose «Schädelstätte» sei.

Janusköpfig ist also diese Sehnsucht, die zum ersten Male die schreckliche Erfahrung des Subjekts mitteilt, das Wirklichkeit nur noch als von ihm abgetrennt erfährt; sie ist auch Zuflucht der Ohnmacht, die in den Gräbern Kontinuität der eigenen Existenz sucht, die Skelette und Mumien in den Zusammenhang persönlicher Erfahrung zwingt, und das Leben dann zu einem opus posthumum neutralisiert. Die Archäologie ist eine der Metaphern, mit der das 19. Jahrhundert den Verlust konkreten Lebens, den verloren gegangenen Zusammenhang mit der Geschichte signalisiert, und das ans Licht gebrachte Ausgrabungsobjekt erhält den Wert des «Missing link», das die Kontinuität von Vergangenheit und Gegenwart garantieren soll.

Aber so, wie der Archäologe im Volksglauben als Ruhestörer und Grabräuber den Fluch der Pharaonen – und damit den Tod – fürchten muß, so legt die Berufung auf das Vergangene als Instrument, als Ausweis historischer Glaubwürdigkeit, ja Größe, den Schnitt endgültig, der Vergangenheit und Gegenwart, Historie und Leben trennt.

Mühsam wird jetzt rekonstruiert und veröffentlicht, was einst im

Die Heimkehr der siegreichen Ägypter im Finale des zweiten Aktes in der 1983 von Gianfranco de Bosio szenisch rekonstruierten Version der Erstaufführung der Oper in der Arena di Verona von 1913, in Kostümen, die jenen der Kairoer Uraufführung von 1871 nachempfunden sind. Nello Santi war der Dirigent jener Jubiläumsproduktion von ‹Aida›, die an die erste Opernproduktion in der Arena vor siebzig Jahren erinnern sollte. Die rekonstruierte Inszenierung wurde auch in den folgenden Jahren 1984 und 1985 im Festivalprogramm beibehalten.

Selbstverständnis der Beschwörung lebte. Hinter der Maske geschichtlicher Objektivität verbirgt sich die Verunsicherung, die Angst einer Gesellschaft, die sich darum «fortwährend das Fest einer Weltausstellung durch seine historischen Künstler bereiten läßt» (Nietzsche). In den Weltausstellungen – Mitte des vergangenen Jahrhunderts zum ersten Mal inszeniert – sind die Heiligtümer des 19. Jahrhunderts versammelt; sie gehören zur Trinität des «neuen Kultus», die Adolphe Guéroult benennt: Die Kirche, die Oper und das Palais de l'Industrie der Ausstellung von 1855.

In der Mystifikation des technischen Fortschrittes fokussiert Geschichte zum gegenwärtigen, glücklichen Augenblick des Zeitalters: «Wir haben es heute so weit gebracht, daß wir unseren Blick auf die weltweite Tradition der Vergangenheit werfen können, die in unauflöslicher Kette zusammenhängt. Quer durch die Zeiten hat die Menschheit ihr Selbstbewußtsein erworben und sich in den Besitz der Unsterblichkeit gebracht» (Thoré-Bürger, Revue universelle des Arts, 1855). Diese weltumspannende frohe Botschaft von der ewigen Kontinuität des Selbstbewußtseins kann in ihrer auftrumpfenden Pathetik kaum die reale Situation vergessen machen, die durch brutalen Kolonialismus, die von «nacktem Interesse», von der «gefühllosen, baren Zahlung» (Engels/Marx) bestimmt wird, in der Menschen zu Waren geworden sind und in deren Bodensatz sich bereits das Lumpenproletariat ablagert.

Und *‹Aida›*, die eben, beim Gang durch die Weltausstellung verlassen wurde und nun zwischen dem Pavillon moderner Plastik («Die Künste huldigen der Technik und Industrie»), der Rekonstruktion eines Memphis-Tempels und dem Dampfhammer von Creuzot wieder auftaucht? Gehört sie nicht in diesen Zusammenhang des Nebeneinander- und Aufeinandergetürmten, zu dieser kostümierten und mit Feierlichkeit umkleideten Gigantomanie? Ja, sie hat ihren Platz zwischen dem Suez-Kanal, diesem Triumph der Technik und Industrie, und der Ausstellung der Gesellschaft in der Mailänder Scala. Diese Schein-Wirklichkeit gerinnt ihr zum zentralen Motiv, kulminierend im Triumph-Bild, jener überkippenden bourgeoisen Selbstfeier zwischen Gott, Tod, Rache und Gnade im altägyptischen Kostüm. *‹Aida›* gehört auch in diesen Zusammenhang: Kaiser Wilhelm I. – als Rotbart eben dem Kyffhäuser entstiegen – kniet in einer neu-byzantinischen Kirche und wiederholt jene historischen Worte, die nach dem Sieg bei Sedan (1870) um die Welt gingen: «Wir haben gesiegt mit Hilfe der göttlichen Vorsehung; der Feind hat sich ergeben; Gott helfe uns weiter.» Auch Verdi hörte diesen verhaßten Satz von der «göttlichen Vorsehung» und empfahl ihn seinem Librettisten Ghislanzoni als Muster für den Priesterchor beim Empfang der heimkehrenden siegreichen Ägypter. Herodot hatte einst von den Sitten der Ägypter gesagt, daß sie «fast in allen Stücken denen der übrigen Völker entgegengesetzt» seien. Und wenn in *‹Aida›* die Gefangenen – den bekannten ägyptischen Sitten zum Trotz – begnadigt und nicht getötet werden, so wird vielleicht deutlich, wie Verdi die nicht zufällig archäologisch und historisch bürgerliche Imagination als das komponiert, was sie ist: Die Verkehrung des Selbstverständlichen. Verdis «Flucht nach Ägypten» ist bis ins Kleinste präpariert; weder war er dazu gezwungen noch «passierte» sie ihm gleichsam (wie die Literatur über ihn uns weismachen will): Wenn die gedemütigten äthiopischen Gefangenen auf der Szene präsentiert werden, wer begleitet (und wie) ihren Auftritt? Sind es die Frauen dieses diskussionsfreudigen, altägyptischen Volkes, die später ja um Gnade bitten? Verdis szenisch-musikalische Arbeit offenbart hier eine Dialektik, die sich gegenüber der Formel, Verdi habe hier die Gesellschaft einfach glatt bedient, fast zynisch zuspitzt: Ausgerechnet Oberpriester und Priester werden von ihm dafür in den Dienst gezwungen – mit ihrem bekannten Motiv auf den Sieg-Gott-Danke-Text (hier ppp und in moll). Das ist so, als hätte Kaiser Wilhelm bei der Unterzeichnung des Frankfurter Friedens am 10. 5. 1871 (ungefähr ein halbes Jahr vor der ‹*Aida*›-Uraufführung), dem Sieg über Frankreich, die Marseillaise (in moll!) gesungen: Verkehrung des Selbstverständlichen und in dem Zynismus gerade Moment gesellschaftlicher Wahrheit.

Verdis Arbeit an der Handlung des Ägyptologen Mariette widerspricht deutlich der Interpretation, die darin eine «romantische Allerweltsgeschichte» in exotischen Kostümen sieht. Alt-Ägypten steht nicht so sehr für das spezifische Dekor als äußerliche Klammer, vielmehr bezeichnet es jene Jahrhundert-Faszination der Archäologie, die im letzten Jahr des 18. Jahrhunderts durch Napoleons Ägypten-Feldzug und der ihn begleitenden Wissenschaftler beginnt. Gerade die zweite Hälfte des 19. Jahrhunderts bringt systematisch jene altägyptischen Schätze ans Licht, die zur Illustration des fesselnden Gedankens an dieses dreitausendjährige Reich herangezogen werden konnten: Hier war jene Stabilität in festen Stein gehauen, welche der Sehnsucht nach nationaler Größe und Einigkeit ihr Bild gab. Die durch die altägyptischen Funde angeregten Großplastiken, diese Mystifikation der Nation durch gigantische Weiblichkeit – jene Riesenfrauen, die man heute noch besteigen kann, bezeugen dies: Die Bavaria, die Germania, die Freiheitsstatue als veräußerlichte Symbole, wieder in den nationalen Mutterleib zurückzukehren; die Mutter Bavaria, in deren Brüste Platz für eine trojanische Mannschaft wäre, die Germania, streng gegen den welschen Feind den deutschen Vater und dessen Söhne schützend, die Freiheit, die größte von allen, bis in die Fackel begehbar: Gigantische Produkte mißverstandener Größe, tot.

Nicht in diesen Strudel notwendigen Zerfallsprozesses mitgerissen ist jene Sehnsucht, der die Archäologie ebenfalls das Bild gab, die aber nicht in die Objekte und deren Hypostasierung eingebunden ist, sondern mit dem Vorgang des Ausgrabens selbst zusammenhängt.

Der Troja-Ausgräber Schliemann – hier dem Motto unseres englischen Kollegen folgend – sagte einmal, Ausgraben sei für ihn gleichbedeutend mit Leben. An den Anfang dieses Essays anknüpfend, fragen wir noch einmal: Was sucht er in der Tiefe der Erde, in die er eindrang? «Die begrabene Vergangenheit», ist die plausible Antwort; «Leben», korrigiert er. Ein Widerspruch? Schliemanns eigenartige und melancholische Bemerkung, in Griechenland seien «die Mädchen so schön wie Pyramiden», verbindet scheinbar zwanglos das Leben – die weibliche Schönheit – mit der begrabenen Vergangenheit, den Gräbern selbst. Unwillkürlich kommt die Entdeckung der Venus von Milo in den Sinn, die 1820 ausgeackert worden war und sofort mit allen Geheimnissen, welche die Imagination des Weiblichen besaß, ausgeschmückt wurde; nicht nur, daß mit hunderten von Rekonstruktionsversuchen die Fantasie der Bildhauer während des ganzen Jahrhunderts an sie gebunden war, sie stellte die Fantasie-Frau schlechthin dar: Mythos ihrer Herkunft – aus der Erde gegraben, Inkarnation der Liebe – Venus, unnahbar – Marmor, unerreichbar – Göttin.

Die Pioniere der Archäologie waren immer auch Schatzgräber, und in jenem Augenblick, der direkt vor der Entdeckung liegt, da das Unbekannte als Unberührtes hinter der Mauer sich noch verbirgt, um mit dem nächsten vorsichtigen Stoß sein Geheimnis freizugeben, kulminiert die Existenz des Grabenden. Es ist ein «Kampf mit der Erde» (Schliemann), die aufgerissen wird, um jene Schätze zu heben, die dann – tot in den Sälen der Geschichte – den Blicken der Öffentlichkeit ausgesetzt sind. Die Sprache der archäologischen Popular-Literatur verrät etwas von der aggressiven Lust am Graben: Da wird in die unberührte Erde eingedrungen; diese muß ihr Geheimnis preisgeben; sie wird durchbohrt, aufgerissen, eingeschnitten; sie hat dann eine blutende Wunde, ist verletzt; entblößt bleibt endlich die Grabungsstelle zurück, während der Spaten schon an einer neuen Stelle einsticht. Das Graben hat aber seinen früheren, magischen Umkreis nicht verlassen, und die Erregung, von der sie alle in jenen Augenblicken erfaßt wurden, teilt noch die Angst mit, für den vollzogenen Eingriff, die Beschädigung und Verletzung der Erde bestraft zu werden. Die Mythen und Sagen, in denen die Schätze nicht ungestraft der Erde entrissen werden können, warnen vor dieser überheblichen Transformation, die Natur – oder das von ihr umhüllte – in den Prozeß der Geschichte zwingt. Die Archäologie ist so ein Wagnis: An ihrem Anfang steht das Geheimnis der Gräber und der Fluch der Grabschändung. In dieser

Das Finale des zweiten Aktes in der historisch rekonstruierten ‹Aida›-Produktion des Festivals in der Arena von Verona im Jahre 1983 aus einer ungewohnten Perspektive.

Gefährdung wird der Augenblick des «noch nicht», jene höchste Erregung in ausschweifendster Fantasie, wirklicher, konkreter als das schließlich zutage geförderte.

Leben als Graben heißt, diese Augenblicke immer wieder zu erzwingen, um die Erfüllung nicht als Phantom erfahren zu müssen. Und: Mädchen werden zu Pyramiden, zum «Kristall des Todes» (Bloch), weil keine Erfüllung denkbar ist, weil sie nur als Begrabene die Sehnsucht wach halten, die die konkrete sinnliche Begegnung mit ihnen zerstören, den Zauber zum Fiasko werden lassen könnte, endlich – vor Enttäuschung bewahrt.

‹Aida› – als eine eigenständige, aus dem Geist der italienischen Operntradition erwachsene Alternative zu Wagners Musikdrama, als Höhepunkt einer dreißigjährigen Opernentwicklung, in deren Verlauf Verdi Schritt für Schritt seine eigene psychologisch-realistische Opernkonzeption herausgebildet habe, nämlich das «szenisch-musikalische Drama», «das die traditionelle Nummerngliederung der italienischen Oper nicht gänzlich aufgibt, sie aber einer übergreifenden dramatischen Entwicklung unterordnet» – diesen außerordentlichen Rang reklamiert der in Weimar lehrende Musikhistoriker Wolfgang Marggraf (geb. 1933) für Verdis vielgeschmähte drittletzte Oper in seiner 1982 in Leipzig veröffentlichten Gesamtdarstellung von Verdis Leben und Werk.

Wolfgang Marggraf

‹Aida› – Verdis Durchbruch zum szenisch-musikalischen Drama

Mit *‹Aida›* ging Verdi folgerichtig einen Weg zu Ende, der weit und für die italienische Operngeschichte von großer Bedeutung war: den Weg zum szenisch-musikalischen Drama, worin das italienische Musiktheater eine neue Sinngebung aus dem Geiste des 19. Jahrhunderts erfuhr. Das Werk ist die Erfüllung eines musikdramatischen Ideals, das Verdi seit seinen Jugendwerken in sich trug, das er jedoch nicht in plötzlichem Ansturm auf einmal verwirklichen konnte, sondern dem er sich gleichsam Stufe für Stufe langsam nähern mußte. Wollte man herausragende Punkte dieses großartigen Entwicklungsweges näher bezeichnen, so wäre vor allem auf *‹Macbeth›* und *‹Rigoletto›* zu verweisen. Beide Opern sind entscheidende Stationen der Herausbildung eines spezifischen, psychologisch determinierten Opernrealismus, mit dem der immer mehr in sinnentleerte, hohle Konvention absinkenden italienischen Oper eine neue Dimension künstlerisch-menschlicher Wahrhaftigkeit erschlossen wurde. In immer neuen Anläufen hat Verdi sodann versucht, diesen Opernrealismus mit den für die französische Große Oper charakteristischen Elementen eines auf monumentale Wirkungen rechnenden und grandiose äußere Mittel nicht verschmähenden Theaters zu verbinden. Auch diese Synthese mußte mühsam erkämpft und erarbeitet werden. In *‹Aida›* aber wurde das Ziel erreicht: in ihr ist die Intimität der seelischen Konflikte überzeugend und unlösbar in ein grandioses historisches Panorama gestellt, und die gewaltigen, an Monumentalität nicht mehr überbietbaren Massenszenen wirken niemals als Einschub, sondern fügen sich der Organik des Werkes völlig zwingend ein.

Wie bekannt, stammt die Idee zur Fabel der ‹*Aida*› aus der Feder des französischen Ägyptologen Mariette-Bey, der damals als einer der besten Kenner des alten Ägypten galt. Eine «ägyptische Oper» konnte in den siebziger Jahren des 19. Jahrhunderts um so mehr mit besonders starkem Interesse der Weltöffentlichkeit rechnen, als die sensationellen Ausgrabungen und Erkundungen der Cheopspyramide und anderer Stätten diese versunkene Welt voll faszinierender Rätselhaftigkeit gerade erst erschlossen hatten. Freilich darf man nicht übersehen, daß das eigentliche menschliche Kernproblem dieser Oper, ihr tragender dramatischer Konflikt, nicht aus spezifischen Gegebenheiten des alten Ägypten erwächst. Vielmehr ist in ‹*Aida*› ein Thema gestaltet, das Verdi seit je stark interessiert hat und das besonders in mancher seiner Frühopern mehr oder weniger deutlich anklingt: die Liebe zweier Menschen, deren Völker einander in unversöhnlicher Feindschaft gegenüberstehen. Aida und Radames gehen zugrunde an dem Konflikt, der aus ihrer Liebe zueinander und den Pflichten gegenüber ihren Vaterländern erwächst; sicher wäre es nicht falsch, von einer ins Nationale geweiteten Version des Romeo-und-Julia-Stoffes zu sprechen. Und bedenkt man schließlich, daß die Sklavin Aida einem von den Ägyptern unterdrückten und geknechteten Volke angehört, daß für sie deshalb der Konflikt zwischen ihrer Liebe zu Radames und zur Heimat eine besondere Tragik einschließt, so wird deutlich, daß Verdi in ‹*Aida*› auf der Höhe schöpferischer Meisterschaft, noch einmal Tendenzen seines vom Geist des Risorgimento geprägten Frühschaffens aufgreift und weiterführt und damit die innere Kontinuität seines Schaffens erneut unter Beweis stellt.

Bewunderungswürdig ist die Intensität, mit der sich der Meister in die ihm gänzlich fremde Welt des alten Ägypten eingelebt hat, wie er es verstand, seiner Tonsprache eine exotische Färbung zu geben, ohne die eigene Handschrift jemals zu verleugnen. Er war dabei völlig auf seine Intuition angewiesen, denn musikalische Denkmäler aus dem alten Ägypten, an denen er sich hätte orientieren können, haben sich nicht erhalten, und auch von der arabischen Volksmusik, wie sie zu seiner Zeit geübt wurde, konnte er angesichts der damaligen Möglichkeiten musikalischer Kommunikation höchstens ganz vage Kenntnis haben. Allein durch die Versenkung in die Denkmäler der ägyptischen Kultur, in Architektur und Bildkunst, mußte er den Geist dieser Welt zu erfassen und sie in seine Musik umzugießen suchen. So ist denn auch das ägyptische Kolorit der *‹Aida›* nicht zu messen an unserer heutigen Kenntnis der altägyptischen Musik; es kann nicht echt in historischem Sinne sein, wohl aber ihm Sinne innerer Übereinstimmung mit dem Geiste dessen, was uns diese Kultur greifbar hinterlassen hat.

Die Mittel, derer sich Verdi bedient, um eine solche exotische Färbung zu erreichen, sind im einzelnen sehr vielfältig. So benutzt er oft ein engschrittig-gleitendes Melos, das besonders sinnfällig eine fremde Klangwelt suggeriert, wie zum Beispiel in der Tempelszene des ersten Aktes:

ERSTE PRIESTERIN

In den Chören der Priester wird die kultische Starre der ägyptischen Welt vor allem durch stereotyp festgehaltene Rhythmik ausgedrückt:

CHOR DER PRIESTER

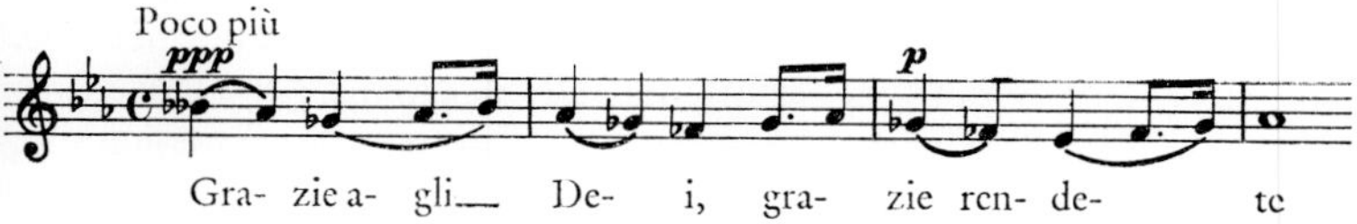

Und in der berühmten Nilszene des dritten Aktes, deren klangliche Subtilität im gesamten Werk Verdis ohne Beispiel ist, gibt vor allem der näselnde Ton der Oboe in Verbindung mit dem auf und ab pendelnden melodischen Duktus jene fremdartige Färbung, die sich dem Ohr des Hörers unverlierbar einprägt:

Tritt das exotische Kolorit in diesen Szenen gleichsam verdichtet auf, so beschränkt es sich doch nicht auf sie; vielmehr scheint die Tonsprache des Werkes insgesamt von einer fremdartigen Atmosphäre überhaucht, die dem Bewußtsein des Hörers stets spürbar bleibt, im einzelnen aber nur schwer nachzuweisen ist. Zugleich ist in der Partitur der *‹Aida›* die Individualisierung in der musikalischen Zeichnung der Gestalten aufs höchste gesteigert. Mit einer selbst für den reifen Verdi ungewöhnlichen Schärfe werden insbesondere die Charaktere des die Handlung bestimmenden Dreieckskonflikts gegeneinandergestellt: die Sklavin Aida, ungemein liebevoll und eindringlich gezeichnet in ihrem oft verhaltenen, immer wieder aber auch vehement ausbrechenden Liebesverlangen, der Feldherr Radames, dessen heldischer Glanz sich fast unvermittelt in ganz zarte, überströmende Innigkeit zu lösen vermag – und zwischen ihnen, getrieben von der dunklen Glut ihrer unzähmbaren Leidenschaft, die Königstochter Amneris, auch sie keineswegs einschichtig als bloß negative Gegenspielerin der Liebenden charakterisiert, sondern als ein an seinen unlösbaren Konflikten und Verstrickungen zugrunde gehender Mensch, als großer, interessanter Charakter, wie ihn nur Verdi so zwingend formen konnte. Die gerichtsszene des vierten Aktes, worin ihre Leidenschaft an der kalten Mauer priesterlicher Strenge und Unmenschlichkeit zerbricht, gehört zu den eindrucksvollsten Szenen im Werke des Meisters überhaupt.

Vielleicht noch überzeugender als im *‹Don Carlos›* sind in *‹Aida›* die gleichwohl noch deutlich erkennbaren «Nummern» zu großen szenischen Komplexen zusammengeschlossen. Damit verwirklicht sich auch hier Verdis Idee vom szenisch-musikalischen Drama, das die traditionelle Nummerngliederung der italienischen Oper nicht gänzlich aufgibt, sie aber einer übergreifenden dramatischen Entwicklung unterordnet. Mit dieser Integration der Einzelformen unter einen großen Bogen gelang es Verdi, dem Musikdrama Richard Wagners eine eigenständige, völlig aus der italienischen Tradition erwachsene Form des Musiktheaters entgegenzustellen. Der Verklammerung einzelner Szenen dient in *‹Aida›* auch ein gegenüber *‹Don Carlos›* wesentlich weiter ausgebildetes System von mehrfach wiederkehrenden musikalischen Themen, deren jedes sinnfällig an eine Gestalt des Dramas gebunden ist. Es sind dies keine «Leitmotive» in Wagnerschem Sinne, denn sie geben niemals wie diese das Material für eine sinfonische Verarbeitung ab; vielmehr ist ihre Funktion ausschließlich die, den formalen Zusammenhalt der großen Szenenkomplexe durch den Aufbau eines Systems von Fixpunkten zu unterstützen, an denen sich die Erinnerung des Hörers orientieren kann. Eine Bezeichnung dieser Themen als «Erinnerungsthemen» käme deshalb wohl ihrem Wesen am nächsten.

Äußerer Höhepunkt der *‹Aida›*-Partitur ist zweifellos das grandiose Finale des zweiten Aktes, eine Szene so kolossalen Ausmaßes, wie sie in der italienischen Oper fast ohne Beispiel ist. Gewiß ist hier der Einfluß der französischen Großen Oper mit Händen zu greifen; zugleich aber ist unübersehbar, daß dieses Vorbild völlig eingeschmolzen ist in Verdis dramatische Konzeption. Denn niemals verselbständigt sich dieser grandiose ägyptische Triumphzug zur bloßen Schau, sondern mit überlegener Meisterschaft ist der Fortgang der eigentlichen dramatischen Handlung in ihn hineingenommen, entfaltet sich eine letzte seelische Tiefen aufrührende Konfrontation der Menschen und ihrer Leidenschaften vor diesem ungeheuren Panorama. Hier ist die Synthese des Verdischen psychologisierenden Opernrealismus mit den Effekten eines auf Massenwirkung berechneten großen Theaters in letzter Gültigkeit vollzogen. Aber es muß auch hingewiesen werden auf den meisterhaften formalen Aufbau dieses Finales, auf die überlegene Disposition von steigernden und retardierenden Momenten sowie auf die wahrhaft unerhörte dramatische Polyphonie und Stimmverflechtung der riesenhaften Ensemblesätze, wenn die Bedeutung dieser Szene einigermaßen umrissen werden soll.

Überblickt man die Einzelformen der Oper insgesamt, so fällt auf, daß die Soloszenen stark zurücktreten: die Romanze des Radames, die Szene und Romanze der Aida am Schluß des ersten und die Nilszene im dritten Akt sind die einzigen Nummern, die man als Arien im alten Sinne ansprechen könnte. Es ist jedoch aufschlußreich, daß Verdi diesen Begriff stets vermeidet und stattdessen die Bezeichnung «Romanze» wählt, die freilich das Besondere dieser Szenen nur annähernd zu umschreiben vermag. Diesen drei Soloszenen stehen nicht weniger als sechs zum Teil sehr weit ausgreifende Duette gegenüber, deren Abfolge das formale Gerüst bildet, an dem entlang sich die psychologische Entwicklung des Dramas und der Menschen vollzieht. Mit dieser Bevorzugung des Duetts folgt *‹Aida›* einer Tendenz, die im Schaffen des Maestro seit langem zu beobachten ist. Daß sich menschliche Charaktere in der dramatischen Konfrontation eines Duetts ungleich zwingender darstellen lassen als in der Isolierung einer Arie – dieser Erkenntnis ist Verdi mindestens seit den Werken seiner mittleren Schaffensperiode ganz bewußt gefolgt. Gerade an den Duetten der *‹Aida›* läßt sich studieren, welch subtile Möglichkeiten intensivster und psychologisch begründeter Menschendarstellung dem Maestro zu Gebote stehen; in solch großartigen Szenen wie dem Duett Aida–Amneris im zweiten oder dem Duett Aida–Amonasro im dritten Akt, in denen eine schier unendliche Skala feinster seelischer Regungen künstlerische Gestalt gewonnen hat, erreicht Verdis dramatische Kunst eine letzte Reife. Und das in ganz zarte und lichte Farbe getauchte Schlußduett, das die Liebenden in einer von aller Erdenschwere befreiten und trotz der grausamen Umstände ihres Todes beseeligten Gelöstheit verlöschen läßt, ist, Liebes- und Sterbeduett in einem, sicher die anrührendste Schlußszene, die Verdi jemals gelungen ist: ein italienischer «Liebestod» ohne Pathos und Schwüle, aber auch ohne jeden metaphysischen Hintergrund.

Wenn die psychologische Eindringlichkeit der *‹Aida›*-Musik hervorgehoben wurde, so bedarf es schließlich des Hinweises, daß großen Anteil an dieser Wirkung auch die äußerst verfeinerte und bereicherte Harmonik des Werkes hat. Chromatisierung und weitgehende Ausnutzung von Terzverwandtschaften sind die wesentlichsten neuen Züge, mit denen sich in *‹Aida›* bereits deutlich die Harmoniewelt des späten Verdi ankündigt.

So steht *‹Aida›* in Verdis Schaffen einerseits als Schlußpunkt eines großen Entwicklungsabschnittes, andererseits aber weist es voraus auf die Alterswerke des Maestro, in denen das in *‹Aida›* Erreichte auf der Stufe letzter menschlicher und künstlerischer Reife noch weiter vertieft wurde.

Zeittafel

1813 10. Oktober: Giuseppe Verdi wird in Le Roncole bei Bussetto geboren.

1824 24. November: Geburt Antonio Ghislanzonis in Lecco.

1869 Im August erhält Verdi den Auftrag, für die bevorstehende Eröffnung des Suezkanals eine Hymne zu schreiben. Er lehnt ab.

6. November: Feierliche Eröffnung des neuen Kairoer Opernhauses mit Verdis ‹*Rigoletto*›.

17. November: Eröffnung des Suezkanals.

1870 Im Mai: Nach monatelangem Zögern erklärt sich Verdi bereit, eine Oper für Kairo zu schreiben, nachdem ihm der Sekretär der Pariser Oper, Camille Du Locle, den Handlungsentwurf einer ägyptischen Oper aus der Feder des französischen Ägyptologen Auguste Mariette übersandt hat.

Ende Juni arbeitet Verdi gemeinsam mit Du Locle in Sant'Agata ein erstes Szenarium der Oper aus. Sie soll, nach der Titelgestalt, ‹*Aida*› heißen.

Von Juli bis Oktober nimmt Antonio Ghislanzoni unter Verdis kritischer Anleitung die Abfassung des Librettos vor. Parallel dazu beginnt Verdi mit der Vertonung der Oper.

Am 29. Juli unterschreibt Verdi den Kontrakt für das Kairoer Opernprojekt. Als Uraufführungstermin wird zunächst der Monat Januar 1871 festgesetzt.

Am 2. September fällt Sedan im Deutsch-Französischen Krieg. Die deutschen Truppen marschieren in Frankreich ein.

Ende November teilt Du Locle Verdi mit, daß die Arbeiten an den Kostümen und Bühnenbildern von ‹*Aida*› wegen der Belagerung von Paris eingestellt werden mußten.

1871 Anfang Januar wird der Uraufführungstermin auf die nächste Saison (Winter 1871/72) verschoben.

20. September: Um 12 Uhr mittags übergibt Verdi in Mailand dem Direktor der Kairoer Oper Paul Draneth eine handschriftliche Kopie der fertiggestellten ‹*Aida*›-Partitur und erhält dafür ein Gesamthonorar von 100 000 Lire in Gold. Das Original behält er für sich, ebenso sämtliche außerägyptischen Rechte an der Oper.

24. Dezember: Uraufführung von Verdis Oper ‹*Aida*› im Opernhaus zu Kairo unter der Leitung des italienischen Dirigenten und Kontrabaßvirtuosen Giovanni Bottesini. Die in Paris hergestellten Bühnenbilder stammen aus den Werkstätten von Despléchin, Lavastre, Rubé und Chaperon, nach historisierenden Originalentwürfen von Auguste Mariette. Die Kostüme, ebenfalls nach historischen Vorbildern, stammen auch von Auguste Mariette. Zwei berühmte europäische Kritiker, Filippo Filippi und Ernest Reyer, sind anwesend und äußern sich wohlwollend. In der ersten Saison folgen in Kairo fünfzehn weitere ‹*Aida*›-Vorstellungen (bis 1949: 246 Vorstellungen).

1872 Am 8. Februar findet an der Mailänder Scala die europäische Erstaufführung von ‹*Aida*› in einer überaus prominenten Besetzung statt: Teresa Stolz singt die Titelrolle, Maria Waldmann die Amneris, Giuseppe Fancelli den Radames und Francesco Pandolfini den Amonasro. Franco Faccio dirigiert. Der Erfolg ist überwältigend. Für Verdi gibt es 32 Vorhänge.
20. April: Erstaufführung von ‹*Aida*› in Parma mit großem Erfolg. Wieder singen Teresa Stolz (Aida) und Maria Waldmann (Amneris) die weiblichen Hauptpartien. Radames ist Giuseppe Capponi, Amonasro Adriano Pantaleoni. Am Pult steht Giovanni Rossi.
Noch im selben Jahr folgt die Erstaufführung von ‹*Aida*› in Padua (3. Juli), wiederum mit Stolz und Waldmann, und mit Faccio am Dirigentenpult.

1873 Weitere Erstaufführungen von ‹*Aida*› in Neapel (30. März, mit Stolz und Waldmann), in Ancona (3. Mai, mit Stolz und Waldmann), in Buenos Aires (4. Oktober), in Triest (4. Oktober), in New York (26. November) und in Philadelphia (12. Dezember), alle Aufführungen in italienisch.

1874 Zwölf Opernhäuser, darunter Chicago, Boston, Berlin, Wien, Florenz, Darmstadt, Karlsruhe und Madrid bringen ‹*Aida*› zum erstenmal heraus.

1875 Achtzehn weitere Bühnen stellen ‹*Aida*› zum erstenmal vor, darunter Rom, Stuttgart, Budapest, Sevilla, Warschau, St. Petersburg und Prag.

1876 Siebzehn weitere Häuser nehmen ‹*Aida*› in ihr Repertoire auf, darunter Moskau, Hamburg, Paris, London, Leipzig, Rio de Janeiro, Dresden und Kiew.

1877 In diesem Jahr wird ‹*Aida*› an zweiundzwanzig weiteren Bühnen zum erstenmal gespielt.

1878 bis 1881: In diesen vier Jahren wird ‹*Aida*› an weiteren 76 Opernhäusern zum erstenmal gegeben.

1893 16. Juli: Antonio Ghislanzoni stirbt in Caprino Bergamasco.

1901 Am 27. Januar stirbt Verdi achtundachtzigjährig in Mailand.
Im September wird ‹*Aida*› erstmals unter freiem Himmel aufgeführt, in Bayon/Frankreich.

1912 2. März: Erste Freilichtaufführung der Oper am «Originalschauplatz»: Bei den Pyramiden von Gizeh.

1913 Am 10. August beginnt die aus antiker Zeit stammende Arena di Verona ihren Opernbetrieb mit einer historisierenden Inszenierung von Verdis ‹*Aida*›.

Bibliographie

Eine Auswahl empfohlener Schriften zum Thema ‹Aida›

Ernest Reyer: Notes de musique. Paris 1875
Filippo Filippi: Musica e musicisti. Mailand 1876
Gino Monaldi: Verdi e le sue opere, Florenz 1887
Etienne Destranges: L'évolution musicale chez Verdi: Aida, Otello, Falstaff. Paris 1895
Camille Bellaigue: Verdi. Paris o. J. (1912)
Oskar Bie: Die Oper. Berlin 1913
Arturo Toscanini: La sinfonia dell'Aida. Teatro Illustrato, 1913, 9, no. 13
Edgar Istel: A genetic study of the Aida Libretto. The Musical Quarterly, 1917, 3, no. 1, S. 34–52
Adolf Weissmann: Verdi. Stuttgart–Berlin 1922
Carlo Gatti: Giuseppe Verdi. 2 Bde. Mailand 1931
Alessandro Lucio: Come fu composta l'‹Aida›. Nuova Antologia, marzo 1935
Karl Holl: Giuseppe Verdi. Berlin 1939
Mario Rinaldi: Aida di Giuseppe Verdi. Florenz 1943
Massimo Mila: Giuseppe Verdi. Bari 1958
Franco Abbiati: Giuseppe Verdi. 4 Bde. Mailand 1959
Joseph Kerman: Opera as Drama. New York 1959
Hans Kühner: Verdi. Reinbek 1961
Palmiro Pinagli: Romanticismo di Verdi. Florenz 1967
Viktor Baerwald: Verdi. Sein Leben – sein Werk. Stuttgart 1969
Charles Osborne: The complete operas of Verdi. London 1969
Saleh Abdoun: Genesi dell'Aida con documentatione inedita. Parma 1971
Ursula Günther: Zur Entstehung von Verdis Aida. Studi Musicali, Anno II no. 1. Florenz 1973, 15–71
Philip Gossett: Verdi, Ghislanzoni and Aida: the uses of convention. Critical Inquiry, 1974, I, S. 291–334
Joseph Wechsberg: Verdi. München 1975
Massimo Mila: L'arte di Verdi. Turin 1980
Gianfranco de Bosio: Aida 1913, 1982. Mailand 1982
Claudio Casini: Verdi. Mailand 1981 – dt.: Königstein 1985

Briefausgaben:

Carteggi Verdiani (hg. v. Alessandro Lucio) 4 Bde. Rom 1935–47
Giuseppe Verdi – Briefe (hg. von Franz Werfel) Berlin etc. 1926
Giuseppe Verdi – Briefe (hg. von Hans Busch) Frankfurt a. M. 1979
Verdi's ‹Aida›. The History of an opera in letters and documents (hg. von Hans Busch). Minneapolis 1978

Attila Csampai

Anmerkungen zur Diskographie

Das Problem der *‹Aida›* ist ihre uneinheitliche, da in sich gespaltene, musikalisch-ästhetische Grundhaltung. Jüngst erst beklagte Claudio Casini in seinem Verdi-Buch[1] den eklatanten Widerspruch zwischen den «spektakulären» und den «intimistischen» Aspekten der Oper, der sie als Ganzes inkommensurabel mache. Darüber hinaus gibt es aber in *‹Aida›* auch einen massiven dramatischen Konflikt zwischen den vier Hauptfiguren, eine Art doppelte Dreieckstragödie, und schließlich noch kultisch-zeremoniale Teile und naturhafte Stimmungsbilder, also das gesamte Arsenal der romantischen Oper in ihrer späten Phase. Insofern ist *‹Aida›* durchaus als Verdis *Gesamtkunstwerk* anzusehen.

Mußten aber in den letzten hundert Jahren schon die Regisseure und Bühnenbildner vor dem schier unlösbaren Anspruch, gleichzeitig dem Einzelschicksal *und* der Massenszenerie gerecht zu werden, die Waffen strecken, so haben es die Dirigenten, jedenfalls jene privilegierte Gruppe, deren Interpretationen diskographiert worden sind, bis heute ebensowenig geschafft, die widerstrebenden Kräfte des Szenischen und des Dramatischen musikalisch in ein einheitliches Spannungsfeld zu zwingen, von Arturo Toscanini vielleicht einmal abgesehen.

Beim Durchhören der umfänglichen Diskographie zeigt sich eine bedenkliche Analogie der Interpretationen zur Gleichförmigkeit der *‹Aida›*-Bühnenbilder, die ja seit jeher am ägyptischen Dekor festgehalten und dem Spektakel, der Gigantomanie den Vorzug vor den lyrischen und dramatischen Aspekten der Handlung gegeben haben. Ebenso erschlägt bei weitaus der meisten musikalischen Deutungen das szenisch-vertikale Prinzip den dramatischen Fluß der Partitur. Die Folge davon: Die Protagonisten versuchen mit aller Macht, gegen das kolossale Ambiente anzusingen. So gibt es zum Beispiel keinen einzigen Radames-Darsteller, der die Pianissimo-Vorschrift Verdis am Ende der berühmten «Celeste Aida»-Arie befolgen würde. Jeder läßt den abschließenden Hochton jäh im Fortissimo-Gebrüll abreißen, was häßlich klingt, dem Tenor aber, so will es scheinen, auf der Riesenbühne zumindest die Aufmerksamkeit sichert. In einer Oper aber, in der sich die Hauptfiguren gegen die Statisten und die Dekoration durchsetzen müssen, sollte der Dirigent ganz besonders darauf achten, daß der musikalisch-dramatische Zusammenhang gewahrt bleibt und die dynamischen, vorwärts gerichteten Kräfte der Partitur sich ungehindert entfalten können, damit die Hauptsache des Ganzen, die Tragödie einzelner Individuen, nicht zur Unkenntlichkeit verblaßt. Genau dies ist aber der entscheidende Mangel der meisten *‹Aida›*-Aufnahmen, wobei die neueren Studioproduktionen, infolge des Fehlens normaler Bühnensituationen, tendenziell immer weniger dramatische Präsenz herzustellen vermögen. So läßt sich die bisherige Schallplattengeschichte von Verdis *‹Aida›* als kontinuierliche

1 Claudio Casini: Verdi. Königstein 1985.

Rückentwicklung vom Dramatischen zum Szenischen beschreiben: von den inneren zu den äußeren Aspekten der Oper. Gewiß hängt dies mit den Bedingungen des Studios zusammen, mit dessen Tendenz zum sterilen Schönklang, ist aber zweifellos auch das Resultat der gegenwärtigen Gesangskrise. Denn wie sollen Sänger und Sängerinnen, die schon nicht mehr in der Lage sind, eine Phrase sauber, korrekt und sinnvoll vorzutragen, sich im Gesang *gestaltend* gegen eine Massenszenerie durchsetzen können?! In dieser Not muß dann der Aufnahmeregler, das Mikro oder die gnädige Schlaghand des Dirigenten hilfreich Unterstützung gewähren, und musikalisches Theater reduziert sich weitgehend auf akustische bzw. stimmtechnische Probleme.

Für die älteren, die sogenannten «historischen» Aufnahmen, die gut die Hälfte der ‹*Aida*›-Diskographie ausmachen und zumeist wirkliche Bühnenaufführungen akustisch dokumentieren, gelten diese Einwände nicht. Die teilweise erheblichen akustischen Mängel dieser Dokumentar-Mitschnitte sind häufig durch exzellente musikalische und sängerische Leistungen mehr als ausgeglichen, wobei überraschenderweise einer im Studio nachproduzierten Bühnenproduktion von 1928 mit dem Ensemble der Mailänder Scala unter Carlo Sabajno die Krone gebührt: Als Gesamtleistung ist diese Routineproduktion dank des überragenden Protagonisten-Gespanns (Dusolina Giannini als Aida, Irene Minghini-Cattaneo als Amneris und Aureliano Pertile als Radames) bis heute unerreicht geblieben. Selbst Toscanini, dessen NBC Orchestra wahre Wunder an Präzisionsarbeit vollbringt, konnte zwanzig Jahre später in New York nicht mehr auf so gute Sänger und vor allem Sängerinnen zurückgreifen. Zu den Höhepunkten der «historischen» ‹*Aida*›-Diskographie zählt auch der Mitschnitt einer normalen Repertoireaufführung an der New Yorker Metropolitan Opera, die der heute vergessene kanadische Dirigent Wilfried Pelletier im Jahre 1943 leitete (mit Zinka Milanov, Bruna Castagna und dem grandiosen heldisch-abweisenden Giovanni Martinelli).

Bei den nach 1950 produzierten neueren Studioproduktionen ragen allein Tullio Serafins EMI-Produktion und Ionel Perleas RCA-Aufnahme aus dem Angebot heraus, da hier in Maria Callas bzw. Zinka Milanov überragende Gestalterinnen der Titelfigur am Werk waren. Alle späteren, von der Fachkritik zum Teil hymnisch besprochenen Studioaufnahmen frönen nur den spektakulären, den dekorativen, den klanglichen Aspekten der Partitur, und es gibt da sogar einen Wettbewerb zwischen Karajan, Solti und Muti, bei wem das Blech am schärfsten dazwischenfährt. Dann aber gibt es gerade bei diesen drei Größen wieder – an den lyrischen Stellen – viel zu breite Tempi, unmotivierte Rubati, Längen und Durststrecken, die dann nicht nur die Schwächen der Sänger, sondern auch Verdis stets unsentimentale Musik zu beschönigen versuchen.

Die neueste Aufnahme unter Claudio Abbado – die erste digitale ‹*Aida*› – markiert vorerst einen Tiefpunkt in der Schallplattenhistorie der Oper. Das ist weder Fisch noch Fleisch, nein, das ist nur noch sachliches, rationalistisch-bläßliches, ausdrucksgehemmtes Musizieren und dazu ein Sammelsurium verschiedenartiger sängerischer Krankheitssymptome.

Von Stereophonie und Digitaltechnik hat diese Oper bislang noch nicht viel profitiert.

Liste der Gesamtaufnahmen

1906 N. N. (Chelotti & Magliulo, Colombati, Cosentino, Novelli, Brondi, N. N.*) Chor und Orchester N. N.
Zonophone 12664-78, 24017, 24019-25

1920 Carlo Sabajno (Bartolomasi, Pagani, Trentini, Pacini, Fernandez, Brilli) Chor und Orchester der Mailänder Scala
HMV S5150-80

1928 Carlo Sabajno (Giannini, Minghini-Cattaneo, Pertile, Inghilleri, Manfrini, Masini) Chor und Orchester der Mailänder Scala
EMI 3C 153-01616/18

1930 Lorenzo Molajoli (Arangi-Lombardi, Capuana, Lindi, Borgioli, Pasero, Baccaloni) Chor und Orchester der Mailänder Scala
Columbia 9726-43

1937 Ettore Panizza (Cigna, Castagna, Martinelli, Morelli, Pinza, Cordon) Chor und Orchester der Metropolitan Opera
EJS

1938 Joseph Keilberth (Teschemacher, Karen, Roswaenge, Hann, Weber, Hölzlin) Chor und Orchester des Reichssenders Stuttgart
in deutscher Sprache (gekürzt)
Acanta DE 23057

1939 Thomas Beecham (Caniglia, Stignani, Gigli, Borgioli, Zambelli, Walker) Chor und Orchester der Covent Garden Opera. Live-Mitschnitt
Unique Opera Records UORC

1941 Ettore Panizza (Roman, Castagna, Martinelli, Warren, Pinza, Cordon) Chor und Orchester der Metropolitan Opera. Live-Mitschnitt
EJS

1943 Wilfried Pelletier (Milanov, Castagna, Martinelli, Bonelli, Cordon, Hatfield) Chor und Orchester der Metropolitan Opera. Live-Mitschnitt
Cetra LO 26/3

1946 Tullio Serafin (Caniglia, Stignani, Gigli, Bechi, Pasero, Tajo) Chor und Orchester des Opernhauses Rom
EMI 3C 153-00686/88

1949 Arturo Toscanini (Nelli, Gustavson, Tucker, Valdengo, Scott, Harbour) The Robert Shaw Chorale, NBC Symphony Orchestra. Live-Mitschnitt einer konzertanten Aufführung in der Carnegie Hall, New York
RCA AT 302/1-3

1950 Emil Cooper (Welitsch, Harshaw, Vinay, Merrill, Hines, Alvary) Chor und Orchester der Metropolitan Opera. Live-Mitschnitt
Melodram MEL 011 (3)

1950 Guido Picco (Callas, Simionato, Baum, Weede, Moscona, Ruffino) Chor und Orchester des Palacio de las Bellas Artes Mexico City. Live-Mitschnitt
Historical Recording Enterprises HRE

1951 Vittorio Gui (Mancini, Simionato, Fillipeschi, Panerai, Neri, Massaria) Chor und Orchester der RAI Rom
Cetra

1951 Oliviero de Fabritiis (Callas, Dominguez, del Monaco, Taddei, Silva, Ruffino) Chor und Orchester des Palacio de las Bellas Artes Mexico City

* Reihenfolge der Hauptrollen:
Aida; Amneris; Radames; Amonasro; Ramphis; König.

Live-Mitschnitt Mexico City 3. 7. 1951
Cetra LO 40/3

1951 Hans Schmidt-Isserstedt (Zadek, Höngen, Roswaenge, Metternich, Fehn, Roth) Chor und Sinfonieorchester des NDR Hamburg
Cetra Opera Live

1952 Fausto Cleva (Milanov, Rankin, del Monaco, Warren, Hines, Vičegenov) Chor und Orchester der Metropolitan Opera. Live-Mitschnitt
Unique Opera Records UORC

1952 Alberto Erede (Tebaldi, Stignani, del Monaco, Protti, Caselli, Corena) Chor und Orchester der Accademia di Santa Cecilia Rom
Decca 592 121

1952 Alberto Paoletti (Roman, Sawyer, Sarri, Manca-Serra, Tatozzi, Pugliese) Chor und Orchester des Opernhauses Rom
Capitol PCR 8179

1954 Alexander Melik-Paschajew (Sokolowa, Davidowa, Nelepp, Lisitsian, Petrow, Michailow) Chor und Orchester des Bolschoi-Theaters Moskau
Melodiya MK DO 1576-82

1955 Ionel Perlea (Milanov, Barbieri, Bjoerling, Warren, Christoff, Clabassi) Chor und Orchester des Opernhauses Rom
RCA VLS 43533

1955 Franco Capuana (Curtis-Verna, Dominguez, Borsò, Bastianini, Scott, N. N.) Chor und Orchester des Teatro La Fenice Venedig
Remington 199-178

1955 Tullio Serafin (Callas, Barbieri, Tucker, Gobbi, Modesti, Zaccaria) Chor und Orchester der Mailänder Scala
EMI 1C 153-00 429/31

1956 Angelo Questa (Curtis-Verna, Pirazzini, Corelli, Guelfi, Neri, Zerbini) Chor und Orchester der RAI Turin
Cetra Opera Live

1956 Antonino Votto (Stella, Simionato, di Stefano, Guelfi, Zaccaria, Maionica) Chor und Orchester der Mailänder Scala. Live-Mitschnitt
Unique Opera Records OURC

1958 Herbert von Karajan (Tebaldi, Simionato, Bergonzi, McNeil, van Mill, Corena) Singverein der Gesellschaft für Musikfreunde, Wiener Philharmoniker
Decca 6.35 261

1961 Georg Solti (L. Price, Gorr, Vickers, Merrill, Tozzi, Clabassi) Chor und Orchester des Opernhauses Rom
Decca SET 427-9

1966 Zubin Mehta (Nilsson, Bumbry, Corelli, Sereni, Giaiotti, Mazzoli) Chor und Orchester des Opernhauses Rom
EMI SLS 929

1970 Erich Leinsdorf (L. Price, Bumbry, Domingo, Milnes, Raimondi, Sotin) John Alldis Choir, London Symphony Orchestra
RCA VLS 45465

1971 Ivan Marinow (Wiener, Miltschewa-Nonowa, Nikolow, Smočewskij, Ghiuselev, Cigančew) Chor und Orchester der Nationaloper Sofia
Harmonia Mundi – Balkanton HMU 3470

1974 Riccardo Muti (Caballé, Cossotto, Domingo, Cappuccilli, Ghiaurov, Roni) Royal Opera Chorus, New Philharmonia Orchestra
EMI 1C 157-02 548/50

1976 Thomas Schippers (Cruz-Romo, Bumbry, Gougalov, Wixell, Ferrin, Roni) Chor und Orchester des Opernhauses Turin. Live-Mitschnitt
Lévon ML 1005-7

1979 Herbert von Karajan (Freni, Baltsa, Carreras, Cappuccilli, Raimondi, van Dam) Wiener Staatsopernchor, Wiener Philharmoniker
EMI 1C 165-03 874/76

1982 Claudio Abbado (Ricciarelli, Obraztsova, Domingo, Nucci, Ghiaurov, Raimondi) Chor und Orchester der Mailänder Scala
DG 2741 014

Nachweise

Quellen der Texte

Wolfgang Schreiber: ‹Aida› – lyrisches Konfliktbild einer Gesellschaft. Copyright © 1985 by Rowohlt Taschenbuch Verlag GmbH, Reinbek bei Hamburg

Wolfgang Schreiber: Inhalt der Oper. Copyright © 1985 by Rowohlt Taschenbuch Verlag GmbH, Reinbek bei Hamburg

Andrew Porter: Aidas geistige Väter und Bühnenvorfahren (= red. Titel). In: Beiheft zur Schallplattenaufnahme von ‹Aida› unter Claudio Abbado (DG 2741 041) Hamburg 1982. Deutsche Übersetzung für *rororo opernbücher:* Attila Csampai, Reinbek 1985

Auguste Mariette: Der erste Entwurf zu ‹Aida›. In: Programmheft der Oper Frankfurt: Giuseppe Verdi, Aida. Spielzeit 1980/81. Frankfurt am Main 1981, S. 39–45

Jean Humbert: ‹Aida› – zwischen Ägyptologie und Ägyptomanie. In: Programmheft der Oper Frankfurt: a. a. O., S. 48–56

Wolfgang Marggraf: Zur Entstehungsgeschichte von Verdis ‹Aida›. In: Giuseppe Verdi. Leipzig 1982

Filippo Filippi: Generalprobe und Uraufführung (= red. Titel). Zit. nach: Programmheft der Württembergischen Staatstheater Stuttgart. Spielzeit 1979/80. Giuseppe Verdi: ‹Aida›. Stuttgart 1979, S. 48 f. (Originalquelle: Musica e musicisti. Milano 1876)

Ernest Reyer: Verdis ‹Aida› in Kairo (= red. Titel). Zit. nach: Programmheft der Württembergischen Staatstheater Stuttgart a. a. O., S. 49 f. (Originalquelle: Notes de musique. Paris 1875)

Andrew Porter: Die ersten Aufführungen 1871–80 (= red. Titel). A. a. O., S. 10 – deutsche Übersetzung für *rororo opernbücher*: Attila Csampai, Reinbek 1985

Oskar Bie: Die Wahrhaftigkeit des alten Stils (= red. Titel). In: Die Oper. Berlin 1913, S. 408–12

Thomas Mann: Hans Castorp hört seine Lieblingsplatten (= red. Titel). In: Der Zauberberg. Frankfurt a. M. 1975, Bd. II: S. 680–83

Dieter Schnebel: ‹Aida› – die reine Schönheit (= red. Titel). In: Musik-Konzepte 10 – Giuseppe Verdi. München 1979, S. 100

Claudio Casini: ‹Aida› – zwischen Spektakel und Intimismus (= red. Titel). In: Claudio Casini: Verdi. Aus dem Italienischen von Heinz Riedt. © 1985, Athenäum Verlag GmbH., Königstein/Taunus

Attila Csampai: ‹Aida› – Ende aller Utopie. In: Programmhefte der Bayerischen Staatsoper, Spielzeit 1978/79: Giuseppe Verdi: Aida. München 1979

Giancarlo del Monaco/Dominik Hartmann/Klaus-Peter Kehr: «... es könnte auch der Neckar im Sommer sein» (= red. Titel). In: Programmheft der Württembergischen Staatstheater Stuttgart a. a. O., S. 69–72

Hans Neuenfels/Klaus Zehelein/Dietolf Grewe: «... Das Ägyptische ist halt die Sehnsucht.» (= red. Titel). In: Musiktheater-Hinweise. Informationen der Frankfurter Oper. Frankfurt 1981

Klaus Zehelein: Archäologie als Metapher. In: Programmheft der Oper Frankfurt, a. a. O., S. 8–14

Wolfgang Marggraf: ‹Aida› – Verdis Durchbruch zum szenisch-musikalischen Drama (= red. Titel). In: Giuseppe Verdi. Leipzig 1982

Quellen der Abbildungen

S. 4–5/255: Foto: Mara Eggert, Frankfurt

S. 30/93/99/107/109: Aus: Verdi. Eine Dokumentation. Zusammengestellt und herausgegeben von William Weaver. Berlin 1980, Henschelverlag

S. 131/179: Aus: Carlo Gatti: Verdi. Nelle immagini. Garzanti, Milano 1941

S. 133/137/141/145/157/161/165/209/211/212/217/219/221/231/233/235: Aus: Immagini per Aida. Istituto di Studi Verdiani. 1983

S. 149/151/155: Aus: Saleh Abdoun (Hg.): Genesi dell'Aida. Quaderni dell'Istituto di Studi Verdiani 4. Parma 1971

S. 183/185: Aus: Gianfranco de Bosio: Aida 1913/1982. Milano 1982, il Saggiatore

S. 243: Aus dem Kassetten-Beiheft der «Aida»-Gesamtaufnahme 1946 (EMI 3-531006863)

S. 259: Aus: Programmheft der Salzburger Festspiele 1980

Über den Verfasser des Essays

Wolfgang Schreiber, geboren 1939, Studium der Philosophie, Germanistik, Geschichte und Musikwissenschaft, mehrere Jahre lang Kulturkorrespondent in Wien, publizistische Arbeiten für zahlreiche in- und ausländische Zeitungen, Zeitschriften und Rundfunkanstalten, Verfasser der Rowohlt-Monographie über Gustav Mahler. Seit 1978 Redakteur und Musikkritiker der «Süddeutschen Zeitung» in München.

Über die Herausgeber

Attila Csampai, geboren 1949 in Budapest, studierte Musikwissenschaft, Theatergeschichte, Philosophie, Soziologie und Mathematik in München und arbeitet dort seit 1974 als freier Musikschriftsteller. Er schrieb zahlreiche Essays und Werkkommentare für Konzert- und Opernprogramme und Platteneditionen sowie Aufsätze in Fachzeitschriften. Daneben Rundfunksendungen und von 1975–78 Rezensent bei «HiFiStereophonie». Seit 1978 dramaturgische Mitarbeit und musikalische Beratung bei verschiedenen Opern- und Theaterinszenierungen. Von 1980–83 ständige freie Mitarbeit beim Bayerischen Rundfunk als Autor und Programmgestalter; seit Herbst 1983 Redakteur für symphonische Musik.

Dietmar Holland, geboren 1949, studierte in München Musikwissenschaft, Philosophie und Theatergeschichte. Arbeitet derzeit an einer opernästhetischen Dissertation und veröffentlichte außer Essays über musikalische Sachfragen Werkkommentare für Konzert- und Opernaufführungen bzw. -aufnahmen. Musikkritische Tätigkeit und Musiksendungen beim Rundfunk sind weitere publizistische Arbeitsgebiete. Seit der Spielzeit 1979/80 ist er Programmheftredakteur der Münchner Philharmoniker.

Danksagung

Für wertvolle Hinweise und Unterstützung bei der Beschaffung von Bild- und Textmaterialien möchten wir uns herzlich bedanken bei Irmelin Bürgers, Dr. Helmut Hell, Dr. Klaus-Peter Kehr und Klaus Zehelein sowie den Dramaturgien der Opernhäuser in Frankfurt und Stuttgart.

(Fortsetzung auf nächster Seite)